旅游经济学

（第二版）

Tourism Economics

(Second Edition)

郭峦 刘燕 编著

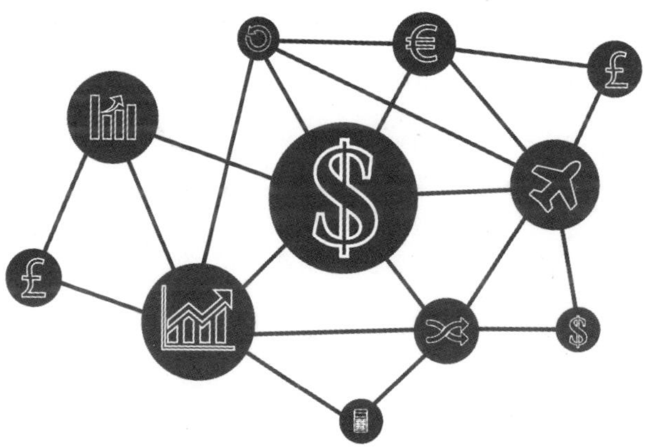

经济管理出版社
ECONOMY & MANAGEMENT PUBLISHING HOUSE

图书在版编目（CIP）数据

旅游经济学/郭峦，刘燕编著．—2版．—北京：经济管理出版社，2017.4
ISBN 978－7－5096－5108－7

Ⅰ.①旅…　Ⅱ.①郭…②刘…　Ⅲ.①旅游经济学—高等学校—教材　Ⅳ.①F590

中国版本图书馆CIP数据核字(2017)第101899号

组稿编辑：王光艳
责任编辑：王光艳　杨雅琳
责任印制：杨国强
责任校对：超　凡

出版发行：经济管理出版社
（北京市海淀区北蜂窝8号中雅大厦A座11层　100038）
网　　址：www. E－mp. com. cn
电　　话：（010）51915602
印　　刷：玉田县昊达印刷有限公司
经　　销：新华书店
开　　本：720mm×1000mm/16
印　　张：15.25
字　　数：290千字
版　　次：2017年5月第1版　　2017年5月第1次印刷
书　　号：ISBN 978－7－5096－5108－7
定　　价：58.00元

前　言

随着人们闲暇时间的增加以及生活水平的提高，旅游已成为现代人类社会的重要生活方式；随着世界经济的全球化和一体化，旅游业已成为世界经济中的“朝阳产业”，并在世界经济中的地位不断提高，展现出强劲的发展势头和广阔的发展前景。

旅游业的快速发展需要大量的旅游管理专业人才。为了适应现代旅游业发展和旅游经济学教学的需要，我们在多年“旅游经济学”教学和研究的基础上，根据旅游经济的发展现状和趋势、旅游经济研究的进展，编写了《旅游经济学》教材。

本书运用西方经济学、管理学、旅游学等多门学科的知识与方法，较为全面系统地阐述了旅游经济学的基本理论。在此基础上，本书将理论分析与实践研究紧密结合，因此，具有较强的理论性、科学性、系统性和实用性。具体表现在以下几个方面：第一，在保持旅游经济学基本理论体系的基础上，对与旅游市场营销学、旅游心理学等课程的重复内容进行了剔除，重新理顺“旅游产品”、“旅游市场”等章节，增设了第九章“旅游产业发展”，确保旅游经济学理论的系统性和科学性；第二，立足现代旅游产业的发展，注重将新形势下国民经济发展的新思潮、新观点、新模式和新数据引入教材，从而使本书具有较强的理论性和实用性；第三，重视旅游经济学的实证方法运用，每章都编写了章首案例和章尾案例，有利于培养学生的综合分析能力。

本书由广西大学商学院郭峦副教授、云南民族大学管理学院刘燕讲师编著，参加编写的人员及各自负责编写的章节如下：郭峦、蒋亚珍，第一章、第二章；刘燕，第三章、第四章、第五章、第六章；郭峦、杨志红，第七章、第八章；郭峦、甘莹，第九章。岑琳同志参与了部分内容的整理工作，在此表示感谢。

由于作者水平有限，书中难免有纰漏和不足之处，恳请读者批评和指正。

目　录

第一章 导论

本章提要

旅游经济学是一门新兴的学科，它是随着旅游经济活动的产生和发展逐步成长起来的一门边缘性交叉学科，是对旅游经济活动的理论概括和总结。本章作为旅游经济学的导论，将回顾旅游经济活动的产生和发展，在简要陈述目前旅游经济学研究现状的基础上，阐述旅游经济学的性质、特点、研究内容和对象，探讨了旅游经济学与其他学科的关系，最后介绍了该门学科的研究方法。

章首案例

中国旅游日：一个民间发起的国家节日

2011 年 4 月 12 日，国家旅游局举行新闻发布会，对外宣布每年的 5 月 19 日为中国旅游日。至此，中国旅游日，经过十年磨一剑，终于开花结果了。

当今时代，旅游业是世界上发展最快的新兴产业之一，它具有综合性强、关联度大、对其他相关产业和行业促进作用明显等特点，从而被誉为“永远的朝阳产业”。

据统计，2010 年，我国国内游 21 亿人次，入境游 5500 多万人次，出境游 5700 多万人次，国民出境旅游目的地扩大到 140 个国家和地区。中国拥有 13 亿人口，人均 GDP 超过 4000 美元，旅游业的巨大潜力正在逐步爆发，进入了快速发展的“黄金期”。

联合国世界旅游组织 1979 年 9 月 27 日在西班牙马德里召开的第三次代表大会上，通过了将每年的 9 月 27 日定为“国际旅游日”的决议。在此前后，其他一些发达国家，也有择定合适日期定为本国旅游日或旅游节的做法。尽管中国于 1983 年 10 月加入世界旅游组织，但作为一个旅游大国，中国一直没有属于自己的旅游日①。

设立中国旅游日的倡议最早是从民间发起的。2000 年 11 月，浙江宁海人民以“宁海徐霞客旅游俱乐部”这一社会民间组织的名义，发出《徐霞客旅游俱乐部宣

---

①何春中. 从民间发起到国家认可——中国旅游日诞生记[N]. 中国青年报，2011－4－13(5).

言》，在全国第一次以书面形式提出将"5·19"设为"中国旅游日"的倡议。"5·19"正是明代地理学家徐霞客从宁海出发的日子，也是《徐霞客游记》的开篇日。

2008年3月，浙江省旅游局建议国家旅游局行文把"5·19"确定为"中国旅游日"。6月16日，国家旅游局在北京召开设立"中国旅游日"初审会。2009年2月和5月，中国旅游日论坛在北京召开，学术界、旅游界和民间文艺界人士各抒己见。在此期间，中国民间文艺家协会还以书面形式正式向国家旅游局发出公函，并得到国家旅游局肯定。

2009年12月1日，国务院出台了《关于加快发展旅游业的意见》，明确提出了新时期旅游业在国民经济和社会发展中新的战略地位和任务要求，"要把旅游业培育成为国民经济战略性支柱产业和人民群众更加满意的现代服务业"。《关于加快发展旅游业的意见》还正式确定要"设立中国旅游日"，而且指出2015年我国国内旅游人数将达33亿人次，国外入境过夜旅游人数将达9000万人次。这就意味着今后5年我国旅游人数将翻一番。2009年12月7日，中国旅游日征集策划专项工作委员会办公室就设立"中国旅游日"向社会公开征集具体日期方案，并委托新浪网就"中国旅游日"的设立日期开展民意调查①。

2011年4月国务院正式批复，将每年5月19日设立为"中国旅游日"。设立"中国旅游日"，是我国旅游业发展史上的里程碑，是促进国民休闲福利的一件大事，并将对我国经济社会发展产生深远影响。

问题思考

1. 为什么将5月19日设立为"中国旅游日"？
2. 设立"中国旅游日"对中国旅游业的发展具有哪些深远影响？

第一节　旅游经济学研究的历史和现状

旅游经济学是随着旅游经济活动产生和发展而产生的。旅游经济活动是社会生产力发展到一定阶段的产物，是旅游产品生产和交换的结果。旅游经济活动是旅游需求者和旅游供给者之间所发生的经济联系，以及由此产生的经济现象和经济关系的运动、变化和发展的综合。

①徐岫鹏．中国旅游日：一个民间发起的国家节日［N］．中国艺术报（中国民间文艺专刊），2011－06－10（1）．

一、旅游经济活动的产生和发展

旅游经济活动源于旅游活动，是旅游活动采用商品交换形式所形成的旅游需求与旅游供给的矛盾运动，以及由此引起的各种经济现象和经济关系的运动、变化和发展的总和。

旅游尽管在古代社会就已存在，但是由于当时生产力水平低下，那时的旅游活动只能是王公贵族、达官显贵消闲、寻乐的行为。虽然后来一些文人骚客也出于某种目的外出旅游，但更多地表现为个人行为。他们外出旅游所需的各种物品，都需要自己准备，住宿主要是借住在亲戚朋友家或寺院庙宇之中，并不具备普遍的社会意义。旅游过程中所需的各种物质还未进入商品交换领域，旅游活动并未表现为一种经济活动行为。

旅游活动转变为旅游经济活动，始于18世纪英国的工业革命时期。18世纪30年代从英国开始的工业革命使人类社会的经济生活发生了剧烈的变化，它不仅带来了劳动生产率的提高和科学技术的进步，使全社会和个人的财富大量增加，社会必要劳动时间大大缩短，还引起了整个生产方式的重大变革。社会生产力的发展，商品交换领域的进一步扩大，旅游活动逐渐地同社会经济活动结合起来。

交通技术和设施的革新加快了旅游业的发展。1769年，詹姆斯·瓦特发明的蒸汽机，很快成为新交通工具的动力装置；1807年，美国“克莱蒙特”号在哈德逊河上开辟了定期航班、载人运货；1838年，英国蒸汽轮船“西留斯”号第一次成功地横渡大西洋，大大缩短了欧洲和美洲之间的距离；1814年，英国工程师斯蒂芬逊发明了火车；1830年，从利物浦到曼彻斯特的客运铁路正式通车；1841年，英国的乔治·史蒂文森发明了蒸汽机车，后来他建造了斯托克顿至达林顿的铁路并投入运营；1883年，德国工程师戴姆制造了汽油燃料内燃机，使交通运输领域发生了革命性的突破；19世纪80年代，德国人本茨发明了汽车；此外，莱特兄弟发明飞机后，1914年美国开始了客机飞行；1919年8月，伦敦至巴黎的国际航班开通，到20世纪30年代末，欧美各主要城市都有了定期客运航班。交通运输业的迅速发展为旅游活动的顺利进行提供了便利的交通条件。

餐饮业和住宿业的发展为旅游活动的发展创造了条件。世界上的一些国家出现了为旅游者提供专门服务的旅馆与餐馆。随着旅游人数越来越多，过去的驿站和客栈已经显得落后，在铁路沿线与轮船码头逐渐出现现代旅馆。1774年，波士顿建成拥有300个房间的纽约城旅馆。旅馆有正式的服务人员，有相当数量的室内卫生间，还有私人餐厅、宴会厅等。19世纪初，德国的疗养胜地巴登出现了第一家豪华别墅式旅馆。到了19世纪50年代，巴黎建成了著名的卢夫勒饭店等。这些旅馆不仅满足了旅游者的住宿需要，还能满足旅游者餐饮、娱乐、召开会议等多方面的综合需要。

随着社会化大生产的发展,人们的旅游活动越来越频繁。但由于缺乏旅游的经验,人们迫切需要有提供服务的专门机构和人士帮助完成旅游计划。在这种历史背景下,1845年,英国托马斯·库克正式创办了托马斯·库克旅行社,这是举世公认的世界上第一家旅行社。

旅行社的诞生,使有组织地提供旅游活动所需的各种专门服务成为可能,大大促进了旅游活动的商业化进程。随后,各国争相创办旅行社。到20世纪初,英国托马斯·库克旅游公司、美国运通公司、比利时铁路卧车公司成为当时世界旅行代理业的三大公司。

随着旅游活动的发展,商品交换规模的不断扩大,各种旅游需要都可以通过商品交换的形式得以满足,各种旅游相关的企业大量出现并为旅游活动提供各种各样的服务产品。至此,随着旅游需要的增长和发展,以营利为目的的旅游经营行业应运而生,旅游经济活动得以迅速发展起来。

二、旅游经济学研究的产生和发展

对于旅游经济的研究,是随着旅游经济活动的发展而逐步发展起来的。虽然目前国内外的旅游经济研究还处在一个初步认识和讨论过程中,但研究已从概念和知识性研究,逐步进入更深层次的理性分析,以便探索现代旅游经济的内在规律。

1.国外旅游经济学研究

对于旅游经济的早期研究主要是一种基于实证的统计研究。1899年意大利官员博迪奥所发表的《外国人在意大利的流动及花费》被认为是最早的旅游经济研究文献。随后,1923年和1926年意大利的尼切佛罗和贝尼尼分别发表了《外国人在意大利的流动情况》、《关于游客流动计算方法的改良》两篇论文。这种文献从统计角度对游客人数、逗留时间和消费能力等方面的研究,反映出人们早期从经济层面对旅游现象的初步认知以及对旅游经济利益的重视。这些研究拉开了旅游经济学研究的序幕,为旅游经济学的形成和发展奠定了基础。但是这些研究具有较大的局限性。因为当时旅游活动的空间范围局限于西欧、北美地区,供给规模与出游人数也非常有限,远没有出现国际化和大众化的趋势,旅游难以成为一个具有相当规模的经济现象或产业现象。在此背景下,人们还不具备从旅游现象展开研究的基础和方法条件。因此,博迪奥等人虽然是涉足旅游经济研究的先驱,也提出了一些很有见解的主张,但就其研究的内容而言,只是对旅游经济个别现象或个别问题进行研究,并没有将旅游经济作为一个完整的体系去认识。

随着旅游经济研究的深入,学者们开始对旅游现象作出系统性的剖析和论证。1927年罗马大学马里奥蒂出版了《旅游经济讲义》,从经济学的角度对旅游活动的形式、结构和相关内容进行了分析,这本书首次对旅游经济活动进行了全面、系统的研究，从而标志着旅游经济学的形成；1936年德国格里克斯曼出版了《旅游总论》，该书不仅论及了旅游的经济和社会作用，而且论述了促进旅游业发展的政策措施和手段；1942年瑞士的克拉蒲·芬扎伊卡出版了《一般旅游论概要》，从经济学和社会学两方面对旅游活动和旅游经济现象进行了研究。总之，在这个时期，人们对旅游经济的研究虽然已更深入了一步，但还未深入地涉及旅游经济活动的本质和规律。这些研究表明学者们已经认识到旅游业能够带来巨大的经济效益，并对旅游经济的性质、地位、作用等进行了深入探讨。

第二次世界大战结束后，旅游经济获得了恢复并迅速发展起来。旅游经济活动由北美、西欧两个区域迅速扩展到全世界，大众旅游已成为时代潮流，旅游活动也已深入到全国和全球的经济体系之中。旅游经济研究的领域得到大大的拓宽，而且对旅游经济活动的本质和规律性的研究也取得了不少成果。1969年美国迈克尔·彼得斯的《国际旅游业》，1974年英国伯卡特的《旅游业的过去、现在和未来》，1980年美国唐纳德·伦德伯格的《旅游业》，1984年美国夏威夷大学教授朱卓任等的《旅游业》以及田中喜一等人的《旅游事业论》等，将旅游业作为一个产业进行了研究。罗伯特·门克因托希与夏希肯特·古普塔的《旅游的原理、实践与哲学》、布赖恩·阿切尔的《旅游需求预测》、彼德·格雷的《国际旅游贸易》，以及瓦汉·克拉篷与罗思菲尔德的《旅游市场营销》等，分别论述了旅游需求与旅游供给的基本原理，介绍了主要的旅游需求预测方法，探索了旅游市场营销战略、策略以及旅游产品的定价原则、宣传推销的手段和方法。英国布赖恩·阿切尔的《发展中国家的旅游业：某些经济考虑》、《旅游增值：目前研究水平》，1974年澳大利亚工业局的《澳大利亚旅游业的经济意义》，1983年亚太经济与社会理事会政府间旅游发展会议文件中的《亚太经济与社会理事会地区旅游业的经济作用研究回顾》与《旅游经济作用分析：方法论》等，对旅游经济投资与收益的比较、旅游经济效益以及游客消费对旅游目的地国家或地区的经济和社会产生的作用等方面作了深入的研究。1978年南斯拉夫学者翁科维奇出版的《旅游经济学》，该书全面阐述了旅游经济理论和指导原则，分析了旅游市场的特殊性以及旅游接待国的政策，预测了国际旅游业的发展趋势。随后，Bull、Lundberg、Sinclair 和 Stapler 等相继出版了关于旅游经济学方面的教科书，对旅游经济研究方面的成果进行了总结并将之系统化。

2. 中国旅游经济学的研究

中国的旅游经济研究起步相对较晚。改革开放以前，中国旅游活动被限制在极小的范围内，不存在旅游市场，旅游既不是一个产业，也不是一门学科。1978年中国实行对外开放政策，作为发展中国家的一个旅游目的地和商业投资地，逐步向世界开放了旅游市场，商务旅游和观光旅游得到快速发展，以旅游目的地为主体、入境旅游为特征的旅游产业在中国主要旅游城市迅速发展。随着对外开放政策的实施及旅游业的蓬勃发展，中国学术界、教育界以及政府有关部门迅速开展了对旅游经济活动的研究。

中国的旅游经济研究已经有三十多年历程,可以划分为三个阶段:第一阶段从1980～1990年是创立旅游经济学科阶段。旅游经济学科的形成是在引进国外部分研究成果以及对世界旅游情况介绍的基础上,由高等旅游院校来完成的,但研究主要集中在以旅游目的地为中心的经济以及旅游企业管理与服务运转方面上。第二阶段是从1991～2000年,随着中国旅游产业体系的形成以及中国国内旅游需求和出境旅游需求的形成,旅游经济学科研究开始从点向面扩展,从以经济学、管理学为主体,向经济学、管理学、社会学、市场学、地理学、环境学、人类学等多学科方向发展,形成了比较完整的研究体系。第三阶段是在2000年以后,随着中国旅游经济体系的日趋完善以及中国旅游产业的国际化发展,人们开始从总体的角度,运用多学科的研究方法和视角来研究旅游经济活动。与此同时,学术界开始注意旅游经济学科研究体系的建立和研究范式的讨论。

虽然中国对旅游经济研究的历史不太长,但在学术界、教育界和政府有关部门的共同努力下,取得了一定的研究成果。1980年召开的第一次全国旅游经济座谈会上提出:要建立中国自己的旅游经济学,以适应中国旅游业和旅游教育事业的发展。还先后出版发行了一批旅游专业书籍和报纸杂志,其中包括旅游经济学著作和不同版本的旅游经济学教材。如1982年王立纲、刘世杰出版了《中国旅游经济学》,提出了一些旅游经济的基本范畴,对中国旅游发展道路、中国旅游业的基本性质以及旅游资源开发等问题作了有益的探索,填补了中国旅游经济理论研究的空白;孙尚清主编的《中国旅游经济研究》一书不仅对1978年以来中国旅游业的发展战略作了比较透彻的分析和总结,而且还就20世纪90年代中国旅游业的发展战略作了深入的探讨;1993年魏小安与冯宗苏主编的《中国旅游业:产业政策与协调发展》,从制定科学的旅游产业政策角度论述了中国旅游经济的诸方面结构;郝索、唐留雄、罗明义、王大悟等分别从旅游产业经济、旅游经济分析方法、旅游产业组织等角度对旅游经济学的研究做了深入的拓展等。

第二节　旅游经济学的性质和特点

任何一门学科都有其特定的研究对象,旅游经济学作为现代经济学的一个分支,是以经济学的一般理论为指导,研究旅游经济活动中各种经济现象、经济关系和经济规律的科学。因此,理解旅游经济学,要从旅游经济学的性质、特征进行分析。

一、旅游经济学的独特性质

任何一门学科的研究对象都是其学科性质所决定的。旅游经济学之所以能成为一门独立的学科，是由于旅游经济具有不同于其他经济类型的独特性质所决定的。这种独特性质在于：旅游活动中旅游者要想获得旅游对象物的使用价值，必须趋向对象物所在的地理空间，即旅游经济中旅游产品的交换是以人的流动为前提的。具体表现在以下方面：

1.旅游者只能获得对象物的暂时使用权

旅游者对对象物的消费在某种程度上是旅游者在常住地的消费整体向旅游目的地空间转移的结果。就消费内容而言，它是一个包括对旅游吸引物、交通设施、住宿设施、餐饮设施等在内的整体消费，而且是暂时性的。因此，旅游者在消费时，没有也不必获得这些对象物的所有权，获得的只是这些对象物的使用权，而且还是暂时性的使用权。

2.旅游者购买方式具有特殊性

旅游者在旅游过程中购买的旅游产品是一种体验品。体验品的特征决定了旅游者一般不可能预先知道所购买的旅游产品质量的好坏，也没有办法先看再买、先试再买。而且由于旅游者的常住地与目的地之间的空间距离，客观上也增加了他们获得产品使用经验的复杂性和困难程度，加大了他们的购买风险，增加了他们进行质量确认的成本，同时也加大了制定尽可能完备的契约的难度。为了降低消费者的信息搜索成本和购买风险，给潜在的旅游者提供足够的信息和可信的信息，实施品牌化战略成了旅游相关服务供给商和旅游目的地营销组织的重要任务。

3.旅游供给的地域性

旅游经济中旅游产品的生产供给具有地域性特征。旅游经济中的生产供给不同于其他产业供给。在其他产业中，例如制造业，可以通过在目标市场建厂进行相关产品的生产，或建厂生产后将产品运送到世界市场，因为有形的物质产品是可以转移的。但是旅游经济中如景观供给、住宿供给等主体生产部分是不可移动的，是不可以将景观供给、住宿供给移动到客源市场进行消费的。另外，旅游产品的供给具有确定性，即不能在短期内增加“生产能力”，而且在短期内也无法减少“生产能力”，并且供给中的住宿设施也无法通过区际调剂来缓解供求缺口，因此住宿供给市场的竞争存在天然的地域分割性。在市场经济中，同一产业内的市场竞争具有地域扩散性，但是在旅游经济中，即便是在发达的市场经济体系中，住宿供给的竞争也只能是区域性的竞争，而不可能向更广阔的地域扩展。

4.主体对象物使用上的共享性

旅游景区（点）向旅游者提供的是共享使用权。旅游者在旅游景区（点）上共享使用权的特点决定了旅游产品供给的复杂性及旅游者评价旅游产品效用的困难性。这在一定程度上确立了对旅游经济进行专门研究的必要性。

二、旅游经济学的学科特征

旅游经济学是现代经济学的一个分支，具有自己独特性质。因此，旅游经济学同其他学科相比较，也具有不同于其他学科的特点。

1. 旅游经济学是一门应用性学科

经济学包括宏观经济学和微观经济学。宏观经济学是把整个社会经济作为一个整体，从生产、交换、分配和消费诸环节的内在联系及其矛盾运动中，揭示整个社会经济发展的一般规律性。微观经济学是以单个经济单位（单个的生产者、单个的消费者、单个市场的经济活动）作为研究对象，分析单个生产者如何将有限的资源分配在各种商品的生产上以取得最大的利润，单个消费者如何将有限的收入分配在各种商品的消费上以获得最大的满足，还分析单个生产者的产量、成本、使用的生产要素数量和利润如何确定，生产要素供应者的收入如何决定，单个商品的效用、供给量、需求量和价格如何确定等。无论是宏观经济学还是微观经济学，都属于理论经济学的范畴。而旅游经济学则以理论经济学的一般理论为指导，专门研究旅游经济活动中的特有现象及矛盾，揭示旅游经济发展的规律及其条件、范围和表现形式，从而指导旅游经济健康、持续地发展，因而具有较强的应用性，属于应用经济学的范畴。

2. 旅游经济学是旅游管理专业的一门基础学科

旅游经济学是旅游管理专业的一门基础学科，它与旅游管理专业的旅游学和旅游管理学既有联系，又有区别。旅游学是以世界为整体，研究旅游活动的产生、发展及其运行规律的科学，目的是揭示旅游活动的内在性质、特点及发展趋势；旅游经济学则是在经济学和旅游学理论的指导下，揭示旅游活动在经济领域中所发生的矛盾运动，以及经济关系的发展规律的学科；旅游管理学则是在旅游经济学的指导下，研究旅游经济活动的合理组织及科学管理，以提高旅游经济运行的效率和效益。因此，旅游学实际上是旅游经济学的基础，为旅游经济学提供旅游活动的规律性；而旅游管理学则是旅游经济学的延伸，是针对旅游经济运行过程所进行的管理活动。

3. 旅游经济学是一门新兴的边缘学科

旅游经济学是伴随旅游经济的形成与发展而产生的一门新兴学科。从 1927 年意大利罗马大学教授马里奥蒂第一次出版的《旅游经济讲义》算起，至今还不到一百年的时间；从 19 世纪后半叶西方国家开始关注对旅游经济问题的研究开始，至今也不过一百五十年左右。由于旅游经济学的研究历史比较短，因此在学科体系、基本内容、基本概念、研究方法等方面还存在着许多值得深入探讨和进一步完善的地方，旅游经济学的理论建设还有很多工作要做。同时，由于旅游经济活动具有综合性的特点，使得旅游经济学是以经济学为理论基础，并结合旅游学、心理学、地理学、资源学、社会学、统计学、市场学等学科理论与方法，研究旅游活动在经济领域中表现出来的各种关系、特殊矛盾、变化规律等的学科。旅游经济学的这种综合性、边缘性学科特点，使其研究的内容变得非常丰富，各种经济关系变得十分复杂，科学研究的难度增大。因此，我们必须在对旅游经济学的边缘性特点有一个科学、全面认识的基础上，能善于利用其他学科的基本理论与方法解决旅游经济问题。

第三节 旅游经济学的研究对象和内容

各个学科研究对象和内容的根本性区别在于各个学科自身所具有的矛盾规律。旅游经济活动运行中总是存在旅游需求与旅游供给这一主要矛盾以及由其产生的各种矛盾。旅游经济学的研究对象和内容正是围绕这些矛盾展开的。

一、旅游经济学的研究对象

旅游活动的主体是由旅游需求者和旅游供给者构成的。旅游需求和旅游供给之间的矛盾贯穿旅游经济活动的始终。旅游经济学是从经济角度来研究旅游活动的，因此，旅游经济学的研究对象是旅游经济活动中旅游产品的需求和供给的矛盾运动，以及其运动过程中所形成的经济现象、经济关系和经济规律。

1. 旅游经济活动中的矛盾

贯穿在旅游经济领域的主要矛盾是旅游需求与旅游供给间的矛盾，它决定了旅游经济领域中其他一切矛盾。旅游经济领域中的矛盾主要表现在以下三个方面。

(1)旅游者方面的矛盾。主要体现在以下四个方面：

第一，旅游者的需求欲望与可自由支配收入之间的矛盾。个人可支配收入是个人收入减去直接负担的各项税款（如所得税等）和非税性负担（如会费、交通罚款等）之后的余额，才是消费者个人可支配的收入，或用于消费支出或用于储蓄。个人可自由支配收入是个人可支配收入减去维持生活所必需的支出（如食品、服装、住房等）和社会消费（健康人寿保险、老年退休金和失业补贴的预支等）所剩下的那部分个人收入。人们有可自由支配的收入才有可能具备产生旅游需求的经济条件，如果人们有旅游的愿望，但没有充足的可自由支配收入也不可能使旅游需求得以实现。

第二，旅游者需求欲望与闲暇时间的矛盾。闲暇时间指在工作时间、生理需要的生活时间和社会活动时间以外的个人可自由支配时间。闲暇时间是人们实现旅游活动的又一个必要条件。旅游需要消耗时间，即使人们有出游的愿望，也有充足的可自由支配收入，倘若没有闲暇时间，旅游需求的欲望亦无法实现。随着社会经济的发展，科技的进步，劳动生产率的不断提高，人们拥有的闲暇时间也在逐渐增多。中国的双休日及调整后的国家法定假日，使国内旅游大幅度增长。可见人们闲暇时间越长，产生旅游需求的可能性就越大。特别是带薪假期的长短对旅游需求有很大影响，随着带薪假期的增加，为人们的远程旅游创造了便利条件。

第三，旅游者的需求欲望与旅游者自身文化、身体素质之间的矛盾。例如，一般来说，由于老年人的身体状况的限制，难以进行攀岩、冲浪、滑翔等特种旅游。

第四，旅游者之间争夺"热线"、"热点"的矛盾。不同地区、不同旅游点与不同线路的旅游资源和设施存在着差异性，高等级、高质量的旅游线路被热捧，从而形成旅游"热线"和"热点"。但是热点地区的供给是有限的，这就造成旺季时旅游者之间争夺"热点"、"热线"的矛盾。例如，每年一二月间去海南旅游的人数很多，致使当地该季节酒店价格涨幅很大。

(2)旅游经营者方面的矛盾。主要体现在以下三个方面：

第一，各类旅游企业之间的矛盾。由于中国旅游业的快速发展，多数旅游企业规模小、产品同质化严重，促使旅游业处在买方市场条件下，各企业之间争夺客源的矛盾很激烈，旅行社与其他旅游企业在争夺客源和收入分配上也会存在矛盾。此外，旅游企业为争夺有限的生产要素也会产生各种各样的矛盾。

第二，旅游企业成本与收益、劳动消耗与劳动成果之间的矛盾。作为经营者，要考虑如何用最少的劳动消耗取得最大的经济效益，而旅游者考虑的是如何用最少的支出，获得最大的满足，两者之间会产生一定的矛盾。

第三，旅游业宏观效益与微观效益的矛盾。这实际上是整体与局部利益的关系问题。例如，有些企业为了自己的局部利益乱提价，从而影响了整个旅游业的声誉，造成了很坏的影响。

(3)旅游者与旅游经营者之间的矛盾。主要体现在以下三个方面：

第一，旅游者的支付能力与旅游价格之间的矛盾。旅游价格制定过高，会影响消费者的购买；而价格太低，经营者便无利可图。因此，经营者要制定出一个让消费者能够接受的合理价格。

第二，旅游者的旅游需求内容与旅游经营者提供的旅游服务项目之间的矛盾。如中国旅游项目中普遍存在旅游观光项目多、参与项目少的问题；走马观花项目多、深入了解项目少的问题等。为了更好更快地发展旅游业，旅游经营者应在国家法律、政策允许的范围内想方设法为旅游者提供丰富多彩的服务项目。

第三，旅游需求的高度灵活性与旅游供给的相对稳定性之间存在的矛盾。旅游者的需求是在不断变化的，而旅游供给则具有相对稳定性。例如，建一所饭店，一经建成要想改变结构就会很困难，因为饭店建设需要有一个建设周期。

旅游经济活动就是由这许许多多的矛盾运动变化推动的，旅游经济学的任务就是对这些矛盾进行深入的研究，以便更好地解决这些矛盾。

2.旅游经济活动所反映的经济关系

旅游经济活动是旅游需求者和旅游供给者发生经济关系的过程，这种关系主要反映在以下三个方面：

(1)旅游者同旅游企业之间的经济关系。最能体现旅游者和旅游企业之间经济关系的，是旅游者与旅行社之间的关系。在旅行社的包价旅游中，旅游者支付一定的费用，旅行社给旅游者提供各方面的服务，他们之间是一种经济关系，是一种经济利益关系。如何既满足旅游者的需求，又实现旅游企业的利润是其经济利益关系的焦点。

(2)旅游企业之间的经济关系。各个旅游企业之间既有相互依赖关系，又有竞争关系。在旅游活动过程中，旅游者具有食、住、行、游、娱、购等方面的需求，旅游企业必须相互配合和支持，才能更好地满足旅游者的需要。旅游企业内部各部门的发展还要求协调发展，某一方面的落后，都会成为制约旅游业发展的因素，影响其他旅游部门的经济效益。随着人们消费水平的提高，旅游者对旅游供给的要求越来越高，对旅游目的地的选择越来越多，又形成了旅游供给者之间的竞争。

(3)旅游者同当地居民之间的经济关系。旅游者到旅游目的地旅游，当地居民的态度如何，会直接影响到旅游者的消费效果和经历，以及旅游目的地的形象。多数旅游目的地居民参与到旅游供给中，为旅游者提供各种旅游产品，获取经济收益。

3.旅游经济活动中的经济规律

旅游经济规律是指旅游经济活动中内在的、本质的规律性。旅游经济活动中存在着各种各样的经济规律，旅游经济学的任务就是揭示客观经济规律，以便人们利用规律，促进旅游经济协调、稳定、持续发展。旅游经济活动的主要规律如下：

(1)旅游需求规律。与一般消费需求的满足不同，旅游需求的实现是一种异地消费活动，除了受价格、可自由支配收入的影响以外，还受到闲暇时间的约束。因此，旅游需求量变化的规律性就主要反映为旅游需求量与旅游价格、可自由支配收入和闲暇时间的相关性和变动关系。

(2)旅游供给规律。旅游供给量与旅游价格之间呈正方向变化关系。在影响旅游供给的其他因素不变的情况下，旅游产品的价格提高，旅游供给量就会增多；旅游产品的价格降低，旅游供给量就会减少，这一变动倾向被称为旅游供给规律。

(3)旅游供求规律。我们可以把市场经济条件下旅游供求规律概括如下：旅游需求和旅游供给共同决定旅游产品价格；旅游产品价格又影响和决定着旅游需求和旅游供给的数量；旅游均衡价格和均衡产量与旅游需求呈同方向变动；旅游均衡价格与旅游供给呈反方向变动，而旅游均衡产量与旅游供给呈同方向变动。旅游需求与旅游供给同时增加或同时减少，会引起旅游均衡产量呈同方向变动，而这时旅游均衡价格则提高、降低或不变。

二、旅游经济学研究的主要内容

旅游经济学的研究是围绕旅游经济活动的进行而展开的，通过分析旅游经济活动的各个侧面、旅游经济活动进行的条件、影响旅游经济活动进行的因素等，揭示旅游经济活动过程中各种经济现象、经济关系的本质，探索旅游经济活动的规律性。概括地说，旅游经济学研究的内容包括旅游经济活动运行的各个主要环节及其相互关系。

1.旅游产品及其需求与供给

旅游经济活动是以旅游产品的需求和供给为出发点展开的，因此，必须先研究旅游产品的定义、特点、构成、结构等以及旅游活动商品化，再研究旅游产品的需求与供给的概念、影响因素以及规律性。

2.旅游市场

旅游产品的需求与供给离不开旅游市场，因此，必须对旅游市场展开研究，阐明旅游市场的概念和特点，掌握不同竞争结构的旅游市场，遵循旅游市场机制，探讨旅游市场供求矛盾运动规律。

3.政府与旅游经济发展

市场失灵是客观存在的。在市场失灵的情况下，只有政府才能担当起干预市场失灵的职责。因此，对“市场失灵”和“政府干预”进行研究非常必要。需要了解市场失灵的原因及政府干预的途径。

4.旅游收入、分配与效益

旅游经济效益不仅是旅游产业及企业所追求的经营目标，也是判断旅游业对国民经济贡献大小的主要标志，因此，在这部分内容主要研究旅游收入与效益指标，旅游收入分配与再分配，旅游收入的乘数作用对旅游业宏观效益与微观效益的分析，对旅游经济效益进行评价。

5.旅游产业发展

旅游产业是旅游经济活动中旅游产品的供给方，深入了解旅游产业发展的现状与趋势非常必要。必须探讨旅游产业的内涵、经济地位和经济周期以及发展模式，掌握旅游产业的行业结构和地区结构，分析旅游产业的发展趋势。

第四节　旅游经济学与其他学科的关系

旅游经济学是一门独立性较强的学科，具有自己的研究内容和特点，同时旅游经济学又是一门边缘学科，与其他学科有着密切的联系。研究旅游经济学必须借助各相关学科的研究成果，综合考察旅游活动在经济领域中的各种表现，以加深对旅游经济活动规律的认识。

一、旅游经济学与经济学的关系

经济学是研究经济发展过程中的经济现象、经济关系以及经济规律的学科，它把社会经济关系作为一个整体，在生产、分配、交换和消费诸环节的内在联系及其矛盾运动中阐述经济发展的重要特征和经济规律。它是旅游经济学的理论基础。

旅游经济学是研究旅游经济活动的运行及其运行过程中所产生的经济现象、经济关系和经济规律的一门学科，它研究的领域是整个社会经济活动中的旅游部门，因此，旅游经济活动的运行必然要遵循社会经济发展的一般规律，如价值规律、竞争规律和供求规律等。但是，社会经济发展的一般规律在旅游经济中是以特殊的形式表现出来的，决定了旅游经济内部具有其固有的特殊规律。如在旅游业的产业结构、旅游消费和旅游市场等方面都有自己的特殊规律。因此，旅游经济学的研究必须用经济学的基本原理作指导，但也要重视和突出其特殊性。旅游经济学与经济学的关系是个性与共性的关系。

二、旅游经济学与旅游学的关系

旅游学是研究旅游活动各要素及各要素之间的相互关系，研究其产生、发展及其活动的最一般规律的学科。它涉及社会心理、文化和身体等方面因素，也涉及自然的、经济的、法律的诸因素。因此，旅游学研究的范围较广，涉及多种学科，如经济学、管理学、心理学、法学、社会学、历史学、美学等。其中一门学科的理论同旅游的结合便形成了旅游经济学、旅游管理学、旅游心理学、旅游法学、旅游社会学、旅游史学、旅游美学等。因此，旅游经济学是旅游学的一部分，它与旅游学的关系是特殊与一般的关系。

三、旅游经济学与其他旅游学科的关系

旅游是一种综合性的社会经济现象，从不同侧面在理论上反映和概括这种现象的学科甚多，除上面提到的有关学科之外，还有旅游市场营销学、旅游地理学、旅游文化学、旅游资源学、旅游统计、旅游会计、旅游饭店管理、旅行社管理、旅游交通管理等。旅游经济学和这些学科的关系可分为两类。

第一类是与旅游经济学成平行关系的学科，如旅游心理学、旅游社会学、旅游法学、旅游地理学、旅游美学等，它们分别从旅游活动的不同侧面探讨旅游与有关学科边缘结合的特点和不同规律，都比较专门地担当了旅游活动某一方面或同一层次的研究，与旅游学有着内在联系，都属于旅游学的分支学科。例如，旅游地理学把旅游作为一种地理现象进行科学研究，探讨旅游学必须遵循的地理规律；旅游心理学研究的是旅游活动中有关人的心理、行为和人与人之间的关系。因此，旅游

经济学同它们的关系是平行的，是相互联系、相互渗透和相辅相成的关系。这些边缘学科的产生来自于旅游活动这个复杂的社会现象的多面性。

第二类是与旅游经济学成纵向关系的学科，如旅游市场营销学、旅游饭店管理、旅行社管理、旅游交通管理、旅游统计等。其中，旅游市场营销学是旅游经济学的延伸，即以旅游经济学的原理为基础，从宏观和微观的角度出发分别在旅游市场和旅游管理方面对旅游经济活动作进一步的分析和研究；旅游饭店管理、旅行社管理、旅游交通管理均属于旅游企业管理，它们以旅游经济学的基本原理作指导，仅从微观角度探讨旅游产业中这类企业经营与管理的思想、原则、方法和技术。由此可见，旅游经济学同这些学科的关系是抽象与具体的关系，它们都是旅游经济学的基本理论在各个领域的应用和具体化。

第五节　旅游经济学的研究方法

旅游经济学是一门综合性的学科，其研究的内容非常广泛，涉及多种学科的内容。因此，它的研究必须以经济理论做指导，结合社会科学的特点，运用相应的科学方法。

一、辩证唯物主义与历史唯物主义相统一的方法

辩证唯物主义和历史唯物主义是马克思主义哲学的基本思想，是世界观与方法论的统一，是任何科学研究必须遵循的基本指导思想和基本研究方法。在研究旅游经济学时，我们要运用马克思主义的立场、观点和方法，以唯物辩证法为指导，按照经济学的一般规律，分析研究旅游活动中的经济现象、经济关系和经济规律。

二、坚持理论与实践相结合的方法

旅游经济学是在长期旅游实践活动基础上产生的，反过来又服务于旅游实践。因此，理论与实际相结合是研究旅游经济学的一个重要方法。坚持理论与实际相结合的观点，要求一切研究必须从旅游经济活动的客观实际出发，解决旅游经济发展中的实际问题。即从中国国情出发，根据目前和今后一段时期社会经济发展状况来规划旅游产品，揭示旅游经济发展变化的客观规律，并将其上升为理论，用以指导旅游经济的实际工作。同时坚持实践是检验真理的唯一标准的原则，把旅游经济理论应用于实践，用实践来检验、充实和丰富旅游经济理论。运用理论与实际相结合的方法研究旅游经济学，还必须建立在旅游经济活动全局的基础上，探索旅游经济活动的运行及各个环节的特点和规律性。另外，必须立足于中国旅游业的

实际，并以世界旅游活动为舞台。因为，中国旅游业只是世界旅游业的一部分，其中国际旅游的活动领域是一个世界范围的大旅游市场，它同世界其他国家的旅游业有着千丝万缕的联系。所以，在旅游经济学的研究中，还必须着眼于世界旅游活动这个更大的舞台上的旅游实际。

三、定性分析与定量分析相结合的方法

旅游经济活动中的各种经济现象不仅具有质和量的规定性，而且处在不断变化的过程中，因此，在研究旅游经济学时，对各种经济现象和经济关系必须在研究质的同时研究量的变化。旅游经济学中的许多范畴，如旅游产品、旅游需求和旅游价格等都具有质的规定性，同时又具有量的规定性。我们除确定其性质和特点外，还应对旅游经济现象进行定量分析，从它们之间量的变动关系中分析旅游经济现象发展变动趋势，揭示其规律性。只有把定量分析和定性分析结合起来，才有利于理论研究，达到事物质与量的统一。

目前，旅游经济的研究在重视定性分析的同时，更重视定量分析。如旅游消费特征、旅游收入分析等都要进行大量的定量分析。为了在旅游经济学研究中更好地进行定量分析，学习统计学、数学的方法和计算机技术是非常重要的。

四、坚持运用多学科知识综合的方法

旅游经济活动是一项综合性的社会经济活动，其研究涉及经济学、旅游学、心理学、社会学、统计学、会计学等。因此，在研究旅游经济学中应注意学习这些学科的理论，借鉴这些学科的研究方法及最新研究成果，不断丰富旅游经济学的内容，提高旅游经济学的研究水平和对实践的指导性。

章尾案例

中国旅游业"十一五"期间取得的成绩①

《中华人民共和国国民经济和社会发展第十一个五年规划纲要》(以下简称"十一五")期间，中国旅游业全面完成了发展目标，国际国内消费需求稳定增长，产业规模持续扩大，产业结构逐步优化，产业素质明显提升，产业功能有效释放，为进一步建设世界旅游强国打下了坚实基础。国务院明确提出要"把旅游业培育成为国民经济的战略性支柱产业和人民群众更加满意的现代服务业"，旅游业已经成为国家战略的重要组成部分，对社会经济的促进作用日益显著。

①根据《中国旅游业"十二五"发展规划纲要》整理。

1. 旅游业扩大消费、拉动内需的作用更加突出

“十一五”期间，中国旅游业先后迎来了2008年北京奥运会、2009年新中国成立60周年、2010年世博会和亚运会等盛事，同时也遭遇了汶川特大地震、国际金融危机、甲型H1N1流感等众多不利因素的冲击。中国旅游业表现出较强的产业适应能力和宏观调控能力，取得较好业绩。2010年中国旅游业总收入为1.44万亿元，比2005年增加6700多亿元；旅游业直接就业人数1150万人，比2005年增加400万人。国内旅游得到进一步发展，旅游消费占居民消费的比例持续上升。2009年，中国国内旅游收入突破1万亿元。

2. 旅游业在服务贸易和对外交往中的地位更加显著，奠定了建设世界旅游强国的坚实基础

“十一五”期间，中国出境和入境旅游均取得了新的进展。2006～2009年，中国入境过夜旅游人数、旅游外汇收入先后进入世界前5位，出境旅游人数稳居亚洲最大的客源国地位，并成为全球出境旅游增长最快的国家之一。截至2010年底，经国务院批准的中国公民出国境游目的地国家和地区总数达到140个。中国与美国、俄罗斯、欧盟、东盟、日本、韩国等的多边及双边合作取得了较大进展，初步形成了有效的工作方式和运行机制。中国出入境旅游在发挥民间外交功能、促进服务贸易等方面取得重要进展，全面融入世界旅游发展的新格局。中国在国际旅游业发展事务中的影响和地位进一步增强，世界旅游大国地位更加突出，建设世界旅游强国的基础进一步加强。

3. 产业功能进一步释放，旅游业全面融入国家战略体系

“十一五”期间，围绕国家重大战略和中央的工作部署，特别是中部崛起、振兴东北老工业基地、长三角区域规划、环渤海区域规划、海峡西岸经济区建设、北部湾经济区建设、泛珠三角洲经济区发展、少数民族边疆地区发展等，编制了相应的区域旅游规划，采取了相应市场促销和产业促进举措，在支撑区域发展战略方面发挥了重要作用。旅游业还在推进海峡两岸旅游交流，与港、澳旅游业界建立更紧密的合作关系，推动两岸关系和平发展，在支持香港和澳门保持经济繁荣稳定等方面做出了突出贡献。2009年12月，《国务院关于加快旅游业发展的意见》正式出台，首次提出“把旅游业培育成国民经济的战略性支柱产业和人民群众更加满意的现代服务业”，实现了旅游产业定位的历史性突破。

4. 体制机制创新成效显著，形成了旅游业发展合力

“十一五”期间，中国旅游业形成了“政府引导、部门联动、条块结合、分类指导”的大产业综合推进的发展格局。一是近年来各省区市进一步强化了对旅游业发展的主导作用，例如，海南建设国际旅游岛，广东推出国民休闲计划，云南实施旅游二次创业，河北建设环京津休闲度假带，江苏、浙江等地发放旅游消费券等，极大地推动了当地旅游业的发展。二是旅游产业与文化产业、体育产业等相关产业的融合

不断深化，形成了旅游产业融合发展的大格局。国家旅游局先后与安徽、吉林、广东等18个省、区、市签订旅游合作备忘录或合作协议。三是长江三角洲、珠江三角洲、环渤海经济区、长江沿线、丝绸之路等旅游区域依托中心城市展开了联合宣传推广、旅游线路对接、促进要素流动、规范市场管理等多层次、各具特色的区域合作。区域旅游发展格局渐趋成熟，无障碍旅游区和跨区域旅游合作已成为旅游业发展方向的重要模式。内地居民赴港、澳旅游健康发展，大陆居民赴台旅游有序推进，CEPA与ECFA协议有关旅游政策不断落实。四是中国加快了旅游行政管理体制改革，旅游行政管理部门的公共服务与社会管理职能得到加强，出台了新的《旅行社条例》，旅游立法工作启动。标准化管理已成为旅游产业管理的重要手段。

5. 产业体系建设取得明显进展，旅游产业竞争力进一步提升

"十一五"期间，中国旅游产品转型初步实现，逐渐从观光旅游占绝对主体地位转向观光、度假休闲和专项旅游协调发展，初步培育了中国港中旅集团、中国国旅集团、中青旅集团、华侨城集团、首都旅游集团、锦江旅游集团等一批有竞争力的大型旅游集团和旅游知名企业，旅游市场主体的企业活力和产业竞争力进一步增强。旅游投融资体系不断完善，旅游科技创新和人才队伍建设得到进一步增强。

案例分析 从案例中，我们不难看出："十一五"期间，中国旅游业抓住机遇，克服困境，取得了强劲发展并获得了巨大的成绩，国际国内消费需求稳定增长，产业规模持续扩大，产业结构逐步优化，产业素质明显提升，产业功能有效释放，产业地位进一步得到了提高，实现了从旅游资源大国向世界旅游大国的历史性跨越，并为进一步建设世界旅游强国打下坚实基础。尽管如此，但是与"国民经济战略性支柱产业和人民群众更加满意的现代服务业"两大战略目标相比，和建设世界旅游强国的目标相比，还存在较大差距，需要在《中华人民共和国国民经济和社会发展第十二个五年规划纲要》(以下简称"十二五")期间继续努力。

思考题

1. 什么是旅游经济学？
2. 旅游经济学的研究对象是什么？
3. 旅游经济学研究的内容有哪些？
4. 旅游经济学研究方法有哪些？

第二章 旅游产品

本章提要

旅游产品是旅游经济活动中旅游需求者和旅游供给者之间交换的对象，是旅游经济活动的核心。旅游产品开发的类型、数量和质量直接关系到旅游业的兴衰和旅游经济的可持续发展。本章将阐述旅游产品的概念、经济性质和特点，分析旅游产品的层次以及从需求和供给角度来看旅游产品的构成，探讨了旅游产品的不同分类和结构，最后阐述了旅游商品概念以及开发策略。

章首案例

新疆着手打造世界级的特种旅游精品①

新疆独具特色的景观成为发展特种旅游的最佳胜地。在全球经济放缓冲击常规旅游的背景下，新疆将加快开发冰雪风情游、沙漠探险、自驾车旅游、文化古迹考察等特色旅游产品，整合新疆特种旅游资源，推出一批具有世界水平的特种旅游精品，提升旅游业的竞争力。

人们通常把从事具有探险、猎奇、科学考察性质的旅游称为特种旅游。新疆地域辽阔，地形复杂，拥有原始大漠、高山湖泊、草地冰川等多种自然旅游资源和丰富的古文明遗址、古道等人文景观，具有开展特种旅游的先天条件。

近年来，随着新疆旅游市场和基础设施的不断发展完善，新疆在特种旅游方面已经形成了一定的规模，相继开发出冰雪游、高山攀岩、沙漠探险、山间徒步、河谷漂流、驼队探访等特种旅游项目。塔克拉玛干沙漠探险、重走丝绸之路等十多条成熟的旅游线路以各自的特色吸引着中外游客，满足了人们探险、猎奇的愿望。前几年，来新疆进行特种游的主要以日本、德国、美国等国外游客为主。随着国内经济水平的提高，国内游客对特种旅游的兴趣不断提高，目前已成为新疆特种旅游的主力军。

当地政府也意识到，资源丰富的新疆已开发的特种旅游线路仅是其中很小的一部分，还有更多神秘而奇妙的资源有待开发。在新疆旅游发展规划当中，特种旅游被放在非常重要的位置。让观光度假等常规旅游向品牌化的特种旅游提升，让

①闫文陆．新疆着手打造世界级的特种旅游精品[EB/OL]．中国新闻网，2008－11－12．

专题化、深度体验式的特种旅游成为拉动新疆旅游市场的经济增长点。

但要让新疆特种旅游市场取得突飞猛进的发展，成为全世界探险旅游爱好者向往的乐园，必须开发出具有世界影响力的线路。新疆旅游局提出将整合新疆特种旅游资源，聘请国内外高水平的规划专家编制特种旅游的规划，做好新疆特种旅游整体形象包装和策划。力争经过几年的努力，推出一批具有世界水平的特种旅游精品。

问题思考

1. 什么是特种旅游产品？
2. 发展特种旅游产品需要具备哪些条件？

第一节　旅游产品的概念及特征

现代旅游活动之所以具有经济性，是因为旅游需求者和旅游供给者要交换旅游产品。因此，旅游产品是旅游经济活动的核心，是研究旅游经济活动的起点。研究旅游经济活动必须先了解旅游产品的内涵和特点。

一、旅游产品的概念

旅游产品通常是指旅游者向旅游经营者购买的、旅游活动中所消费的各种实物和服务的总和。由于现代旅游活动是一种综合性的社会经济和文化活动，因此要求旅游产品也应该是丰富多样的，才能更好地满足旅游者的需求。旅游产品内容的丰富多样性，需要我们从不同的角度来全面、准确地掌握旅游产品的概念。

1. 从旅游市场角度所定义的旅游产品

从旅游市场的角度来看，旅游产品指的是旅游者和旅游经营者在市场上进行交换的并在旅游活动中所消费的各种实物和服务的总和。根据旅游者和旅游经营者在旅游市场中的交换情况，旅游产品可分为以下几类：

(1)单项旅游产品。单项旅游产品主要指旅游者在旅游活动中所购买和消费的与住宿、餐饮、交通、游览、娱乐、购物某一方面的实物或服务内容，如一顿美餐、一间客房使用权、一次景点的观赏权等都属于单项旅游产品。单项旅游产品通常只能满足旅游者某一方面的旅游需求。

(2)组合旅游产品。组合旅游产品主要指旅游经营者根据旅游者需求，把食、住、行、游、购、娱等多种要素组合而成的旅游产品，又称为旅游线路产品。组合旅游产品大多数是由旅行开发商按照旅游需求和活动规律与特点进行设计和开发的。根据不同旅游目的地旅游资源和接待设施条件，把各种单项旅游产品有机组合而形成旅游线路产品，以更好地满足旅游者多方面的旅游需求。

(3)整体旅游产品。整体旅游产品主要指旅游经济活动中，某一旅游目的地能够提供并满足旅游者需求的全部实物和服务的总和，又称为旅游目的地产品，包括若干个单项旅游产品和若干条旅游线路产品，能够有效地满足旅游者的多样性旅游需求。

可见，旅游产品是一种特殊的产品，它既不同于工业和农业生产的物质产品，也不同于一般服务行业所提供的纯服务性产品。在旅游经济活动中，团队旅游者大多数购买由旅行社安排的旅游线路产品或整体旅游产品；而散客旅游者或团队中的个别旅游者，则根据自己的特殊需要购买单项旅游产品。

2. 从旅游者角度所定义的旅游产品

从旅游者的角度来看，旅游产品是指旅游者花费一定的时间、精力和费用所获得的一段旅游经历体验和感受。这种经历体验和感受包括旅游者从离开居住地开始，到达旅游目的地旅游，到旅游结束最后又回到居住地的全部过程中的经历体验和感受。

随着旅游的发展，人们的旅游需求在不断变化，从旅游者的角度来看，旅游产品呈现出动态变化的特点。旅游产品的这种动态性，一方面，体现了旅游产品满足旅游者需求的适应性，即旅游产品只有在内容、组合结构、服务质量上存在一定的差异性，才能满足旅游者不断变化的旅游需求；另一方面，这种动态性也增加了旅游产品质量管理的难度，要求构成组合旅游产品或整体旅游产品的各种单项旅游产品和服务，能在质量和结构上相配套，这样才能保证整个旅游活动过程中各个环节的衔接和配合，使旅游者能获得愉快的旅游经历和良好的游后感受。

3. 从旅游经营者角度所定义的旅游产品

从旅游经营者角度来看，旅游产品是指旅游经营者凭借一定的旅游资源、旅游设施和其他媒介，向旅游者提供的、以满足旅游者需求的各种实物和劳务的总和。

从供给方面来看，旅游产品最终主要表现为活劳动的消耗，即旅游服务的提供。旅游服务与一般商业性服务的最大区别在于旅游服务是一种无形服务与有形物质结合在一起的综合性服务。一方面，旅游服务的使用价值不是以物的形式来体现其效用，而是通过旅游产业员工所提供的劳务来发挥其有用性；另一方面，旅游服务的提供又必须借助一定的有形物质才能实现其效用，如旅游资源、旅游设施和其他条件等。所以，旅游产品是一种实物和劳务相结合的特殊产品。

二、旅游产品的经济性质

马克思的劳动价值论认为：商品是在劳动过程中形成的能满足人们的某种需求，并能够用于市场交换的劳动产品，商品具有使用价值和价值。旅游产品之所以能成为商品，也是因为它和其他产品一样，具有一般商品所具有的基本属性，是使用价值与价值的统一。

1. 旅游产品的使用价值

使用价值是产品的自然属性，是指其能满足人们在物质或者精神方面的某种需求。旅游产品的使用价值除了具备这种属性外，还具有区别于其他产品的特殊性质。这种特殊性质具体表现在以下几个方面。

(1)使用价值的多效用性。通常，一般物质产品的使用价值只能满足人们某一方面或局部的需要，而旅游产品，尤其是组合旅游产品的使用价值则能满足旅游者物质生活和精神生活的多种需要，从提供食、住、行等基本的物质生活需要，到满足人们更高层次的游、购、娱等精神生活的需要。

(2)使用价值的多功能性。一个完整的旅游产品应根据旅游者的需要、旅游产品的成本及旅游市场的供求状况等，制定出高、中、低等若干档次的产品规格及相应的价目表，无论是哪一规格档次和价格的旅游产品，其使用价值都必须是综合性的，并能满足不同消费层次的旅游者的需求。

(3)使用价值的多样性。在旅游产品的使用价值构成中，既有构成旅游产品使用价值中必不可少的基本部分，例如，食、住、行、游、购、娱等内容；又有构成旅游产品使用价值中可有可无的附属部分，例如，旅游者在旅途中突发疾病，旅游经营者应及时联系医护条件及相应服务等，虽然这种服务不属于旅游产品使用价值的基本部分，但其属于附属部分，一旦发生，旅游经营者也要义不容辞地提供。

2. 旅游产品的价值

价值是商品的社会属性，是凝结在商品中的无差别的一般人类劳动。旅游产品的价值和其他任何产品的价值一样，都是无差别的、人类的一般劳动，是旅游产品所凭借的实物劳动产品的价值和服务所创造价值的总和，其价值由三个部分组成。

(1)转移价值。转移价值(C)是指旅游经营者向旅游者提供旅游服务时，所凭借的各种服务设施和设备的折旧，提供餐饮、住宿、娱乐等旅游活动所耗费的各种原材料、辅助材料等，它们是旅游产业劳动者过去所创造价值的转移，属于社会总产品中不变部分的转移。

(2)补偿价值。补偿价值(V)是指劳动者所创造的新增价值的一部分，即用于补偿旅游经营者和服务人员劳动支出的工资与福利，是由旅游从业人员所创造的，用以维持劳动力再生产所消耗的物质资料的价值，其形成旅游产品价值中的变动成分，是社会总产品中满足劳动者需求的个人消费品。

(3)剩余价值。剩余价值(m)是指旅游从业人员超过社会必要劳动时间，而为社会所创造的新增价值部分，其形成旅游产品价值中的剩余价值部分，是满足社会扩大再生产及其他公共消费需求，并以积累基金和社会消费基金等形式所表现出来的社会总产品中的公共必要产品。

旅游产品的价值是由转移价值、补偿价值和剩余价值所组成(C+V+m),其中V+m是旅游产品的新增价值,共同构成社会必要产品,是旅游经济运行的核心,也是旅游业对社会经济做出的贡献。

3.旅游产品价值量的确定

从旅游产品的价值决定和价格形成的角度来看,旅游产品价值量的确定具有不同于其他产品的特殊性,主要表现在以下几个方面:

(1)旅游服务价值量的确定主要以质量为标准。旅游服务是旅游产品的核心,旅游服务质量的好坏直接影响旅游产品价值的实现。在服务设施和服务条件相同的情况下,高质量的旅游服务反映旅游产品的质量好、价值大;低质量的旅游服务反映旅游产品的质量差,价值小;旅游服务质量的优劣主要与从业人员的文化素质、业务能力、职业道德水平密切相关,而与劳动量投入的多少无直接相关关系。因此,只有提供高质量的旅游服务,才能保证旅游产品价值的有效实现。

(2)部分旅游资源的价值量难以确定。旅游资源是旅游产品构成的重要内容。旅游资源的种类和特色,决定了在价值量的确定上存在较大差异。例如,人文景观中的历史文物古迹,除了是前人劳动的结晶外,历代人们的维修保养也付出了大量劳动,它们的价值难以估量,从而使这些旅游资源具有无法替代的历史价值,这种价值不能以消耗多少劳动量去衡量,因而这种价值的不可估量性反映在价格上即为垄断性。

(3)旅游设施的价值量随旅游产品组合而变化。旅游产品中的旅游设施,同市场上的其他物质产品一样,其价值也是由凝结于其中的社会必要劳动量来决定。但是,由于这些设施受旅游经济活动的特点所影响,因而在旅游产品的组合过程中其价值量也会发生变化而产生新的附加值。例如,同样一个西餐厅,放进五星级宾馆内,其提供的使用价值没有变化,但旅游者在旅游活动过程中享受这些设施的环境条件和服务内容要比先前优越得多,促使价值量增加。

三、旅游产品的基本特点

旅游产品作为一种以服务为主的综合性产品,既不同于一般工业和农业生产的物质产品,也不同于一般服务行业所提供的服务性产品,具有自己的特点,主要表现为以下几个方面:

1.产品内容的综合性

旅游产品的综合性首先表现在旅游产品的构成上。旅游产品由旅游资源、设施服务等多个部分组合而成,其中既有有形的部分,也有无形的部分;既有物质产品,又有精神产品,可以满足旅游者在食、住、行、游、购、娱等多方面的物质和精神需要。其次表现在旅游产品的综合性还表现在旅游产品的生产和经营涉及多个部门和行业，既有直接面向旅游者的旅行社业、饭店业、交通运输业和景区（点），也有间接面向旅游者的工业、农业、建筑业和纺织业、金融业、保险业等，针对旅游产品的这一综合性特征，旅游经营者在组合旅游产品时必须全面规划、通盘考虑、综合安排，确保提供的产品能够满足旅游者的整体需要。

2.无形的服务为主

旅游产品是一种以服务为主的无形性产品，其无形性表现在两个方面：一方面，旅游产品的主体内容是旅游服务，旅游服务的使用价值必须是旅游者到达旅游目的地，并在旅游活动中享受到交通、住宿、餐饮和游览娱乐的服务时才能够体现出来。如果没有旅游者消费，则旅游产品的价值只是潜在的。另一方面，旅游产品的价值不是凝结在具体的实物上，而是凝结在无形的旅游服务过程中，只有在旅游者消费各种旅游服务时，旅游产品的价值才真正得以实现。旅游产品的这一特征表明，在大体相同的旅游基础设施条件下，旅游产品的生产及供应可以通过服务体现出很大的差异性。

因此，旅游产品的深层开发和对市场需求的满足较多地依赖于无形产品的开发，也就是不断提高旅游服务的质量和水平。

3.生产与消费的同一性

旅游产品具有生产、交换与消费的高度同一性，主要表现在两个方面：一是空间上同时并存；二是时间上同时进行。旅游产品是以服务为主要内容的产品，旅游产品的生产表现为旅游服务的提供。只有旅游者到达旅游目的地，旅游服务的提供才会发生，旅游产品才开始生产；也只有当旅游者接受旅游服务时，旅游消费才开始发生，生产和消费都在旅游目的地进行，不存在异地交换和异地消费问题。此外，旅游产品的生产、交换与消费在时间上是同时发生、同时结束的。旅游产品的这一特性说明，由于旅游者在现场亲自介入旅游产品的生产、交换与消费，目睹和经受每项旅游活动的组织和安排，从而在旅游者的心中，就会时时存在对其购买的旅游产品价值的衡量，判断其得到的满足与支付的货币是否相符。另外，旅游产品生产、交换、消费的同一性，对旅游产品的质量提出了更高的要求。因为旅游者只有在消费中才能体会到产品的质量高低，如果质量不高，是不能返工的，其造成的损失是无法挽回的。这就要求旅游产品经营者必须为旅游者提供优质的服务，确保和努力提高旅游产品在旅游者心目中的地位和影响。

4.不可储存性

旅游服务和旅游消费在时空上的同一性决定了如果没有旅游者的购买和消费，以服务为核心的旅游产品就不会生产出来。因此，旅游产品不可能像其他有形产品那样，不断地生产出来并储存起来，留待销售。对于旅游企业而言，旅游产品的效用和价值是不可储存的。如果随着时间的推移，旅游产品没有实现对应时间上的交换价值，就会造成人力、财力、物力和资源的浪费，并且损失的价值永远也得不到补偿，因为机会已经丧失，设施、人员已经闲置，资金已经占用。无论是航空公司的舱位还是饭店的客房，只要有一天闲置，所造成的损失将永远无法追补回来。旅游产品不可储存性的特征，要求旅游企业的经营者加强旅游市场调查、研究和预测，采取灵活多样的销售策略，尽量避免设施设备的闲置浪费。努力提高旅游资源的使用率。

5.难以发生转移

旅游产品与物质产品的最大区别是相对固定性，因为旅游产品所凭借的旅游资源、接待设施和基础设施在位置上是相对固定不变的。因此，在旅游经济活动中，发生运动的是旅游者而不是旅游产品。此外，旅游产品的交换也不同于物质产品。物质产品的交换必然带来所有权的转移，而旅游产品的交换仅仅表现为旅游者对旅游产品的暂时使用权，未发生所有权的转移。这样，就使不同的旅游目的和不同类型的旅游产品之间不仅具有相对固定性，而且存在着较强的替代关系，同时使市场竞争更加激烈，从而给旅游产品的开发和经营带来较大的风险性。

6.依赖公共物品

旅游产品对于公共物品具有较强的依赖性：一是旅游产品中的旅游吸引物，如自然景观和人文景观等大多属于公共物品，具有一定程度的消费非竞争性；二是旅游产品构成中的基础设施主要是以服务于社会各个行业而存在的公共物品，旅游产品在其组合过程中只是部分地利用或暂时性利用，并不排斥其他行业或部门对公共基础设施的利用。

第二节　旅游产品的构成

旅游产品包含的内容非常丰富和复杂，为方便对旅游产品有一个较为全面的了解，对旅游经济活动进行深入分析，有必要对旅游产品的构成进行分析。下面分析旅游产品的层次结构，以及从旅游需求和供给来探讨旅游产品的构成。

一、旅游产品的层次

过去的市场营销理论认为，任何产品都是由三个部分所组成的，即产品的核心部分、形式部分和延伸部分。核心部分是指产品满足消费者需求的基本效用和核心价值；形式部分是指构成产品的实体和外形，包括款式、质量、商标和包装等；延伸部分是随产品销售和使用而给消费者带来的附加利益。1994 年 P.科特勒在《市场管理：分析、计划、执行与控制》专著修订版中，将产品的三层次结构说扩展为五层次结构说，即包括核心利益(Core Benefit)、形式产品(Generic Product)、期望产品(Expected Product)、附加产品(Augmented Product)和潜在产品(Potential Product)。同样,旅游产品也包括核心利益(产品)、形式产品、期望产品、附加产品和潜在产品五个层次,如图 2—1 所示。

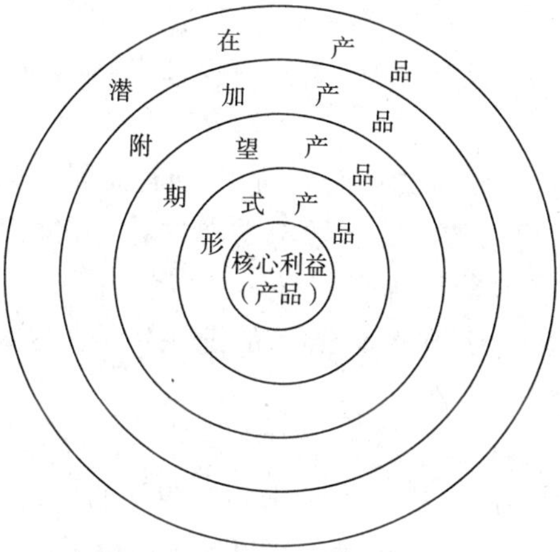

图 2—1 旅游产品的层次

1.核心利益(产品)

核心利益是指旅游者购买某种旅游产品时所追求的利益,就是旅游者真正要购买的服务和利益。换言之,是企业向旅游者提供的产品的基本效用。核心利益层是旅游产品中最基本、最主要的部分。从整体来看,旅游产品的核心产品应该是满足旅游者在旅游活动中的物质与精神的需求;从个体来看,如酒店产品的核心产品是“住”,旅游交通产品的核心产品是“行”,旅游景区(点)的核心产品是“游”,旅游商品的核心产品是“购”,旅游主题乐园的核心产品是“娱”,表达的是更加具体化的物质与精神的满足。

2.形式产品

形式产品,是旅游产品满足旅游者核心利益的表现形式,是核心利益借以实现的形式。它通常包括旅游产品的形态、质量、特色、风格及服务人员的服务技能和服务态度等。由于旅游产品不同于其他实物产品,具有较强的服务特性,因此,旅游产品的形式产品具有多种形态,不仅包括所有权发生转移的有形实物,如旅游购物品,所有权不发生转移、使用权发生转移的有形实物,如在滑雪场租用的雪橇,旅游者仅有观赏权的实物,如自然风景、文物古迹;还包括依赖实物所提供的环境或氛围,如就餐环境,以及各类人员依托设施或设备所提供的服务,如导游服务。正如高档酒店提供给旅游者的客房的结构、物品、设施和装潢,食物的色、香、味、形和器具及就餐的服务、场景和环境等,都是形式产品。

3. 期望产品

期望产品就是符合旅游者喜好的，包括价格、方便性以及产品功能表现等各个因素，也是指旅游者在购买旅游产品时期望获得的一整套产品属性和条件，如旅游中的便利条件、旅游服务场所的清洁和安全、酒店及其地理位置和整洁状况、旅游地语言和文化的易于沟通等，这些都是旅游产品必备的要素。如果一家酒店位置好且整洁卫生不一定能吸引旅游者前来，但是酒店偏僻或脏、乱、差就不会有旅客光顾。

一般情况下，不同的人对旅游产品的期望不同，而同时符合众多期望的产品是难以实现的。但是企业可以依据大多数旅游者的共同或相似需求和期望特点，提供统一标准的服务，将消费期望加以引导，使其尽量产生相同或近似的感受与体验，从而更加清晰地识别与认同该旅游产品，避免因为期望的过高或偏移，产生对该旅游产品的失望感受。

4. 附加产品

附加产品是企业向旅游者提供旅游产品时附加给旅游者的附加信息和利益，使旅游者得到更多的额外信息和利益。它提供给旅游者的需求和满足都表明旅游产品所包含内容的横向扩展，例如，提供免费旅游信息和旅游咨询服务，免费的车站、机场和家庭接送，服务差错赔偿等。应注意的是，企业在设立附加产品时，须考虑旅游者是否愿意承担因附加产品的增加而导致成本上升从而引发的旅游产品价格上涨。产品附加价值竞争已成为当前全球范围内营销核心之一。旅游企业只有努力强化旅游附加产品，才能增强其产品特色，强化市场竞争力。

5. 潜在产品

潜在产品是指企业提供给旅游者的产品在未来能进一步升级、扩展和演变，具有纵向发展的可能性，以满足旅游者的未来需求。从旅游需求的角度来看，一般来说，只有在旅游欲望、旅游消费能力及旅游时间和精力都能够满足的前提下，才构成旅游的有效需求，而任一条件的缺乏都只是停留在潜在需求阶段。作为旅游产品的提供者，如何将旅游者的潜在需求转变成实际有效需求，从某种角度说，即是如何通过旅游产品在潜在产品层次上的开发，弥补潜在游客在实现有效需求上的不足的过程。例如，大学生旅游动机旺盛，身体健康，精力旺盛，又有寒暑假，但是在旅游消费能力上显然不足，是数量巨大的潜在需求，一些旅游产品就包含这方面的潜在产品，即通过住宿条件降低、餐饮自理等方法进行改进，满足大学生消费需求的发展空间。

二、从需求角度来看旅游产品的构成

旅游产品是一种直接面向旅游者的最终消费品，因此还必须从消费需求角度出发，从旅游者需求程度和消费内容两方面来分析旅游产品的构成。

1. 按旅游者的需求程度分析

按旅游者的需求程度分析，旅游产品可分为基本旅游产品和非基本旅游产品。基本旅游产品是指旅游者在旅游活动中必须购买的，而且需求弹性较小的旅游产品，如住宿、饮食、交通等都是旅游活动中必不可少的，其需求弹性较小；非基本旅游产品是指旅游者在旅游活动中不一定购买的，而且需求弹性较大的旅游产品，如旅游购物、医疗保健服务、通信服务等。

基本旅游产品和非基本旅游产品的划分，有助于旅游经营者针对不同的旅游消费需求，提供不同的旅游产品，满足旅游者的多样性消费需要；同时，也有助于旅游者在选择和购买旅游产品的过程中，有计划地调整自己的消费结构和消费水平，使旅游活动更加轻松舒适，以达到身心健康的旅游目的。

2. 按旅游者的消费内容分析

按旅游者的消费内容分析，可将旅游产品划分为食、住、行、游、购、娱等组成部分。旅游经营者必须从饮食、住宿、交通、游览、购物、娱乐等方面向旅游者提供他们所需的消费内容。饮食和住宿是向旅游者提供基本生活条件的消费；交通是向旅游者提供实现空间位移的主要手段；游览是向旅游者提供旅游活动的核心内容；购物是向旅游者提供辅助性消费的内容和形式；娱乐则向旅游者提供一些愉悦的参与性体验和感受。

从旅游者的消费结构看，旅游产品食、住、行、游、购、娱六个要素的消费潜力是不同的。饮食、住宿和交通存在着一定的消费极限，增加消费的途径是提高饮食质量、增加服务内容和多档次经营；游览和娱乐的消费弹性较大，增加消费的方式是尽可能增加游乐的项目，丰富游乐的内容；购物的消费弹性最大，因而要通过大力发展适销对路、品种多样的旅游商品来提高旅游的消费水平。

三、从供给来看旅游产品的构成

从旅游供给的角度看，旅游产品是由旅游资源、旅游设施、旅游服务、旅游购物品和旅游便捷性等多种要素所构成的。

1. 旅游资源

旅游资源是指在自然和人类社会发展中形成的并能为旅游业所利用而产生经济、社会、生态效益的事物，是一个国家或者地区能否进行旅游开发的前提条件和基础条件，是吸引旅游者进行旅游活动的重要吸引物。

旅游资源一般分为自然旅游资源和人文旅游资源两大部分。自然旅游资源是指天然存在并能给人以美感的自然物象和生态环境，包括各种地文景观、山水风光、生物景观、气象天体等；人文旅游资源是指社会环境中一切吸引人们进行旅游活动的各种人文景观，包括各种古迹和建筑、民族风俗、宗教园林、文化娱乐和旅游商品等。

旅游资源作为旅游活动的对象物，其本身就具有吸引旅游者的功能，同其他资源相比较的最大差异性就是能够激发旅游者的旅游动机，并促成旅游行为。根据不同旅游资源的特点，开发和组合可以为旅游者提供各种观光游乐、休闲度假、科学考察、探险寻秘和文化交流等旅游活动，以满足人们丰富生活、增长知识、陶冶情操等多方面的需求。

旅游资源是旅游业赖以存在和发展的基础，对旅游资源的合理开发、科学开发以及高质量开发，会使旅游资源得到永续的利用，并产生良好的经济效益、社会效益和生态效益，促进旅游业的可持续发展。

2. 旅游设施

旅游设施是实现旅游活动而必须具备的各种设施、设备和相关的物质条件，也是构成旅游产品的必备要素。旅游设施一般分为基础设施和专门设施两大类。

旅游基础设施是指为旅游活动有效开展而必不可少的各种公共设施，包括城镇（风景区）道路、桥梁、供电、供热、通信、给排水、排污、消防、环境保护和环境卫生，以及城市美化、绿化、路标、路灯、交通工具、停车场等，也是旅游业存在和发展必不可少的条件。旅游基础设施虽然不直接对旅游者提供服务，但在旅游经营中它是直接向旅游者提供服务的旅游部门和企业必不可少的。旅游专门设施，如游览、食宿、娱乐等设施，都是建立在这些基础设施上面的，如果没有这些方面的设施和设备，旅游专门设施的功能就不可能得到有效发挥。

旅游专门设施是指旅游经营者用于直接服务于旅游者的凭借物，通常包括游览设施、餐饮设施、住宿设施和娱乐设施等。游览设施指旅游景区（点）的开发和建设，主要包括供人们登临、游览、憩息的各种设施和设备。餐饮设施是指为旅游者提供餐食服务的场所和设备，包括各种餐馆、冷饮店、咖啡厅和饮食店等。住宿设施是旅游者在旅行途中的“家”，是能够提供多种服务功能的饭店、度假村和别墅等。娱乐设施是指各种歌舞厅、音乐厅、健身器械和游乐园等。

3. 旅游服务

旅游服务是旅游产品的核心，旅游经营者除了向旅游者提供餐饮和旅游商品等少量有形物质产品外，大量提供的是各种各样的旅游服务。旅游服务的内容主要包括服务态度、服务内容和服务技术等。服务态度不仅能表现出服务人员对旅游者的尊重和理解，而且也表现出服务人员的气度、修养和文明素质，因此是旅游者关注的焦点，也是提高旅游服务的重点。服务项目内容的多少和服务效率，不仅决定着是否能为旅游者提供方便、快捷和高效的服务，也是增强旅游企业竞争力的关键所在。旅游服务技能是搞好旅游服务工作的基础，高超而娴熟的服务技能会成为一种艺术表演，使旅游者从中获得享受，满足旅游者的旅游需求，并提高旅游企业的形象和信誉。因此，服务技能水平的高低就成为评判旅游企业服务质量的标准。

4.旅游购物品

旅游购物品是指旅游者在旅游活动中所购买的，对旅游者具有实用性、纪念性、礼品性的各种物质形态的商品，亦称为旅游商品。旅游购物品反映了旅游目的地国家或地区的文化和艺术，能够使旅游者更好地了解旅游目的地国家或地区的文化传统，并留下美好的回忆。

旅游购物品的类型主要有旅游工艺品、旅游纪念品、文物古玩、金银玉器、土特产品及书法绘画等，但从广义角度看，只要是旅游者在旅游活动中购买的产品都可以称为旅游购物品。由于旅游购物品的种类多、价格高、消费潜力大，因此是旅游产品的重要组成内容，也是旅游创汇的重要来源。

5.旅游便捷性

旅游便捷性是旅游产品构成的基本因素之一，它不仅是连接旅游产品各组成部分的中心线索，而且是旅游产品能够组合起来的前提性条件，具体表现为进入旅游目的地的难易程度和时效标准。旅游便捷性的具体内容主要包括：一是良好的交通通达条件。例如，便捷的交通工具和方式；国际和国内交通运输网络衔接与联系的方便程度等。二是便利的出入境签证手续，包括签证的难易、出入境验关程序、服务效率和咨询信息等，不仅影响到旅游目的地的客流量大小，而且对旅游产品的成本、质量、吸引力等都有重要的影响作用。

第三节 旅游产品的类型

旅游产品是一种综合性极强的产品，它们的内容蕴涵丰富，并具有不同的发展历史、不同的特色、不同的产品形态。因此，按照一定的标准对其进行分类，有利于对旅游产品的理解和开发实践。

一、按旅游产品的功能划分

现代旅游产品必须从满足旅游消费者的需求出发，来开发和设计旅游产品的功能，形成系列旅游产品。根据旅游产品是否具有特殊性功能，可以将旅游产品划分为常规旅游产品和专项旅游产品。

1.常规旅游产品

常规性旅游产品是指旅游企业大批量销售给无特殊需要的大众旅游者的旅游产品。常规性旅游产品通常为常见的大批量生产的、标准化旅游产品，主要侧重于旅游者对景观外部的感知性和形式的休闲性。常规旅游产品主要包括观光旅游和度假旅游。

(1)观光旅游产品。观光旅游产品是指以观赏、游览自然风光、名胜古迹等为目的的旅游产品。这类旅游产品在世界许多国家又被称为“观景旅游”产品，主要有山水风光、城市景观、名胜古迹、国家公园、主题公园、森林公园和海洋公园等旅游产品。观光旅游产品是一种传统的旅游产品，其构成了世界旅游产品的主要部分。由于观光旅游具有到此一游的特点，其内容安排肤浅、时间短、行程力求少花钱少花时间但却能看最多的东西去更多的地方，所以我们有时又把常规旅游称为“快餐旅游”。从旅游产品发展趋势看，大部分观光旅游产品已经不再是纯观光旅游，而是包含了较丰富的文化、娱乐内涵，增加了观光旅游产品的吸引力。

(2)度假旅游产品。度假旅游产品指旅游者利用假期进行休养和消遣而购买的旅游产品。通常有海滨旅游、乡村旅游、森林旅游和野营旅游等产品类型。度假旅游强调休闲和消遣，通常要求自然景色优美，有良好的气候、令人满意的住宿设施、完善的文体娱乐设施及便捷的交通、通信条件等，是深受国内外旅游者所喜爱的旅游产品。

2. 专项旅游产品

专项旅游产品是为社会、经济、文化、科研、修学、宗教、保健等某一专门目的而进行的旅游活动。专项旅游针对不同职业以及不同文化层次的人，进行不同的设计，细化旅游产品，实质上就是特种旅游、专题旅游和特色旅游，它与观光旅游、度假旅游等常规旅游相对应，也是适应市场需求，为满足旅游者特殊偏好而产生的一种新兴旅游活动方式。专项旅游产品的主要形式有红色旅游、工业旅游、农业旅游、文化旅游、修学旅游、生态旅游、公商务旅游、探险旅游、体育旅游等。

(1)红色旅游产品。红色旅游产品是指以革命纪念地、纪念物及其所承载的革命精神为吸引物，组织接待旅游者进行参观游览，实现学习革命精神、接受革命传统教育和振奋精神、放松身心、增加阅历的旅游产品。红色旅游是把红色人文景观和绿色自然景观结合起来，把革命传统教育与促进旅游产业发展结合起来的一种新型的主题旅游形式。其打造的红色旅游线路和经典景区(点)，既可以观光赏景，也可以了解革命历史，增长革命斗争知识，学习革命斗争精神，培育新的时代精神，并使之成为一种文化。

(2)农业旅游产品。农业旅游产品是组织旅游者在农业游览基地观光旅游、丰富农业知识、交流农业经验、体验农业生产劳动与农民生活、享用农业成果、利用田园休憩健身的旅游产品。农业旅游是一种以农业和农村为载体的新型生态旅游业。近年来，伴随着全球农业的产业化发展，人们发现，现代农业不仅具有生产性功能，还具有改善生态环境质量，为人们提供观光、休闲、度假的生活性功能。随着收入的增加、闲暇时间的增多、生活节奏的加快以及竞争的日益激烈，人们渴望多样化的旅游，尤其希望能在典型的农村环境中放松自己，于是，农业旅游应运而生。

(3)工业旅游产品。工业旅游产品是组织旅游者到工厂参观有关产品的制造过程，了解工厂的生产、销售情况，让旅游者获取相关知识的旅游产品。工业旅游是伴随着人们对旅游资源理解的拓展而产生的一种旅游新概念和产品新形式。我国近年来发展的工业旅游主要是依托运营中的工厂、企业、工程等开展参观、游览、体验、购物等活动。例如，我国著名工业企业青岛海尔、上海宝钢、广东美的等相继向旅游者开放，许多项目获得了政府的高度重视。2007年，上海推出了“2007年上海工业旅游年票”。年票精选了近百家上海工业旅游景点，集产业对比、怀旧和创新的元素为一体，反映了上海工业企业、行业博物馆、创意产业园、工业园区以及重大工业成就，折射出上海工业的整体风貌，使旅游者更多、更深、更全面地了解作为中国工业发源地之一的上海工业的历史、现状和未来。

(4)文化旅游产品。文化旅游产品是指包括以学习、研究及以了解异国他乡文化为目的的旅游产品。当今世界文化旅游产品种类繁多，其中主要有考古旅游、博物馆旅游、艺术欣赏旅游、民俗旅游、怀旧旅游和宗教旅游等。随着社会经济的发展，文化旅游产品通常蕴涵着较为深刻而丰富的文化内容，因此其所吸引的对象一般都具有相当高的文化素养和造诣，是旅游者十分喜爱的旅游产品。

(5)修学旅游产品。修学旅游产品是一种以外出学习为主要目的旅游产品，它的客源主要集中在青年学生。修学旅游产品在国外十分盛行，在我国近几年才开始风行。修学旅游产品的消费时间一般较长，短期修学旅游至少为一二周，长期修学旅游的时间为几个月甚至一年。目前我国已经开发的修学旅游产品的种类较多，主要有留学修学旅游、针灸修学旅游、书法修学旅游、绘画修学旅游等。

(6)生态旅游产品。生态旅游产品是指以注重生态环境为基础的旅游活动，其主要吸引那些关心环境、追求回归自然，并希望了解地方生态状况和民族风俗的旅游者。生态旅游是旅游经济中发展较快的旅游产品，其特点是知识性要求高、参与体验性强、客源市场面广、细分市场多。森林旅游、农业旅游、乡村旅游、野营旅游、探险旅游和民俗旅游等都可视为生态旅游的内容，具有广阔的发展前景。

(7)公商务旅游产品。公商务旅游产品作为一种新兴的旅游产品，是以公商务为主要目的，以旅行为手段，以游览和娱乐为其辅助活动的旅游产品。随着旅游经济的发展，不仅公商务旅游越来越频繁，而且公商务旅游设施和服务也迅速向现代化方向发展，为各类企业家、经营者、营销人员、会议参加者及各种工作人员提供多方面的旅游服务。

(8)探险旅游产品。探险旅游产品是指旅游者从未见过、听过或经历过，既标新立异又使人特别兴奋或惊心动魄的旅游产品。探险旅游产品主要有秘境旅游、海底旅游、火山旅游、沙漠旅游、惊险游艺旅游、斗兽旅游和观看古怪比赛旅游等形式，能充分满足旅游者的好奇心，令旅游者处于高度紧张和兴奋状态，从而使旅游者留下难忘的记忆。

(9)体育旅游产品。体育旅游就是指以观看、欣赏和参与各种体育活动为目的的旅游产品。体育旅游产品是一种较特殊的旅游形式，既要求有便捷的交通条件、良好的旅游配套设施和一定观赏价值的景观点，又需要适合开展各种体育活动的自然资源。体育旅游产品一般在一地停留的时间相对较长，更强调参与性，具有明显的健身、休闲、疗养功能，具有较强的专业性。目前体育旅游产品按人们参与体育旅游的目的又可以划分为休闲体育旅游、健身体育旅游、体育观赏旅游、极限竞技体育旅游、其他体育旅游等。

二、按旅游产品的开发程度分类

按照对旅游产品的开发程度可分为全新旅游产品、换代旅游产品和改进旅游产品等。

1.全新旅游产品

全新旅游产品是指为了满足旅游者新的需求，运用新技术、新方法、新手段或对新的旅游资源进行创新开发而形成的旅游产品，包括新的旅游景点、新的旅游饭店、新的旅游项目、新的旅游线路，以及新的专项旅游活动等。全新旅游产品开发一般周期长、投资多、风险大，而且有很大的难度，因此必须认真研究，科学地开发。

2.换代旅游产品

换代旅游产品是指对现有旅游产品进行较大的改造，例如，对旅游饭店进行改造而提高服务档次和质量；对旅游景点进行改造而丰富游览内容；在旅游度假中增加保健旅游产品；把一般公园改造为主题公园等。换代旅游产品的开发周期虽然相对较短、风险较小，但创新不够。对原有旅游产品的较大改造必须针对旅游者的需求变化和旅游目的地的特点来进行。

3.改进旅游产品

改进旅游产品是指对原来的旅游产品不进行较大的改造，而是通过局部的改变或添加部分内容以增强旅游产品的吸引力，从而巩固和拓展客源市场。如旅游饭店增加服务内容、旅游景区增加新景点、旅游路线增加新内容等。

三、按旅游产品的销售方式分类

按旅游产品的销售方式分类，一般可分为团体包价旅游产品、散客包价旅游产品和自助旅游产品等。

1.团体包价旅游产品

团体包价旅游产品是指旅行社根据旅游市场需求，把若干旅游者组成一个旅游团体，按照统一价格、统一行程、统一内容所进行的旅游活动。团体包价旅游是一种大众化旅游产品，在国际、国内旅游市场上占有十分重要的地位。

团体包价旅游产品具有以下特点：一是旅游者一旦购买了团体包价旅游产品后，只要随团旅游即可，一切旅游活动均由旅行社负责安排，既方便便宜，又安全可靠；二是旅行社一旦销售出团体包价旅游，就要配备领队和导游，并负责安排好食、住、行、游、购、娱等一切活动及全程安全等；三是团体包价旅游通常是把旅游者的食、住、行、游、购、娱等全部包下来，但也可以只包其中一部分。

2. 散客包价旅游产品

散客包价旅游产品是指旅游者不参加旅游团体，而是以一个人或一家人向旅行社购买某一旅游产品的包价旅游。散客包价旅游一般没有较多的约束，比较自由，能满足旅游者的个性化需求，受到旅游者的广泛欢迎，因而在国际、国内旅游市场上发展很快，也是旅游产品发展的趋势。但是，散客包价旅游不能享受团体旅游的优惠，因而其价格一般都高于团体包价旅游。

3. 自助旅游产品

自助旅游产品是指旅游者不通过旅行社组织，而是自己直接向航空公司、车船公司、旅游饭店、旅游景区（点）预定或购买一单项旅游产品，按照个人需求及偏好所进行的旅游活动。自助旅游一般不通过旅行社，故通常不属于旅行社的旅游产品。但是，由于其购买的仍然是单项旅游产品，是由自己组合的旅游线路产品，所以从本质上也可视为旅游产品。在经济全球化发展、现代信息技术和国际互联网的迅速普及以及世界各国对外开放步伐加快的今天，自助旅游得到了快速的发展，成为人们越来越青睐的新兴旅游产品，展现出良好的发展态势和潜力。

第四节　旅游产品结构

旅游产品是一种综合性很强的产品，包含了吃、住、行、游、娱、购等多种旅游要素。旅游产品结构直接影响到旅游目的地的旅游供给以及经济效益。因此，对旅游产品结构以及合理化进行研究就有非常重要的意义。

一、旅游产品结构

旅游产品是由各种旅游景观、旅游交通、旅游娱乐、旅游餐饮、住宿及旅游购物等要素所组成的综合性旅游产品，这些要素之间的组合关系或内部的组合关系就是旅游产品结构。由于旅游产品具有不同于一般商品的特点，因而研究旅游产品结构也应从不同的方面来掌握。

1. 旅游产品消费结构

旅游产品消费结构，是从旅游者消费要素来看，旅游者在旅游过程中所消费的各种类型的旅游产品及相关消费要素的比例关系，以及旅游者的不同消费层次及水平的比例关系。不同旅游产品及其要素的消费类型主要包括食、住、行、游、购、娱等方面的消费；而不同消费层次及水平的消费类型则主要包括高档消费、中档消费、低档消费或舒适型消费、经济型消费等。因此，研究旅游产品消费结构对进行旅游产品结构的调整，以便有的放矢地开发适销对路的旅游产品具有十分重要的意义。

如1998～2007年上海旅游中的境内游客消费结构就发生了较大变化。据抽样调查显示，2007年上海境内游客人均消费1578元/人，与1998年人均消费1030元/人相比，10年中净增长了53.2%（含物价因素）（见表2—1）。对于境内游客，上海消费市场具有较大吸引力。2007年境内游客消费总额中购物消费占41.2%，非基本消费比重占44.1%，与2000年相比，两者分别增加了10.3%和10.8%[①]。

表2—1　上海境内游客消费支出结构变化（1998～2007年）

消费项目	1998年		2000年		2007年	
	金额（元）	比重（%）	金额（元）	比重（%）	金额（元）	比重（%）
境内游客人均消费支出	1030	100.0	1248	100.0	1578	100.0
长途交通费	136	13.2	260	20.8	165	10.5
住宿费	172	16.7	194	15.5	234	14.8
餐饮费	214	20.8	192	15.4	210	13.3
门票费	24	2.3	41	3.3	109	6.9
购物费	293	28.4	386	30.9	650	41.2
娱乐费	38	3.7	30	2.4	46	2.9
市内交通费	76	7.4	73	5.8	87	5.5
邮电通信费	21	2.0	13	1.0	35	2.2
旅游非基本消费	331	32.1	416	33.3	696	44.1

注：非基本消费＝购物费＋娱乐费。

资料来源：孙元欣.上海旅游消费结构与贡献度的宏观分析[J].华东经济与管理，2009(12)：2.

2.旅游产品要素结构

旅游产品是一种综合性产品，从供给角度来看，是指旅游景观、旅游设施、旅游服务及旅游购物品各自的规模、数量、水平及结构状况，从而把握住各种要素的特点及供给能力，为开发旅游产品奠定了基础。研究旅游产品要素结构，还要研究各旅游要素的组合状况，即以旅游景观为基础，研究各种自然风景和人文风情资源的有机组合，各种旅游设施和旅游服务的配备比例，从而组合成综合的旅游产品。

①孙元欣.上海旅游消费结构与贡献度的宏观分析[J].华东经济与管理，2009(12)：2.

美国管理学家彼得曾经提出“木桶效应”，又称水桶原理或短板理论、水桶短板管理理论。所谓“水桶理论”也即“水桶定律”，其核心内容为：一只水桶盛水的多少，并不取决于桶壁上最高的那块木块，而恰恰取决于桶壁上最短的那块。根据这一核心内容，“水桶理论”还有两个推论：其一，只有桶壁上的所有木板都足够高，那水桶才能盛满水。其二，只要这个水桶里有一块不够高度，水桶里的水就不可能是满的。这就是说构成组织的各个部分往往是优劣不齐的，而劣势部分往往决定整个组织的水平。

根据这一理论，旅游产品供给的最大量，最终取决于最弱的单项产品的供给数量。单项旅游产品间之间的比例关系必须协调，才能实现最大的旅游整体产品供给。如旅游饭店在某个时期客房床位数不足或交通运力不足，旅游者的旅行都会受到阻碍和局限，到该旅游目的地的旅游产品供给也会受到影响。过剩部分的单项旅游产品，会造成社会资源的闲置和浪费。

3.功能相同的产品（服务）的结构

同一行业虽然向旅游者提供性质相同的旅游服务，然而，同种旅游服务仍然包含了许多不同的类别。例如，旅行社向旅游者提供的服务，既有综合性旅游产品，也有单项旅游产品；旅行社销售的旅游线路，也有许多条可供选择。我国饭店有星级饭店，在星级饭店中又分为五星、四星、三星、二星和一星，它们在服务规范、档次上存在差别，此外还有大量的经济型酒店、社会旅馆等。例如，国外成熟的酒店住宿业，其层次结构为“金字塔式”，通常的高、中、低酒店比例为1∶4∶5。他们分别满足不同旅游者的需要。因此，同一行业向旅游者提供旅游服务中不同类别之间也应有合理的结构比例。

总之，旅游者的需要是多方面的，旅游产品的供给也要多种多样。旅游产品的结构是由旅游需求与供给的矛盾运动决定的。旅游目的地国家或地区应根据旅游者需求的多样性和变动性在不同时期的变化趋势，对旅游产品结构进行相应的调整。

二、旅游产品结构的合理化

旅游产品结构合理化是指各种旅游产品之间在规模、数量、类型、层次等各种指标的比例上形成一种协调的组合关系，包括各种旅游产品之间要保持合理的数量比例关系，同种旅游产品在不同消费者类型之间要保持合理的数量比例关系等。为实现旅游产品结构的合理化，必须采取以下有效的措施。

1.加强旅游产品开发

旅游产品的结构是单个单项旅游产品组合而成的，任何单项旅游产品的缺少、不足或过多都对产品整体结构的优化产生影响。因而必须对各种旅游产品的开发都给予重视，不能因收益回报少而忽视对某些旅游产品的开发，也不能因收益大就一哄而上。有些旅游产品特别是旅游景区(点),一旦经过开发引导,就成为旅游产品结构中不可缺少的重要的一环,若开发不足,势必降低旅游产品的吸引力。因此,必须加快旅游产品的开发,完善旅游产品结构,形成完整的旅游产品体系。

2.优化旅游产品结构

旅游产品结构不是一个静止的结构,而是在不断地发生运动和变化。随着旅游者需求的提升,会对产品类型和产品层次提出新的需求。如旅游者由观光旅游需求变为对度假旅游的需求,由对普通交通工具的需求变为对高级交通工具的需求等。因此,为延长现有旅游产品的生命周期,也要注意对现有旅游产品的挖掘更新和提高工作,进行深层次开发,创造出新的价值,在满足旅游者需求的同时,保持旅游产品结构的优化。

3.培育名牌旅游产品

名牌旅游产品是旅游特色产品的核心,也是旅游活动产生吸引力的基础,它在旅游产品结构中占有举足轻重的地位。因此,在旅游资源开发中既要重视对具有特色及吸引力强的旅游资源的开发建设,又要注意丰富旅游产品的类型和数量。通过优化旅游资源的开发及其内部结构,促使整个旅游产品结构的优化,从而在对特色旅游资源开发的带动下,能通过开发丰富多彩的一般旅游资源来增加环境容量,通过培育名牌旅游产品来吸引游客,实现既增加旅游经济效益,又能促进生态环境的保护。

第五节　旅游商品

在马克思主义政治经济学中,商品的定义是“用于交换的劳动产品”。但是在旅游经济学中,旅游商品的内涵完全不同,它特指旅游者在旅游活动过程中购买的,以物质形态存在的实物,又称为旅游购物品;而在旅游市场中用于交换的劳动产品,是用“旅游产品”来表示的。旅游商品是旅游产品的重要组成部分,旅游购物是旅游活动的重要组成部分。因此,对旅游商品进行分析非常重要。

一、旅游商品的特点

旅游商品是伴随旅游经济活动产生的一个特有的经济范畴,除了具有一般零售商品的属性外,还具有其特殊性,主要表现在以下几个方面:

1.服务对象主要是旅游者

一般商品服务对象是当地的居民,其生产经营的目的是为了满足当地居民日常生活的消费需要。而旅游商品的服务对象是旅游者,旅游商品生产经营的目的是为了满足前往旅游目的地旅游的国内外旅游者在旅游活动中购物的需要。

2.品种、档次、特色要求更高

旅游活动是在人们的基本生活需要得到满足以后的一种高层次的物质和精神消费活动。旅游者在旅游活动中的购物行为不仅是为了满足生活的基本需要，更主要的是为了使其旅游需求得到更充分的满足，使其旅游经历更加完美，更具有纪念意义。因此，对旅游商品的品种、档次、特色有更高的要求。

3.销售网点布局与旅游流空间结构耦合

旅游商品的销售网点空间选址趋向于旅游市场，也就是旅游流，因此主要设置在旅游城市的繁华地带、旅游风景点、名胜古迹、宾馆、饭店等附近，它的空间布局与旅游流的空间结构具有一定的耦合性，是根据旅游客流的路径形成的。

4.经营活动波动性大

旅游商品的服务对象是旅游者，因而，旅游目的地游客流量的大小直接影响到旅游商品的生产经营。而一个旅游目的地游客流量的大小又受到经济、政治、自然条件、社会环境等多方面的影响；而且，旅游者是一个流动的群体，在不同时间、不同地点游客流量也表现出较大差异，从而使旅游商品的生产和销售具有较大的波动性。

可见，旅游商品与一般消费品相比，具有自己鲜明的特点。旅游商品的生产经营要遵循一般商品经营的基本规律，还要针对旅游商品的特点使其具体化，才能达到既使旅游消费者满意，又能提高经济效益的双重目的。

二、旅游商品的分类

旅游商品在不同的国家或地区根据自己的特色有不同的分类。根据我国旅游商品的特色以及旅游者的实际购买情况，旅游商品可分为以下几类：

1.旅游纪念品

旅游纪念品主要指以旅游景点的文化古迹或自然风光为题材，利用当地特有的原材料制作的带有纪念性的工艺品。例如，旅游纪念章，旅游纪念图片，带有地方特色的各种器皿、玩具、雕塑、编织以及各种印刷品。这类商品品种最多、数量最大、题材最广泛、销路最广、纪念性最鲜明，也最受广大旅游者喜爱。

2.文化艺术品

文化艺术品指不属于国家禁止出口的古玩及其仿制品、出土文物复制品、仿古模型等文物古玩、文房四宝、金石字画等。如西安的仿秦兵马俑模型、洛阳的仿唐三彩工艺品、徽墨、端砚等。

3.土特产品

土特产品主要包括具有地方特色的工艺品、农副产品等。如景德镇瓷器、苏州刺绣、杭州龙井茶、贵州茅台酒等。

4. 工艺品

工艺品主要指具有特色、工艺精湛的工艺品。我国的工艺品源远流长，种类繁多，异彩纷呈，可细分为以下几类：雕塑工艺品、陶瓷艺术品、编织艺术品、漆器工艺品、金属工艺品、花画工艺品、刺绣工艺品、民间工艺品等。例如，东阳的木雕、景德镇的陶瓷、福州的脱胎漆器、北京的景泰蓝、青岛的贝雕、广东的粤绣等。

5. 旅游日用品

旅游日用品指旅游者在旅游活动中购买的具有实用价值的生活日用品。如日用洗漱品、旅游包、防寒防暑用品、急救药品等。

三、旅游商品开发

发展旅游商品的生产和销售对于旅游目的地国家和地区不仅具有经济意义，而且具有社会意义。旅游商品的开发与经营可以直接满足人们日益增长的物质和文化需要，也可以使旅游者加深对旅游目的地的历史、文化、民族传统等的了解。

1. 旅游商品开发应遵循的原则

旅游商品属于非基本旅游产品，其需求性较大。开发满足旅游者需求的旅游商品，可以获得可观的经济效益。因此，它的开发应遵循以下原则：

(1)纪念性、艺术性原则。旅游者购买旅游商品主要是作为纪念品、收藏品或作为礼品赠与亲朋好友。这就要求旅游商品区别于一般消费品，要美观大方，具有艺术美感，做工精细，具有一定欣赏价值、收藏价值，这样才能激发旅游者的购买欲望。

(2)实用性原则。旅游商品对旅游者来说要有一定的使用效能。旅游商品的实用性必须针对旅游者的特点，特别是旅游日用品，除耐用、易于保存外，还要便于游客携带，切忌粗糙、笨重。在旅游商品内涵和功能方面要显示出实用，在外包装上要强调华美、精致。

(3)按比例协调开发原则。旅游者对旅游商品的需求因人而异，为更好地满足旅游者的多样需求，旅游商品的开发要实行多层次开发，合理确定高、中、低各档次旅游商品间的比例，协调纪念品、工艺品、土特产品、日用品等各类旅游商品之间的比例，保证满足不同消费层次的旅游者购物的需要，满足旅游者多样化、个性化的需求。

(4)品牌原则。质量和品牌对旅游商品的信誉和市场开拓十分重要，凡是开发、设计成功的旅游商品，要从营销的角度着力将其打造成为品牌商品，在市场上树立自己的品牌形象，并要依据《中华人民共和国商标法》获得对这个商品品牌的长期使用权。

(5)特色原则。特色是旅游商品的灵魂，一方面旅游商品的生产要使用旅游目的地特有的原材料及特殊的工艺；另一方面旅游商品要体现旅游目的地的自然与人文特色，展现旅游目的地独特的地方文化。因为唯有立足于本地的商品资源，独具匠心的设计，旅游商品才会显示出其独特性，对旅游者才有吸引力。

2.旅游商品开发策略

旅游商品的开发对旅游目的地经济的发展具有重要意义。但是旅游商品的开发是一个系统工程，应从以下几个方面着手：

(1)统筹规划，重点突破。随着旅游业的快速发展，旅游商品的开发潜力逐渐显现，对旅游商品的开发应采取统筹规划、重点突破的策略，使旅游商品的开发有序进行。统筹规划首先是要全面了解旅游商品生产与开发的现状，在明确旅游商品开发的种类、开发的优势与难点等基础上，将旅游商品的生产规模、品种、档次与旅游市场实际需要相结合，确定旅游商品开发的重点和开发的时序。首先在重点旅游商品开发上有所突破，然后在此基础上进一步向广度和深度发展。

(2)各部门协调配合，组织专门的商品设计攻关。旅游商品与一般商品最大的不同在于旅游商品更加注重商品的抽象效能。例如，商品的纪念性、艺术性、独特性等。这就对旅游商品开发设计提出了更高的要求。为此，旅游商品开发要形成由当地旅游局牵头。工商系统配合的旅游商品开发管理系统，组织有关专家、设计师等专业人员进行旅游商品设计攻关，开发适应旅游市场需求，具有纪念性、艺术性、独特地方性的旅游商品。

(3)建立旅游商品信息网络。建立全国的旅游商品开发与销售信息网络，联系各城市、地区的旅游商品生产厂家和销售市场，建立互通有无、互相补充的合作关系，把本地开发的旅游商品推向全国市场。

章尾案例

“好客山东”高铁旅游营销出奇招　首推“三项百种”旅游产品①

2011年7月6日，由山东省旅游局、济南铁路局主办，德安杰环球顾问全程策划，并与山东中铁旅游广告集团共同承办的“‘高铁自由风　好客山东行’——中国首届行进中的高铁旅游营销大会”，于上午7点在由北京开往上海的G101次高铁上成功举办。来自国内外旅游界、文化界、政经界的专家，在急速行进的高铁之上，为山东高铁旅游的发展展开激烈的头脑风暴。

此次“行进中的高铁旅游营销大会”创意频出，精彩纷呈，“好客山东”品牌下的古老文化与“高铁时代”的新潮时尚相融合，完美地诠释着高铁对旅游产业、人们的生活方式及社会经济的发展所带来的强大冲击。而民间艺人以“山东快书”的形

①山东旅游信息中心.“好客山东”高铁旅游营销出奇招　首推“三项百种”旅游产品[EB/OL].国际旅游局网，http://www.cnta.gov.cn/html/2011-7/2011-7-6-11-16-68481.html.

式，巧妙演绎山东省旅游局推出的“三项百种”旅游产品，成为会议举办形式本身的创新外最大的亮点。

山东省旅游局为迎接山东高铁时代的到来，可谓未雨绸缪，煞费苦心。一方面，以资源优势和品牌优势为基础，广泛征集业界专家、学者的意见，从宏观层面解读高铁对旅游产业带来的机遇与挑战，树立构建高铁旅游大旅游目的地典范的产业野心；另一方面，积极行动，从客源地细分市场、旅游产品和产业格局上，做高度认知、深度研究、广度覆盖的战略部署，通过构建省内外高铁旅游联盟，针对高铁旅游市场需求，策划推广高铁旅游产品，着力提升服务能力和质量等举措，为迎接高铁背景下旅游产业的大提升、大转型和大发展，谋划着时间表和路线图。

为了给大量的高铁游客提供便捷、优质的旅游指南，进一步加大对山东省旅游景区（点）、特色美食及旅游特色商品的宣传推介，山东省旅游局自 2011 年 4 月 6 日起，在国内外通过各类媒体公开征集、评选“到山东不可不去的 100 个地方”、“到山东不可不吃的 100 种美食”和“到山东不可不买的 100 种特色商品”三项评选活动。

在评选活动启动之后，得到了山东省各市旅游局的积极响应，各旅游城市不仅积极组织景区和企业做好参评准备，还借此机会狠抓服务质量，力争进一步提高服务质量。省旅游局统一部署，组织各方面专家，对各市推荐的参选项目和省内、省外旅游爱好者通过媒体推荐的项目进行综合性的评审，并于 6 月 28 日京沪高铁首发前发布入选名单，最终汇集成册，公开发行，使其成为具有民间意愿和民族色彩的“山东省旅游指南”。

“三项百种”旅游产品，是将此次高铁营销大会落到实处的有力保证，在创意团队的精心策划下，以“山东快书”这种非物质文化遗产的形式，将“三项百种”旅游产品，改编成《武松乘高铁》来演绎，更完美地融合了山东新旧文化，体现了“好客山东”的文化魅力。在民间艺人诙谐、幽默的山东腔调中，山东省各旅游城市的美景、美食、美物，及城市本身所具有的独特文化魅力，跃然眼前，就好似在高铁之上，欣赏一部流动的电影，给在场的嘉宾及观众，留下了深刻的印象。

山东是旅游大省，旅游资源极其丰富庞杂，“三项百种”旅游产品的评选活动，不仅是对山东旅游资源的一次系统梳理，让优质的旅游产品及要素得以凸显，更好地为游客提供便利性指导，而且是在深度分析研究高铁旅游特性的前提下，进行的有针对性和目的性的旅游资源、产品整合，有利于集中化、清晰化地展示最具山东特色的高铁旅游魅力。

此外，山东省旅游局还加快推进旅行社向高铁站点聚集，支持重点旅行社在高铁站点设立经营点，实现旅行社对高铁游客的一条龙服务，并积极组织省内旅游产业针对高铁市场进行产品调整，以满足更多的高铁旅客的个性化需求，兑现“周末游山东，周周大不同”的承诺。

相信，在诸多有力而高效的措施助推下，高铁时代的“好客山东”品牌，将会实现新一轮的高速传播，以更高、更铁、更快、更强的姿态，带动山东经济社会的完美转型和整体飞跃。

案例分析　北京到上海的高速铁路的开通，使京沪高铁沿线的“环渤海”和“长三角”两大经济圈同步步入“同城时代”。京沪高铁共设客运站24个，其中山东境内就有6站，纵贯山东8个主要旅游城市，必将对山东旅游的发展产生积极作用。山东省旅游局抓住京沪高铁开通的机遇，针对高铁旅游市场需求，通过民间评选出“三项百种”旅游产品，形成了具有山东特色的旅游产品体系，并采用了特色化的营销手段，还推进旅行社对高铁旅游市场的开发。这些措施促使“好客山东”的形象更加深入人心，促使山东的旅游企业更好地开发和拓展高铁旅游市场，促使山东的旅游业实现转型和升级。

思考题

1. 什么是旅游产品？
2. 旅游产品有哪些基本特点？
3. 旅游产品的供给构成包括哪些内容？
4. 旅游产品有哪些类型？
5. 什么是旅游商品？
6. 旅游商品的开发原则是什么？

第三章 旅游需求

本章提要

一般而言,人们对市场的研究首先是从考察消费者的需求开始的。市场上的一切运动都是围绕着需求而开展的,需求是市场上最活跃的因素之一。旅游市场也不例外。本章从旅游需求的概念、特点和影响因素入手,揭示旅游需求的变动规律和旅游需求移动规律,并进一步探讨旅游需求弹性和衡量指标体系。

章首案例

中国游客支撑国际旅游增长　出境游呈现四大趋势[①]

我国出境旅游快速增长,成为全球国际旅游增长的重要支撑。目前中国公民出境旅游目的地已新增至146个。我国是亚洲最大的出境旅游客源国,2011年中国公民出境总人数7025万人次,增长22.42%;其中因私出境6412万人次,占出境总人数的91.3%。从多国公布的最新统计数据看,中国游客已经成为旅游目的地国家的"救星"。2011年赴美国的国际游客中,中国大陆游客增长幅度最快,达36%,总共108万人;2010年到俄罗斯旅游的中国游客同比增长48%,涨幅也领先其他国家。

在规模迅速扩大的同时,受人民币升值、旅游签证放宽、新目的地和航线开放等有利因素的影响,我国游客出境旅游也在往深度和广度发展,国内旅游者出境游的需求和喜好在发生变化,呈现四大发展趋势:

第一,从出游目的看,除了观光游览,休闲度假的游客比例上升成为主流,市场向一地深度游发展,符合此类需求的都市和海岛类目的地最受中国旅游者欢迎。走马观花的多国多地连游减少。中国游客热衷出境购物,也是推动出境旅游增长的重要因素。

第二,从出行方式看,出境自由行快速发展,所占比例逐渐提高。从携程旅游的数据看,去中国香港、泰国、日本、韩国、东南亚等很多目的地,半数以上游客都选择自由行产品。越来越多国家对中国公民放宽个人旅游签证,进一步加快出境自由行在中国市场的普及。

第三,从预订行为看,网络预订和在线服务开始进入主流,网上预订机票、酒

---

①中国游客支撑国际旅游增长　出境游呈现四大趋势[J].旅游纵览(行业版),2012(2):5.

店、自由行、旅游团越来越受欢迎，旅游消费加速从线下向线上转移。

第四，从消费水平看，随着国内中高收入阶层迅速扩大，高端需求凸显，此前的大众旅游产品已经难以符合需求，高端旅游市场前景非常好。

我国出境旅游市场呈现散客化、一地深度游、网络化、高端化等突出趋势，正在从走马观花式的大团游向自由行和深度游转变，休闲度假需求进入主流。旅游业界应该关注这种变化，并为中国游客提供针对性的产品和服务。

问题思考

1. 哪些原因促成了中国出境旅游的快速增长？
2. 中国国国民出境旅游呈现出哪些趋势，旅游企业应如何应对？

第一节　旅游需求的概念和特点

旅游需求是旅游经济活动的前提，而对旅游需求的认识首先是从对旅游需求的概念和特点的认识出发的。传统的旅游需求的概念是从经济学中需求的概念直接引申而来的，但事实上对旅游需求的认识不能仅仅停留在传统的角度。对于旅游需求特点的认识，则是从与一般产品需求的对比入手进行研究的。

一、旅游需求的概念

旅游需求是旅游经济产生和发展的重要前提，没有旅游需求就没有旅游经济的发展。因此，我们首先需要学习和认识旅游需求。

1. 旅游需求的概念

经济学中，需求是指消费者在一定时期内，在各种可能的价格水平下愿意而且能够购买的商品或服务的数量。这里所指的需求是有效需求，有效需求是购买欲望和支付能力的统一。当人们所需求的商品或服务为旅游产品时，这种需求便成为旅游需求。一直以来，对旅游需求的定义一直借用古典经济学关于需求的概念："人们在一定时间内愿意按照一定价格而购买某一旅游产品的数量。"对于这个定义近些年来没有引起什么争议，然而仔细推敲这一定义似乎存在以下问题：

(1)没有明确区分"旅游需求"与"旅游需求量"。在实际运用过程中，"旅游需求"与"旅游需求量"不是一个概念。"旅游需求"更多的是研究"需求什么"，是从定性的角度出发；"旅游需求量"指"需求多少"，是对旅游需求的度量。通常情况下，在分析旅游需求的产生、特点和影响因素时，用到的是"旅游需求"的概念；但是从经济学角度分析旅游需求问题时，如旅游需求规律、旅游需求弹性以及衡量旅游需求的时候,用到的是"旅游需求量"的概念。"前者缺少总需求度量的理论基础,后者有总需求度量基础,并且可以互相验证。如果将旅游产品限定为旅游地,或将着眼点放在客源地上,'旅游需求'与'旅游需求量'可以统为一体。"因此,"对旅游需求的定义可以从经济学供求关系、'旅游地'与'客源地'三个角度出发"。[①]

(2)没有包含旅游自身的特性。根据旅游自身的特性,实现旅游需求不仅需要具备旅游欲望和经济支付能力,还受多种因素的制约和影响,其中决定性影响的因素是旅游产品的价格、人们可自由支配收入和必要的闲暇时间。在传统的定义中,旅游欲望、经济支付能力和旅游产品的价格三个因素都有体现,但是没有体现旅游自身特有的特点:可自由支配收入和必要的闲暇时间。

因此,旅游需求实质上是指在一定时期内,具有一定闲暇时间的人,在各种价格条件下,愿意并且能够购买的旅游产品的种类和数量。

2.旅游需求的概念的理解

旅游需求有别于一般的需求,旅游需求的内涵较为宽泛,并受到时间、价格、支付能力等的约束。因此,要正确理解这一概念,还必须掌握以下几点:

(1)旅游需求表现为旅游者对旅游产品的购买欲望。旅游需求作为旅游者的一种主观愿望,表现为旅游者对旅游活动渴求满足的一种欲望,即对旅游产品的购买欲望,是激发旅游者的旅游动机及行为的内在动因。但旅游需求并不是旅游者实际购买旅游产品的数量,它只表现为对旅游产品的购买欲望,而这种欲望能否实现,还取决于旅游者的支付能力及旅游经营者提供旅游产品的数量。

(2)旅游需求表现为旅游者对旅游产品的购买能力。购买能力是指人们在其收入中用于旅游消费支出的能力,即旅游者的经济条件。旅游者的经济条件,通常是用个人可支配收入来衡量。在其他条件不变的情况下,个人可支配收入越多,则人们对旅游产品的需求就越大。此外,一定的旅游产品价格也是影响旅游者购买能力的重要因素。因为,旅游者对旅游产品的购买能力,不仅表现为旅游者消费旅游产品的能力及水平,而且是旅游者的购买欲望转化为有效需求的重要前提条件。

(3)旅游需求表现为旅游市场中的一种有效需求。在旅游市场中,有效的旅游需求是指既有购买欲望,又有支付能力的需求,它反映了旅游市场的现实需求状况,因而是分析旅游市场变化和预测旅游需求趋势的重要依据,也是旅游者制定经营计划和营销策略的出发点。凡是只有旅游欲望而无支付能力,或者只有支付能力而无旅游欲望的需求,均称为潜在需求。前一种潜在需求只能随社会生产力发展和人们收入水平提高,才能逐渐转换为有效需求;后一种潜在需求则是旅游经营者应开发的重点,即通过有效的市场营销策略,如广告、宣传、人员促销等,使其能

①王艳平.对"旅游需求"概念及其影响因子分析的深度认识[J].桂林旅游高等专科学校学报,2005.6(16):10—12.

够转换为有效的旅游需求。

(4)旅游需求一般是指对整体旅游产品的需求。旅游需求是人们对旅游产品的需求。旅游产品既可以是具体或单项的旅游产品,也可以是整体性的旅游产品。对消费者而言,所谓整体旅游产品是指旅游者从离家外出开始,直至返回定居地这一期间的全程旅游经历。显然,在通常情况下,人们旅游的目的并非是为了去某饭店住宿,也不是为了乘坐某种交通工具,而是为了体验和获得去某地旅游的经历。因此,尽管人们为了保证自己旅游活动的顺利进行也存在对单项旅游产品的需求,但这种对单项旅游产品的需求通常总是从属于对某一旅游目的地整体旅游产品的需求。而对旅游供给方的旅游目的地而言,其营销的也是这种整体旅游产品。因此,在旅游经济学研究中,旅游需求一般都是指对整体旅游产品的需求。

(5)旅游需求包括旅游者需求和旅游市场需求。旅游需求有旅游者需求与旅游市场需求之分。旅游者需求是个人需求,也称个别需求,是指在一定时期和每一种给定的价格水平上旅游者个人愿意并且能够购买的某种旅游产品的数量;旅游市场需求是指在一定时期和每一种给定的价格水平上所有旅游者愿意并且能够购买的某种旅游产品的数量。因此,某种旅游产品的市场需求量一定是每一价格水平上所有该产品的旅游者需求量之和;而旅游市场需求曲线也一定是所有旅游者需求曲线的水平加总,正因为如此,同旅游者需求的一般规律与旅游市场需求基本一致。

二、旅游需求的特点

旅游需求与一般产品的需求相比,具有以下几个主要特点:

1. 综合性强

旅游者在决定去某地旅游时,考虑的不仅仅是对产品和服务的需求,而是对多种有关的旅游产品或服务的需求。这种对整体旅游产品的需求涉及在旅游目的地活动期间的食、住、行、游、购、娱等各个方面,因而是一种综合性强的需求。虽然在现实中并非每位旅游者都有所有这些方面的需求,然而对于多数旅游者,特别是团体旅游者来说,都需要旅游目的地为其提供这些方面的服务。至于进行自助游的散客,虽然他们采取了零星购买的方式,但其旅游活动的顺利进行,也需要对这些方面逐一购买。这说明旅游需求不是单一的需求,而具有系列性和整体性。了解和认识旅游需求的这一特点,对于理解旅游供求问题具有十分重要的意义。因为旅游需求的这种综合性涉及的各个部门所注重的自身利益不尽相同,尤其是各企业所有权归属不一。因而在实践中容易各自为政,直接的后果是在总体上降低了旅游产品和服务的质量,最终影响了旅游业的健康发展,这也就决定了对旅游业进行科学规划与宏观调控的必要性。

2. 敏感度高

旅游需求受到多种因素的影响和制约，其中既包括自然因素，也包括社会经济因素，还包括旅游业内部各组成部分之间以及与旅游业相关的各个行业、部门之间的协调因素等。人们出游固然是为了满足其求新、求知、求奇、求异的需求，但是如果出游环境发生了变化，人们所做出的敏感反应还是比较强烈的。例如，旅游目的地国家的货币大幅升值，大大超出了人们的旅游预算，或旅游目的地国家或地区发生了政治动乱，或与其所在国的国家关系紧张，或旅游目的地国家或地区发生了流行性传染病，或恐怖活动，危及其出游安全，人们都有可能会放弃对该国或该地区的出游计划。此外，旅游需求对旅游热点的变化亦具有敏感性。

3. 季节性明显

旅游需求具有较强的季节性，即存在所谓的旺季和淡季。这种季节性来源于两个方面，一方面从旅游客源地来看，不同的国家或地区有不同的社会风俗习惯、休假制度，人们外出旅游的传统习惯和闲暇时间的空间分布会有较大的区别；另一方面从旅游目的地来看，受风俗习惯及自然条件的限制，旅游目的地的人文及自然吸引物往往表现出截然不同的吸引力，有些吸引物自身的存在与否可能有一定的季节性。由于旅游客源地和旅游目的地的双重作用便形成了旅游需求的季节性明显，表现为旅游目的地的旅游者流量呈现出旅游旺季、淡季的差别。

第二节　旅游需求的产生条件和影响因素

要掌握旅游需求的一般规律，必须了解旅游需求产生的条件和影响因素。两者同样是复杂的问题。从旅游需求的定义中可以看出，要成为现实的旅游需求主体，必须具备相应的主客观条件，即主观上要具有旅游动机，客观上要具有支付能力和闲暇时间。另外，由于旅游需求的实现需要在一定的空间位移下才能实现，因此具备便捷的交通条件也是支撑旅游者完成旅游活动所必需的，但是那不属于旅游经济学的范畴。除此之外，除了可自由支配收入、价格、闲暇时间这三个影响旅游需求的基本因素外，旅游需求的变动还受其他许多因素的影响。这些因素可分为两个方面：一是个人需求的影响因素；二是市场需求的影响因素。

一、旅游需求产生的条件

由以上可知，一般来说，旅游需求产生既要具备一定的客观条件，也要具备一定的主观条件。

1. 客观条件

从客观上讲，旅游需求是科学技术进步、生产力提高和社会经济发展的产物。其中，人们可支配收入的提高、闲暇时间的增多以及交通运输的便捷化是产生旅游需求的三要素。

(1)可支配收入的提高。可自由支配的收入是指扣除全部税收和社会预支消费（如健康保险、人寿保险、退休基金、住房基金等）以及日常生活消费后剩余的收入。可自由支配的收入是旅游需求产生的经济条件，为旅游需求的产生提供了现实的可能性。美国心理学家马斯洛认为，人的需求共分为五个层次，即生理需求、安全需求、社交需求、自尊需求和自我实现需求。当低层次的需求得到一定的满足后，人们就会追求高层次的需求。显然，人们需求层次的高低取决于人们可支配收入的多少。随着社会经济的发展，可支配收入的不断提高，人们用于衣、食、住、行等方面的支出就会相对减少，而用于其他方面的支出则相对增加，人们就有条件追求更高层次的需求。在追求诸如社交、自尊及自我实现等较高层次的需求时，就必然会激发人们的旅游需求，例如考察学习、探亲访友、疗养度假、旅行观光、览胜探奇等。各国旅游发展的经验表明，当人均收入达到300～450美元时，人们就产生国内旅游的需求，从而构成近距离的旅游消费；当人均国民收入达到800～1000美元时，人们就产生邻国旅游的需求，从而构成区域性的旅游消费；当人均国民收入达到3000美元以上时，人们就产生远程旅游的需求，从而构成洲际性的旅游消费。

此外，可自由支配的收入不仅是旅游需求形成的前提，而且对人们旅游需求的层次和旅游需求的结构也有极大影响。

(2)人们闲暇时间的增多。联合国《消遣宪章》将闲暇时间定义为："闲暇时间是指个人完成工作和满足生活要求之后，完全地由他本人支配的一段时间。"闲暇时间又称余暇时间。旅游资源赋存的地域性特点，决定了旅游消费的实现必须以旅游者的空间移动为条件，旅游者的空间移动需要闲暇时间来保障，没有必要的闲暇时间就不能产生旅游行为，因此闲暇时间是形成旅游需求的必要条件。随着社会生产力的进步和劳动生产率的提高，人们的闲暇时间将越来越多。这是因为，一方面，消费者行为理论认为：一个人把多少时间用于工作，多少时间用于闲暇取决于收入。而人们的收入增加，对所有不同类型物品与劳务的需求也越多，而闲暇也是一种"物品"，它在经济学中被认为是一种令人愉快但不能带来收入的正常品。正常物品的收入效应大于替代效应，因此，人们就愿意通过减少工作来换取更多的闲暇时间。另一方面，随着社会生产力的发展和劳动生产率的提高，人们客观上用于工作的时间相对减少，而闲暇时间则不断增加。特别是许多国家和企业都实行的是五天工作制及"带薪假日"，使人们的闲暇时间越来越多。有的国家和地区年休假日高达140天，占全年时间的1/3。我国每周工作时间，曾历由6天工作制到5.5天工作制的演化历程。1995年5月1日起，实行5天工作制；1999年9月，国务院公布了新修订的《全国年节纪念日放假方法》，将全民节假日从7天增加到10天，节假日加上调剂的两个双休日，构成了“春节”、“五一”、“十一”三个假日旅游“黄金周”；2008年“五一”黄金周被取消，改为清明、端午、中秋三次短假期共三天和带薪假期。于是，随着闲暇时间的增加，人们不仅有条件进行短期旅游，而且有时间从事远程旅游及国际旅游，到世界各地游览、观光，到风景名胜区消闲度假。因此，闲暇时间的增加是产生旅游需求必不可少的条件。

(3)交通运输的便捷化。历史证明，自古以来交通运输给旅游业带来的影响是深刻的。古代商人的商旅旅行开创了人类旅行的先河，但是由于交通工具落后制约了人们远行的脚步，旅游活动范围小，社会影响力小；近代，交通变革频繁使远行成为可能，旅游人数增加，旅游业出现，火车、汽车和飞机的使用赋予了人们触及地球每一个角落的能力。从古罗马人的公路到巨型客运飞机，每一次交通技术的发展和突破都帮助人们更快、更舒适地走得更远。可以说，交通运输手段的便捷化是促进旅游需求产生的重要因素。

旅游交通指为旅游者在出行过程中所提供的交通基础设施以及服务的总称，包括居住地—目的地的交通、景区间的交通和景区内交通三种。旅游交通是构成旅游业的三大支柱之一，没有一定的交通运输条件，就不可能有任何旅游活动。现代化的交通运输业的快速发展，一方面，极大地缩短了旅游的空间距离，大大缓解了外出旅游中的时空矛盾，使得更多的人能够在有限的闲暇时间内实现外出旅游的愿望，从而影响着旅游决策和目的地的选择；另一方面，使旅游者在旅游活动过程中的空间移动更加舒适、方便和安全。总之，交通运输工具和交通线路的改善，不仅有效地刺激了人们的旅游需求，“催化”了人们的旅游行为，而且缩短了旅途时间，减少了途中的劳累及单调，同时又增加了旅游跨度，使旅游业进入一种全球化发展的新趋势。

当然，影响旅游需求的客观因素很多，如个人的身体状况、一个人所处的家庭生命周期阶段或家庭拖累状况等。但是，人们可支配收入的提高、闲暇时间的增多和交通运输手段的便捷化是促进现代旅游需求规模迅速扩大的客观基础，而这一客观基础的形成则是现代社会经济发展的结果。

2.主观条件

当一个人具备了外出旅游的客观条件时，如果主观上没有旅游需要时，也不可能形成有效的旅游需求。因此，有必要对形成有效的旅游需求所必须具备的主观条件进行探讨。而这一主观条件，就是旅游动机。旅游动机是形成旅游需求的内在驱动力，是旅游行为的直接原因。人类在自身的生存和发展当中产生了各种各样的需要，其中也包括旅游的需要。人们在旅游需要的驱使下产生旅游动机，当具备了能够满足这种需求的客观条件时，现实的旅游需求则以旅游动机的形式表现出来，进而产生旅游的具体行为，有效的或现实的旅游需求又转化为已实现的旅游需求或未满足的旅游需求，进而继续推动着旅游需求过程。不同的旅游需要产生不同的旅游动机，即使相同的需要也可能因为人的民族、性别、年龄、职业和文化程度等因素的影响而以不同的动机表现出来，因此，促使人们外出旅游的旅游动机也是多种多样的。历史上曾经有帝王巡游、商人旅行、为健康目的而进行的旅行以及修学旅行等多种旅游形式。在现代，由于旅游的参加者范围更加广泛，动机的类型也更加多样化。旅游需求的演进过程如图 3－1 所示。

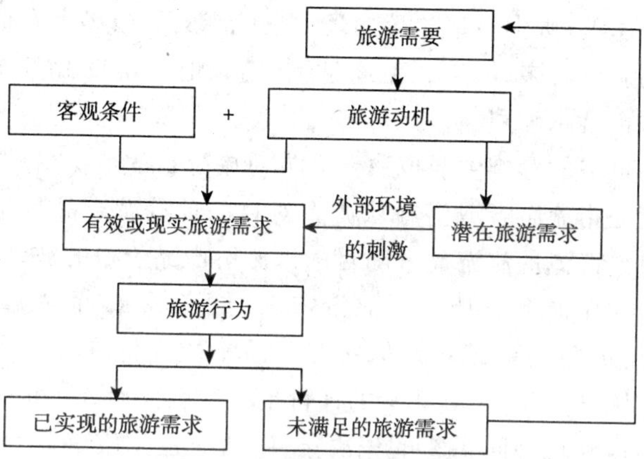

图 3－1 旅游需求产生过程

此外，研究消费者的旅游动机，是旅游企业全面了解消费者的需求、准确细分市场、及时推出符合目标市场需求的旅游产品、提高市场占有率的关键。

二、影响旅游需求的主要因素

旅游需求除了受到人们的收入水平、闲暇时间及交通条件的直接影响外，还是在政治、经济、文化、法律、自然等因素的综合作用下形成的一种复杂的社会经济现象。因此，要很好地理解旅游需求状况，把握其发展趋势，还必须对影响旅游需求的各种因素进行分析和研究。下面从个人需求和市场需求两个方面分别来考察。

1. 影响个人需求的因素

人们对特定目的地旅游产品需求的大小主要取决于两方面的因素。一方面是个人的旅游倾向，另一方面是客源地和目的地之间的相关阻力。人们的旅游倾向受制于其所处的社会经济地位、个人的价值取向以及对某种吸引物的偏好等。而实现去某地旅游的阻力程度主要来自于客源地和目的地之间的经济距离、文化距离、目的地旅游价格、目的地的服务质量以及季节性等方面因素的影响。

经济距离是指往返于客源地和目的地之间所需要的时间和费用。旅游目的地与客源地之间的经济距离越大，则前往该地旅游的阻力越大，从而对该地旅游产品的需求也就越低。反之,两者之间的阻力越小,则对该地旅游产品的需求也就越多。例如,20 世纪 50 年代末,随着喷气式客机投入民航运营,从美国前往夏威夷的旅行时间一下子从 12 个小时缩短到 5 个小时,从而使人们对夏威夷的旅游需求迅速增加。此后,随着大型宽体喷气式客机的问世,欧美之间的旅行费用几乎下降了 50%。这大大推动了欧美两地的旅游业发展。

文化距离是指旅游客源地与旅游目的地之间的文化差异程度。文化距离对旅游需求的影响比较复杂。一般来讲,特别是就大众旅游而言,旅游目的地同客源地之间的文化距离越大,则去该地旅游的阻力也就越大。当然也有例外,对于心理类型为多中心型的旅游者来说,文化距离越大,则该地对其吸引力越大,从而对该地旅游产品的需求也就越强烈。

目的地旅游价格的影响主要取决于个人对旅游目的地价格的敏感度。旅游目的地价格敏感度是指旅游者或潜在旅游者对目的地旅游产品价格的敏感程度,具体表现为某一特定群体的旅游需求随目的地旅游产品价格的波动程度。

旅游目的地的旅游服务质量对旅游需求的影响是显而易见的。服务质量越高,则去该地旅游的阻力就越小。但对服务质量的评价是一个十分复杂的问题。即使是同一旅游服务产品,对其质量的评价也往往因人而异。但无论如何,高质量的旅游服务是争取和巩固回头客的先决条件,从而也是旅游业经营成功的重要保证。因此,一个旅游目的地必须树立起以服务质量为核心的旅游形象。

季节性对旅游需求的影响主要表现为一个旅游目的地的吸引力往往因季节而产生差异。尽管旅游季节性的形成也有客源国方面的原因,但对旅游目的地来说,旅游季节性的形成主要与其自身的吸引条件有关。

综上所述,就个人需求而言,旅游需求与旅游倾向成正比关系,同旅游阻力成反比关系。而个人旅游倾向和旅游阻力的程度分别取决于若干因素的影响。

2.影响市场需求的因素

从市场角度看,影响旅游需求因素(以国际旅游为例)可概括为三个方面:其一是客源国方面的因素;其二是旅游目的地国方面的因素;其三则是双方相互关联的因素。

(1)客源国方面的因素。主要有人口的数量和质量、人口构成及城市化水平三个因素。

1)人口的数量和质量。在其他因素不变的情况下,人口的增长会带来对各种物品和服务需求的增加,对旅游产品的需求也不例外。第二次世界大战之后,现代旅游之所以发展迅速,其原因之一就是世界人口的快速增长为旅游市场规模的扩大奠定了基础。1950 年全世界人口约 25 亿,同年全世界国际旅游人次为 0.25 亿,占世界总人口的 1%。在旅游活动大众化开始形成的 20 世纪 60 年代末,全世界人口已增加到 36 亿,1969 年全世界国际旅游人次为 1.43 亿,占世界总人口的 4%。

到了2009年，全世界国际旅游人次为8.8亿人次，占世界总人口数的12.99%；2010年全世界国际旅游人次为9.35亿人次，占世界总人口数的13.53%。这些数字表明，世界总人口的增加对旅游需求的迅速扩大有直接的影响。此外，从世界上各主要客源国的状况分析，也可以看到人口规模对旅游需求规模的影响。经济发展水平相同的国家，其出国旅游的人数往往并不相同，其原因就在于人口规模的差异。另外，人口质量也会对旅游需求产生影响，这是因为人口质量越高，其需求层次也就越高，对旅游产品或服务的需求量也就越大。

2)人口构成。人口构成是指在一定时期内，一个国家或地区某方面的人口比例关系。根据具体研究对象的不同，人口构成可以分为年龄构成、性别构成、职业构成、民族构成和文化构成等。在任何一个旅游客源国中，人口构成对旅游的需求规模及需求构成都有着非常重要的影响。

年龄因素。人从出生到死亡要经历不同的年龄阶段，处在不同年龄阶段的个体有着不同的需求和心理意识。国内外很多调查资料表明，年龄构成对旅游需求有一定的影响。具体表现在需求程度、旅游动机、旅行方式、消费水平和消费结构等方面的差异。实际上，造成因年龄结构不同而出现上述差异的实质并非是年龄本身，而是与年龄有关的身体状况和生活周期阶段的不同。

性别因素。人们由于生理上的差别以及后天社会化过程的不同，使他们的消费都带有典型的性别色彩。实践表明，性别构成对旅游需求的影响也是客观存在的。无论是从全球旅游活动的总体情况来看，还是从一个国家或地区外出旅游者的情况来分析，男性旅游者所占的比例都高于女性。对于旅游经营者来说，旅游市场中的性别差异是必须承认的客观事实，当然这绝非意味着应当对男性市场予以更多的重视。应当指出的是，性别本身并不是旅游需求的抑制或促进因素。出现这种情况的根本原因在于男性和女性在家庭生活中所扮演的角色不同，从而其旅游需求也就有所不同。

职业因素。职业构成对旅游需求的影响主要表现为，专业技术人员、管理人员以及其他所谓“白领”职业人员所占的比重高于所谓“蓝领”体力劳动者。出现这种情况主要是基于两个方面的原因：其一，职业不同，人们的经济收入也不同，特别是在西方各主要工业化国家中，这种差距更大。正是由于这种经济条件的不同，才产生了人们旅游需求的差异。其二，在经济发达国家中职业地位较高、收入较高的人一般受教育程度也较高。显然，这类人的旅游欲望较其他人更为强烈。此外，职业构成对旅游需求的季节性也有一定的影响。就世界上各主要旅游客源国的一般情况分析，在制造业工作的员工其带薪假期往往都比较集中，而且放假季节比较固定。由于这一原因，他们基本上没有选择度假时间的自由，而只能在比较固定的假期实现外出旅游的愿望，从而使旅游活动的季节性表现得非常明显。对就业于第三产业的员工来说，他们选择带薪度假的时间往往有较大的自由，并且可以将假期分段使用。因此，凡制造业员工比重较高的国家或地区，其国民外出旅游的季节性就较强；相反，制造业不发达的国家或地区，其国民外出旅游的时间则相对分散。

另外，人口中的民族构成和文化构成也在不同程度上影响着旅游需求。

3)城市化水平。城市化是指城市的地域规模不断扩大，城市人口的比重不断上升的过程。城市化水平的主要衡量指标是城市人口的比重，即城市化水平越高，城市人口的比重越大。城市化水平对旅游需求的影响主要表现为城市居民外出旅游的比例远远高于乡村居民。这是由城市居民的工作性质和生活环境的差异所决定的。在城市中，绝大多数劳动者所从事的都是日复一日、年复一年的重复性劳动，难免使人感到单调乏味。另外，现代城市工作和生活的节奏也日益加快。在“时间就是生命”、“时间就是金钱”的环境中，人们的工作和生活都必须讲求效率，到处都充满着紧张的气氛。所有这一切再加之日渐突出的“城市病”，必然会给人们的身体和精神带来沉重的压力，所以，适时改换一下生活环境，以便恢复体力、舒展精神就成了人们在闲暇时间的普遍要求。外出旅游度假是实现这一愿望的最佳选择。现代旅游需求的迅速扩大就与此有密切的关系。当然，城市居民对旅游需求高还有其他方面的原因，例如，城市居民的经济条件一般较好，其可自由支配收入较高。此外，城市发达的交通、便利的服务、易获得的各种信息，也是城市居民顺利开展旅游活动的重要保证。由于城市是旅游客源比较集中的地方，所以城市消费者也就成了各客源国的主要争夺对象。

(2)旅游目的地国方面的因素。人们的旅游活动需要发生空间位移，并在旅游客源地和旅游目的地展开。因此，旅游客源国的相关因素对国际旅游需求产生影响，旅游目的地国的相关因素也会对国际旅游需求产生影响。

1)旅游供给因素。旅游目的地国的旅游供给情况对客源市场的旅游需求有着决定性的影响，因而也是目的地国旅游业能否成功的关键。虽然在一般情况下是需求决定供给，但就国际旅游实际情况而言，很大程度上是供给影响甚至决定着需求。在旅游供给因素中，首要的便是旅游资源，即自然旅游资源和人文旅游资源。这些旅游资源是客观存在且不易改变的。旅游目的地国只能利用这些资源去寻找对其感兴趣的需求市场。因此，旅游供给的好坏决定着旅游目的地国对旅游市场的吸引力，它是影响旅游者目的地选择的最主要的因素。当然，其他供给因素，如旅游设施、交通条件以及当地居民的好客态度等，都可增加或削弱该国的旅游吸引力。

2)通货膨胀程度。通货膨胀对旅游需求的影响是显而易见的。因为，旅游目的地的通货膨胀就意味着其旅游产品价格的上升。特别是在旅游目的地的通货膨胀程度高于旅游客源国或高于其他旅游目的地国的情况下，其对来访旅游需求的影响就更为突出。对广大的消遣型旅游者来说，他们在选择某一旅游目的地时，往往会对该地的旅游价格作全方位的比较。一是把该目的地的现行旅游价格同其前期的旅游价格进行比较，二是把该目的地的旅游价格同其他同类目的地的旅游价格进行比较。尽管有时扣除通货膨胀的影响，该目的地的实际价格并无变化，变化的只是其名义价格，但这同样也会对旅游需求产生影响。

(3)旅游客源国和旅游目的地双方相关因素。除了旅游客源国和旅游目的地国的相关因素对国际旅游需求产生影响外，涉及二者之间的相关因素也会对国际旅游需求产生影响。

1)旅游客源国与旅游目的地之间的经济距离。在国际旅游中，这一因素对市场需求的影响更为重要。其一，旅游目的地国的旅游价格只影响旅游者在目的地国逗留期间所需支付的生活及活动费用，而与国际间的往返交通开支无关。但对于旅游者来说，完成一次国际旅游的花费则必须将国际间往返的交通费用考虑在内。特别是对远程国际旅游而言，国际间交通费用在旅游者的全部开支中占有相当大的比重。在人们旅游预算既定的情况下，国际间交通开支的大小势必会影响其对旅游目的地的选择。因此，旅游目的地同客源国间的距离及国际交通运输价格的变化对该地旅游产品的需求有着直接而重大的影响。目前全世界的国际旅游中，近距离的约占80%以上。其原因之一就在于此。其二，经济距离的另一内涵则同时间有关。人们可用于旅游的闲暇时间总是有限的。如果时间距离所占用的时间超过一定的限度，旅游者则会放弃对某一目的地的选择，这也正是近距离国际旅游居多的重要原因。随着航空技术的发展，国际旅行的时间距离正在逐渐缩短，加之国际航空运输业的发展和竞争，也使得国际旅行费用大大降低，这与近年来远程国际旅游的大幅增长是分不开的。

2)货币汇率。汇率是指一国货币与另一国货币交换的价格。旅游目的地国同旅游客源国之间的货币汇率变化，对旅游需求有着重要的影响。因为一国的货币汇率下降，也就意味着该国的货币贬值，其产品的相对价格就会降低，从而导致对该国旅游产品的需求增加。相反，如果一国的汇率上升，也就是该国的货币升值，其产品的相对价格就会提高，对该国旅游产品的购买量势必会减少。另外，当一国的汇率下降，其居民的对外旅游需求在减少的同时，很多人会转而寻求国内旅游，从而在一定程度上促进了国内旅游需求的增长。

另外，旅游目的地和旅游客源地间的政治关系也是影响旅游需求的重要因素。

第三节　旅游需求规律

上一节我们分析了旅游需求的产生和变化受多种因素的制约和影响，但与一般消费需求的满足不同，旅游需求的实现是一种异地消费活动，对旅游需求量具有决定性影响的因素，除了旅游产品的价格、人们的可自由支配收入以外，还有人们的闲暇时间。

一、旅游需求量的变动规律

旅游需求量的变化规律主要指在其他因素保持不变的情况下，在某一特定时期内，人们对某一旅游产品的需求量分别与旅游产品的价格、人们的可自由支配收入和闲暇时间的相关性与变动关系。

1. 旅游需求量与旅游产品的价格呈反方向变化

旅游价格是影响旅游需求量的最基本因素。在一定时期内，当旅游产品价格相对于替代关系的其他产品和服务的价格发生变化时，人们对旅游产品的需求量就会发生变化。当旅游产品价格相对上升时，旅游需求量就会下降；当旅游产品价格相对下降时，旅游需求量就会上升。可见，在其他因素不变的情况下，在一定时期内人们对旅游产品的需求量会随着旅游产品价格的变化而呈现反方向的变化。如图 3—2 所示。

图 3—2 中，曲线 D—P 为旅游需求价格曲线，P_0、P_1、P_2 分别代表不同的旅游价格，Q_0、Q_1、Q_2 分别代表不同的旅游需求量。当某一旅游产品的价格为 P_0 时，人们对该旅游产品的需求量为 Q_0；当该旅游产品的价格上升到 P_1 时，人们对该旅游产品需求量就会减少到 Q_1；当该旅游产品的价格下降到 P_2 时，人们对该旅游产品的需求量则会增加到 Q_2。因此旅游需求价格曲线 D 是一条自左上方向右下方倾斜的曲线，表示旅游需求量与旅游产品价格呈反向变化的关系。此关系用函数表示为：$Q_d=u(P)$。其中，Q_d 表示一定时间内的需求量，P 表示该时期内旅游产品的价格，u 表示两者之间的函数关系。

2. 旅游需求量与人们可自由支配收入呈同方向变化

在其他因素既定的情况下，人们可自由支配收入越多，对某种旅游产品的需求量就越大；人们可支配收入越少，对该旅游产品的需求量就越小。二者之间的关系，反映在坐标图上就形成旅游需求收入曲线，如图 3—3 所示。

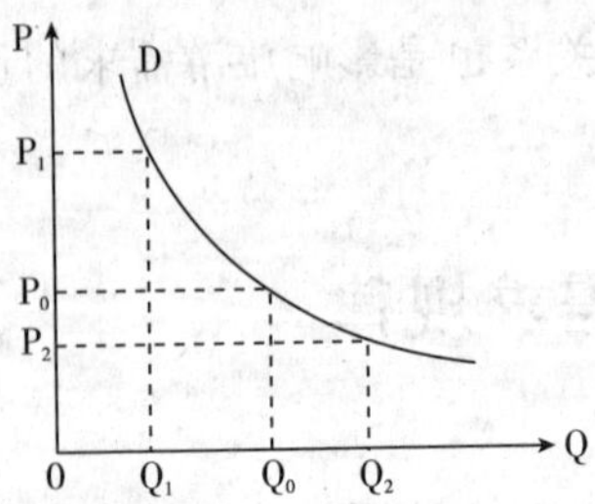

图 3—2 旅游需求价格曲线

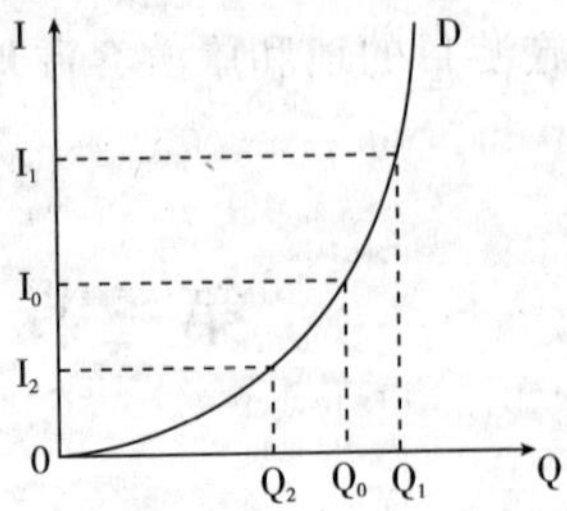

图 3—3 旅游需求收入曲线

图 3－3 中，曲线 D－I 为旅游需求收入曲线，I_0、I_1、I_2分别代表不同的可自由支配收入，Q_0、Q_1、Q_2分别代表不同的旅游需求量。当可支配收入为 I_0时，旅游需求量为 Q_0；当可支配收入增加到 I_1 时，旅游需求量会扩大至 Q_1；当可支配收入减少至 I_2时，旅游需求量则会下降到 Q_2。将二者之间的关系用函数式表示为：$Q_d = v(I)$。其中，I 表示可支配收入，Q_d表示一定时期内的旅游需求量，v 表示两者之间的函数关系。

3. 旅游需求量与闲暇时间呈同方向变化

闲暇时间也是产生和实现旅游需求的主要客观条件之一。尽管闲暇时间对旅游需求的影响以人们的可支配收入达到一定的水平为前提，而且闲暇时间也不属于经济学范畴，但只有人们拥有一定的闲暇时间才能实现旅游的目的，这是由旅游产品自身的特点所决定的。在同等情况下，人们的闲暇时间越多，对旅游产品的需求量也就越大，外出旅游的次数和天数便会越多。反之，如果闲暇时间减少，旅游需求量就会减小，外出旅游的次数和天数也会随之减少。如图 3－4 所示。

图 3－4 中，曲线 D－T 为旅游需求时间曲线，T_0、T_1、T_2 代表不同的闲暇时间，Q_0、Q_1、Q_2分别代表不同的旅游需求量。当闲暇时间为 T_0时，旅游需求量为 Q_0；当闲暇时间增加到 T_1 时，旅游需求量会扩大至 Q_1；当闲暇时间减少至 T_2时，旅游需求量则会下降到 Q_2。将二者之间的关系用函数式表示，则为：$Q_d = w(I)$。其中，T 表示闲暇时间，Q_d表示一定时期内的旅游需求量，w 表示两者之间的函数关系。

因此，旅游需求规律可以概括为：在其他因素不变的情况下，旅游需求与人们的可支配收入和闲暇时间的变化方向相同，而与旅游产品价格的变化方向相反。

二、旅游需求价格曲线的移动规律

上述讨论的是在假定其他因素不变的情况下，旅游需求量与某一种影响因素之间的变动规律。但是，有时由于政府干预使旅游产品的价格不能变动，而与此同时其他因素却发生了变化等现象的存在，就需要把这些影响因素结合起来考虑，研究旅游需求价格曲线、旅游需求收入曲线和旅游需求闲暇时间的移动规律。以下我们主要从旅游产品价格不变，其他因素变化的角度进行分析。

图 3－2 中我们分析的是：当其他因素不变的情况下，旅游产品的价格变动对旅游需求量的影响，其表现为价格—需求量组合点沿着一条既定的需求曲线的运动，而旅游需求水平没有变化，即旅游需求曲线没有移动。事实上，旅游需求水平并不是一成不变的。在同一时期内，当价格因素不变，很多其他因素，如可自由支配的收入、闲暇时间、相关旅游产品的价格、人们的兴趣爱好以及人们对未来旅游市场状况的预测等变化时，都会影响人们的旅游需求水平，这使得旅游需求价格曲线的位置发生水平移动。如图 3－5 所示，旅游产品价格之外的其他因素的变化对

旅游需求的影响表现为整个需求曲线的水平位移。如果其他因素的变化有利于刺激人们的旅游需求，则导致旅游需求价格曲线从 D_0右移至 D_1；反之，当其他因素的变化使旅游需求减少时，则旅游需求价格曲线将会从 D_0左移至 D_2。例如，近年来我国各级政府纷纷出台的各种支持旅游业发展、便利旅游者出游的积极政策，人民币对美元汇率的升值等都是提高国际和国内旅游需求量的有利因素；而战争、疾病、国际关系紧张则是减少旅游需求量的不利因素。例如美国"9·11"事件之后，世界范围内的恐怖主义活动猖獗打击了游客的安全感和出游信心，导致了一段时间内国际游客量锐减。

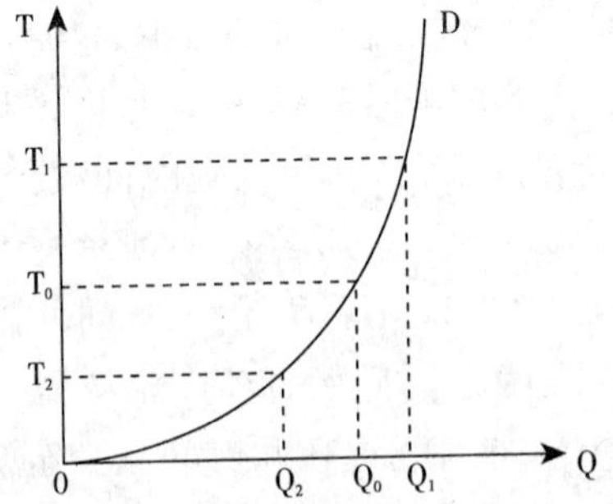

图 3—4　旅游需求闲暇时间曲线

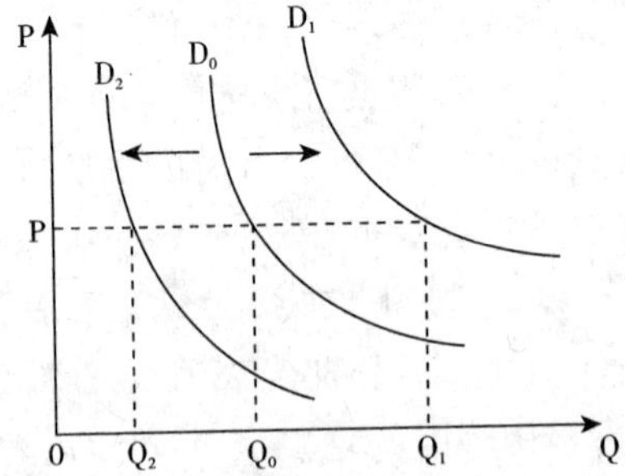

图 3—5　旅游需求曲线的移动

第四节　旅游需求弹性

由于旅游市场具有高度的动态性和不确定性，量化的数据往往不能直接作为分析问题的依据，而为了更好地把握旅游市场，需要了解旅游需求对影响因素变化的反应的敏感度程度，即为旅游需求弹性。由于影响旅游需求的因素很多，旅游需求弹性也包括很多方面。本节主要介绍旅游需求的价格弹性、旅游需求收入弹性和旅游交叉价格弹性。

一、旅游需求价格弹性

旅游需求价格弹性是旅游需求弹性中最为重要的一个测量指标。旅游需求价格弹性系数是描述其弹性大小的数值。

1. 旅游需求价格弹性的概念和弹性系数

旅游需求价格弹性是指在一定时期内旅游需求量对旅游产品价格变化的反应程度。测定旅游需求量随旅游产品价格变化而变化程度的尺度，就是旅游需求价格弹性系数，也就是旅游需求量变化幅度与旅游产品价格变化幅度的比值。这一系数所表示的是旅游产品的价格每增加或减少1%时，所引起的该旅游产品需求量变化的百分比。其公式为：

$$E_P=\frac{\frac{\Delta Q}{Q}}{\frac{\Delta P}{P}}=\frac{\Delta Q}{\Delta P}\cdot\frac{P}{Q} \tag{3-1}$$

$$E_P=\lim_{\Delta P\to 0}\frac{\frac{\Delta Q}{Q}}{\frac{\Delta P}{P}}=\lim_{\Delta P\to 0}\frac{\Delta Q}{\Delta P}\cdot\frac{P}{Q}=\frac{dQ}{dP}\cdot\frac{P}{Q} \tag{3-2}$$

其中，E_P表示旅游需求价格弹性系数；ΔQ表示旅游需求变化量；ΔP表示旅游产品价格变化量。公式(3－1)为旅游需求价格弧弹性，公式(3－2)为旅游需求价格点弹性。

由于旅游产品的价格与需求呈反方向变化，所以旅游需求价格弹性系数是负数。为了便于研究，人们在使用旅游需求弹性系数时，通常取其绝对值，弹性系数的值越大，则表示旅游需求的弹性越大。如公式(3－3)、公式(3－4)所示。

$$E_P=-\frac{\frac{\Delta Q}{Q}}{\frac{\Delta P}{P}}=-\frac{\Delta Q}{\Delta P}\cdot\frac{P}{Q} \tag{3-3}$$

$$E_P=-\lim_{\Delta P\to 0}\frac{\frac{\Delta Q}{Q}}{\frac{\Delta P}{P}}=-\lim_{\Delta P\to 0}\frac{\Delta Q}{\Delta P}\cdot\frac{P}{Q}=-\frac{dQ}{dP}\cdot\frac{P}{Q} \tag{3-4}$$

现举例如表3－1所示，说明旅游价格弧弹性系数的测算。

表3—1　旅游需求表

价格(人民币元/日)	需求量(旅游天数)
70	2
60	3
50	5
40	6
30	8
20	10

表3－1中的统计数字表明，如果某地旅游产品的价格从每天40元下降到每天20元，人们去该地的旅游天数(即需求量)，则从6天增加到10天。该地旅游产品价格变化的幅度可测定如下：$\Delta P=\frac{20-40}{40}=-0.5$；对该地旅游产品需求量的变

化幅度可测定如下：$\Delta Q=\frac{10-6}{6}=0.67$；按照测定旅游需求价格弧弹性系数的基本公式，旅游需求价格弹性系数为：$E_P=-\frac{0.67}{-0.5}=1.34$，这一系数表明，该地旅游产品的价格每下降1%，则人们对该地旅游产品的需求量增加1.34%。

2. 旅游需求价格弧弹性的中点公式

然而，如果注意观察，不难发现，上例中当旅游产品的价格不是下降，而是上升时，虽然价格的变化量完全相同，但是旅游价格的弹性系数却并不相同。例如，当价格从20元上升至40元时，人们去该地的旅游天数，则从10天减少到6天，在这种情况下，该地旅游产品价格变化的幅度可测定如下：$\Delta P=\frac{40-20}{20}=1$；对该地旅游产品需求量的变化幅度可测定如下：$\Delta Q=\frac{6-10}{10}=-0.4$；旅游需求价格弹性系数为：$E_P=-\frac{-0.4}{1}=0.4$。

显然，出现这种结果的原因在于它们的基础价格不同，从而导致价格上升和下降的变化率不等，前者的基础价格是40元，后者的基础价格则是20元。同样的道理，需求量从6天增加至10天和需求量从10天减少到6天时，两者需求的变化率也不相同。

因此，如果没有具体强调旅游产品是涨价还是降价，人们通常采用旅游需求价格弧弹性的中点公式来计算，即利用变动范围内的平均价格和平均需求量来计算旅游价格弹性系数。其公式可表示为：

$$E_P=-\frac{\frac{\Delta Q}{\frac{Q_1+Q_2}{2}}}{\frac{\Delta P}{\frac{P_1+P_2}{2}}}=-\frac{\Delta Q}{\Delta P}\cdot\frac{P_1+P_2}{Q_1+Q_2}=-\frac{Q_2-Q_1}{P_2-P_1}\cdot\frac{P_1+P_2}{Q_1+Q_2} \tag{3-5}$$

其中，E_P表示旅游价格需求弹性系数；Q_1表示基期旅游需求量；Q_2表示报告期旅游需求量；P_1为基期旅游产品价格；P_2为报告期旅游产品价格；$\frac{P_1+P_2}{2}$表示考察期内的平均价格；$\frac{Q_1+Q_2}{2}$表示考察期内的平均需求量。

将这一公式应用于上述案例，则可以发现，无论价格是上升20元，还是价格下降20元，旅游需求价格弹性都相同，即都是0.75。

3. 旅游需求价格弹性和旅游收入的变化

旅游产品的需求价格弹性一般可分为三种情况。

(1)当旅游需求量的变化率大于旅游产品价格的变化率时，旅游需求价格弹性系数的绝对值大于1，即 $E_P>1$，说明旅游需求富有弹性或弹性大，旅游需求量对旅游产品的价格变化敏感。换言之，旅游产品价格的微小变化将会导致旅游需求量的较大变化。对于这类旅游产品，降低价格会增加旅游部门的销售收入；相反，提高价格会减少厂商的销售收入，即“薄利多销”。

(2)当旅游需求量的变化率小于价格的变化率时，旅游需求价格弹性系数的绝对值小于1，即 $E_P<1$。它表示旅游需求缺乏弹性或弹性小，旅游需求量对旅游产品的价格变化不敏感，说明旅游产品价格的变化对需求量的影响不大。对于这类旅游产品，提高价格会增加旅游部门的销售收入；相反，降低价格会减少厂商的销售收入。

(3)当旅游需求量的变化率与旅游产品价格的变化率相同时，则旅游需求价格弹性系数的绝对值等于1，即 $E_P=1$，表明旅游需求量对旅游产品价格的变化将导致相同比率的反向变化。这是一种巧合的情况，此时，无论旅游产品的价格怎么变化，都不会对旅游部门的销售收入有影响。

一般而言，生活必需品的需求价格弹性小，而奢侈品或高档商品的需求价格弹性大。由于旅游目的不同，旅游产品的档次不同或者单项旅游产品的功能不同，其需求价格弹性也不尽相同。因此，对不同的旅游产品而言，需求弹性的上述三种情况都是有可能存在的。而旅游需求价格弹性对分析旅游收入的变化及相关决策的制定和实施具有指导意义。旅游需求价格弹性的大小预示着在进行旅游产品价格调整时，旅游收入将会增加还是减少或者维持不变。

例如，某旅游目的地的旅游价格原为50元/人·天，在该地旅游的游客平均每天为3000人，其旅游收入平均每天为15万元。假如该地旅游部门欲增加旅游收入，于是将该地的旅游价格上调到60元/人·天。如果调控价格后，在该地旅游的游客人数仍是平均每天3000人，其旅游收入无疑会增加。然而事实并非如此，旅游需求规律告诉我们，在其他因素不变的情况下，需求量同价格呈反向变化，换言之，价格的提高将导致需求量的下降。如果该地在旅游价格提高以后，其日均旅游接待量降至2200人，其日均旅游收入也因此下降到13.2万元。该地做出错误提价决策的原因在于没有考虑到需求价格弹性问题。根据这一案例中的有关数据，我们可以计算出该地旅游产品的需求价格弹性：

$$E_P=-\frac{2200-3000}{60-50}\cdot\frac{50}{3000}=1.33$$

这一结果表明，旅游需求对该地旅游产品的价格是富有弹性的，其旅游价格的上调将会导致其旅游收入的减少。

根据上述案例，如果能对旅游需求价格弹性进行认真的测算，为了实现扩大旅游收入的目的，就应当适当降低旅游产品的价格，因为价格的下调会使需求量出现较大幅度的上涨。这个例子说明，在制定和实施某项决策时，应充分考虑旅游需求价格弹性的影响。当然，这并不意味着在旅游需求价格弹性大于1的情况下，旅游产品的价格绝对不可上调，因为是否上调和上调多少还必须依具体的目的而定。例如，在出现通货膨胀时，旅游产品价格的适当上浮不仅是可行的，而且是必要的；另外，在旅游旺季，为了减轻旅游目的地的压力，提高旅游产品的价格也是切实可行的办法。

二、旅游需求收入弹性

旅游需求收入弹性是指在一定的时期内旅游需求量对旅游者可自由支配收入变化的反应程度。测定旅游需求量因可自由支配收入变化而变化程度的尺度称为旅游需求收入弹性系数，即旅游需求量的变化率与旅游者可自由支配收入变化率的比值。用公式表示如下：

$$E_I=\frac{\frac{\Delta Q}{Q}}{\frac{\Delta I}{I}}=\frac{\Delta Q}{\Delta I}\cdot\frac{I}{Q} \tag{3-6}$$

$$E_I=\lim_{\Delta I\to 0}\frac{\frac{\Delta Q}{Q}}{\frac{\Delta I}{I}}=\lim_{\Delta I\to 0}\frac{\Delta Q}{\Delta I}\cdot\frac{I}{Q}=\frac{dQ}{dI}\cdot\frac{I}{Q} \tag{3-7}$$

其中，E_I表示旅游需求收入弹性系数；I 表示旅游者的可自由支配收入；Q 表示旅游需求量。

一般而言，旅游产品的需求量与人们可自由支配收入的变化方向相同，即其需求量是随旅游者可自由支配收入的增减而增减。旅游需求收入弹性系数为正数。

旅游需求收入弹性系数有三种情况：其一，当需求量的变化率大于可自由支配收入的变化率时，旅游需求收入弹性系数则大于 1，即 $E_I>1$。旅游需求量对可自由支配收入变化敏感，即旅游需求收入富有弹性或弹性大。其二，当需求变化率小于可自由支配收入的变化率时，旅游需求收入弹性则小于 1，即 $E_I<1$。它表明旅游需求量对可自由支配收入变化不敏感，即旅游需求收入缺乏弹性或弹性小。其三，当需求量的变化率与可自由支配收入的变化率完全相同时，旅游需求收入弹性系数则等于 1，即 $E_I=1$。它表明可自由支配收入的增减会引起旅游需求量以相同的比例增减。

认识和研究旅游需求收入弹性的主要意义，在于它有助于旅游目的地和旅游企业预测有关客源市场对其旅游产品的需求变化。

三、旅游需求交叉价格弹性

旅游需求交叉价格弹性研究在其他因素不变的情况下，一种旅游产品 X 的需求量对与其相关的另外一种旅游产品 Y 的价格变化的反应程度。用公式表示如下：

$$E_{XY}=\frac{\frac{\Delta Q_X}{Q_X}}{\frac{\Delta P_Y}{P_Y}}=\frac{\Delta Q_X}{\Delta P_Y}\cdot\frac{P_Y}{Q_X} \tag{3—8}$$

$$E_{XY}=\lim_{\Delta P_y\to 0}\frac{\frac{\Delta Q_X}{Q_X}}{\frac{\Delta P_Y}{P_Y}}=\lim_{\Delta P_y\to 0}\frac{\Delta Q_X}{\Delta P_Y}\cdot\frac{P_Y}{Q_X}=\frac{dQ_X}{dP_Y}\cdot\frac{P_Y}{Q_X} \tag{3—9}$$

产品之间的相关关系分为两种，一种为替代关系，另一种为互补关系。因此，旅游需求交叉价格弹性是衡量某种旅游产品的需求量与互补产品以及替代产品的价格变动之间依存程度的指标。根据相关旅游产品的互补性和替代性特点，旅游需求交叉价格弹性表现为以下两种情况。

第一，如果旅游产品 X 与旅游产品 Y 为互补关系，那么旅游产品 Y 价格下降必然引起对旅游产品 X 的需求增加；反之，旅游产品 Y 价格上涨必然引起对旅游产品 X 的需求量减少。因此，对于具有互补性产品而言，其 $E_{XY}<0$。换句话说，若旅游产品 X 对旅游产品 Y 的旅游交叉弹性系数是负值，则表明旅游产品 X 对旅游产品 Y 具有互补性，其绝对值越大，表明两种旅游产品相互依赖程度或补充程度越强。

第二，如果旅游产品 X 与旅游产品 Y 为替代关系，那么旅游产品 Y 价格下降必然引起对旅游产品 X 的需求量减少；反之，旅游产品 Y 价格上涨必然引起对旅游产品 X 的需求量增加。因此，对于具有替代性产品而言，其 $E_{XY}>0$。换句话说，若旅游产品 X 与旅游产品 Y 的旅游交叉弹性系数是正值，则表明旅游产品 X 对旅游产品 Y 具有替代性，其数值越大，表明两种旅游产品替代程度越高，则生产者之间的竞争程度越强。

第五节　旅游需求的衡量指标

旅游需求的变化状况及水平，一般通过旅游经济指标来反映和评价。旅游经济指标是分析和研究旅游经济现象在一定的时间、地点和条件下，旅游经济活动在数量方面的状况。由于旅游经济活动具有不同的经济现象和经济过程，就形成了众多的旅游经济指标。这些旅游经济指标通过相互联系和相互作用，构成了旅游经济指标体系，并从数量上反映和衡量整个旅游经济活动的历史、现状及发展趋势。

旅游需求指标是旅游经济指标体系中的有机组成部分，它是衡量旅游需求发展情况的尺度。换言之，旅游需求指标是通过运用一套经济指标来反映和衡量一个国家或地区旅游需求的发展状况和水平，为人们掌握一个国家或地区的旅游经济活动运转情况并预测其发展趋势，提供数量依据。旅游需求的指标种类很多，人们可以根据具体的研究目的加以选择和设计。在国际旅游研究中，旅游需求指标的设计往往是站在同一旅游接待目的市场上，根据研究目的来设计，其中常用的旅游需求指标可以分为两类，下面分别加以介绍。

一、衡量旅游需求状况的指标

主要包括旅游者人数、旅游者人次、旅游者消费总额、旅游者人均消费额、旅游者停留天数、旅游者人均停留天数等。设计这类指标的目的，一是用于了解来访旅游需求的实际发展状况，二是通过对这些数据变化的情况分析，发现旅游业经营中的问题，并针对这些问题采取必要的应对措施。

1.旅游者人数指标

旅游者人数指标是反映旅游需求总量的主要指标。它可分为旅游者人数和旅游者人次指标。

(1)旅游者人数。旅游者人数是指旅游目的地国或地区在一定时期内所接待的旅游者总人数。主要衡量旅游者对旅游产品的需求总量状况。

(2)旅游者人次。旅游者人次是指一定时期内旅游者在某一旅游目的地国或地区旅游者人数与平均旅游次数的乘积。

旅游目的地国或地区通常根据这一指标来了解旅游市场对其旅游产品的需求数量和变化情况。因此，该指标也是衡量一个国家或地区旅游业发展水平的重要尺度之一。有两点需要加以注意：①这一指标所表示的是一定时期内旅游者的到访次数，而不是来访旅游者的人数。所以旅游者人次通常高于旅游者人数。②各国对这一指标的统计方法不尽相同。例如，我国是根据边防入境登记情况对入境旅游者进行数量统计，而欧盟的大部分国家，由于没有边防入境登记，因而往往通过抽样调查或根据入境旅游者在旅游地住宿登记情况测算某一时期来访的旅游人次。除了上述统计方法上的差别外，各国所实施的统计口径或统计标准也不尽相同。因此，用这一指标进行国际间的横向比较时，应当注意其可比性。另外，这一指标除了能反映旅游需求的总规模及水平外，还可以根据入境旅游者的人员构成、需求内容、需求规模及时间等进行分组分析，以更好地掌握旅游需求的状况及趋势。

2.旅游者停留天数指标

旅游者停留天数指标具体又可分为旅游者停留天数和旅游者人均停留天数。

(1)旅游者停留天数。旅游者停留天数是指一定时期内旅游者在某一旅游目的地国或地区停留的总天数，即旅游人次与人均停留天数之乘积。该指标从时间角度反映了旅游者对旅游产品的需求状况及水平。同时反映了旅游产品对旅游者吸引力的强弱。因此,旅游者停留天数能够更全面地反映旅游需求状况。

(2)旅游者人均停留天数。旅游者人均停留天数是指在一定时期内平均每一个旅游者在旅游目的地国或地区的停留天数,即旅游者停留天数与旅游者人次之比。该指标是从平均数的角度来反映旅游产品的需求状况。这一指标不仅反映了旅游市场对旅游目的地旅游产品的需求状况,而且也反映了旅游需求的变化趋势,从而能为旅游目的地国家或地区制定发展目标、开拓旅游市场和进行旅游宣传提供科学依据。

3.旅游者消费指标

旅游消费指标能够反映出旅游者在旅游活动中的消费情况,是从价值形态反映旅游需求的综合性指标。

(1)旅游者消费总额。旅游者消费总额是指一定时期内旅游者在旅游目的地国或地区的旅游活动过程中支出的货币总额。该指标从价值形态上反映了旅游者对旅游目的地国家或地区旅游产品需求的总量,也是该时期内旅游目的地国家或地区提供的旅游产品的总价值量。从另一角度看,这一消费总额则构成同期内旅游目的地国或地区的旅游收入。因此,这一指标也是衡量旅游需求最重要的指标之一。对同一个旅游目的地国或地区来说,在其旅游供给相对稳定的情况下,旅游者消费总额一般都是随旅游人次的增减而升降。这也是各旅游目的地国或地区都努力争取扩大旅游者流量的原因。但是如果把不同的旅游目的地进行横向比较,则旅游者消费总额与入境旅游人次不一定成正比关系,这是因为入境旅游者的消费层次以及消费构成在不同的目的地并非相同。所以,即使两个旅游目的地的入境人次完全相同,旅游者的消费总额也不尽相同,甚至差别很大。

(2)旅游者人均消费额。旅游者人均消费额是指一定时期内旅游者在旅游目的地国家或地区的旅游活动过程中,平均每一个旅游者支出的货币量,即旅游者消费总额与旅游人次之比。该指标是从平均数的角度在价值上反映某一时期内旅游者对旅游目的地旅游产品的需求情况。通过这个指标,人们可以了解旅游者在旅游目的地消费支出的变化情况。对同一个旅游目的地来说,在其旅游供给相对稳定的情况下,旅游者人均消费额一般应与人均停留天数同向变化,但两者之间并不完全成正比关系。

二、衡量客源市场发展潜力的指标

衡量客源市场发展潜力的指标主要包括旅游出游率、旅游重游率及旅游消费率等。设计这类指标的目的是了解和分析有关客源国出国旅游需求的现状和发展趋势,以便有重点地开展市场营销工作。

1.旅游出游率

旅游出游率是指一定时期内一个国家或地区出国旅游的人次或人数与其总人

口数的比率。它反映了一个国家或地区旅游需求的能力及旅游需求的强度，同时也反映着该国或地区作为旅游客源地的可能性程度。根据上述定义，一般可把旅游出游率分为总出游率和净出游率两类。总出游率是指一定时期内一个国家或地区出国旅游的人次与其总人口数的比率；净出游率则是指一定时期内一个国家或地区出国旅游的人数与其总人口数的比率。两者通常都以百分率表示。用公式表示如下：

$$\text{旅游总出游率}=\frac{\text{出国旅游人次}}{\text{该国总人口数}}\times 100\% \tag{3-10}$$

$$\text{旅游净出游率}=\frac{\text{出国旅游人数}}{\text{该国总人口数}}\times 100\% \tag{3-11}$$

2. 旅游重游率

旅游重游率又叫旅游频率，是一定时期内一个国家或地区的出国旅游人次与出国旅游人数之比。该指标反映一定时期内一个国家或地区的居民出国旅游的频率，进而也体现了其旅游需求的规模和能力。用公式表示如下：

$$\text{旅游重游率}=\frac{\text{出国旅游人次}}{\text{出国旅游人数}}\times 100\% \tag{3-12}$$

3. 旅游消费率

旅游消费率是指一定时期内一个国家或地区用于出国旅游的消费总额与该国或该地区个人消费总额（或国民生产总值或国民收入）中所占的比重，通常以百分率表示。该指标从价值角度反映在一定时期内某一国家或地区居民对出国旅游需求的程度。用公式表示如下：

$$\text{旅游消费率}=\frac{\text{出国旅游消费总额}}{\text{个人消费总额}}\times 100\% \tag{3-13}$$

第六节　旅游需求调查与预测

旅游需求调查是一种通过信息将旅游者和经营者连接起来的职能，是旅游市场调查的重要组成部分。旅游需求预测则是在旅游调查的基础上，运用科学的分析方法和手段对旅游需求的变化特点及趋势作出判断和推测。旅游需求的调查结果直接影响旅游需求预测的准确度。

一、旅游需求调查

旅游需求调查是运用科学方法，系统收集、记录、整理和分析与旅游需求有关的资料，从而了解旅游市场现状和发展变化的趋势，为旅游需求预测和经营决策提供科学的依据。

1. 旅游需求调查特点

旅游需求调查具有以下特点：

(1)旅游需求调查是一种管理工具，目的是通过对现阶段旅游需求的调查，分析旅游需求的发展趋势，以提高旅游市场营销的效果和旅游供给的合理度。由于旅游需求状况直接决定着旅游供给方的规模、类型等，因此旅游需求调查是一种连接旅游需求、旅游供给以及旅游市场的管理工具。

(2)旅游需求调查具有协助解决问题的能力，要从调查中提出解决问题的办法。旅游需求调查要向管理者提供有关旅游者及市场行为的丰富、精确的资料和建议，如某旅游产品的目标市场的需求量、子市场和总市场的需求量等。

(3)旅游市场需求调查重点是对特定旅游需求进行量的分析，主要包括旅游企业在市场上现有和潜在最大销售量和最大需求量、本企业产品在旅游市场上的最大销售量和最大需求量两个环节。此外，还包括对旅游者购买旅游产品品种、价格的要求及旅游者偏好、习惯和需求结构变化等。以及旅游者消费行为的调查，了解购买本企业旅游产品的旅游者的类型、特点、购买习惯和动因以及他们对竞争对手产品的态度。

2. 旅游需求调查的基本内容

对市场需求量的调查，包括对旅游产品实现市场需求量和潜在需求量的调查，指标有旅游人次数总量、床位次总量、夜次总量等；对旅游产品品种需求的调查，即不同类型旅游产品需求量的调查；旅游消费总额的调查，指标有人均天旅游花费、人均总旅游花费等。

对购买行为的调查，包括对旅游者购买偏好、能够接受的价格、对旅游产品的需求结构、旅游者的类型、购买习惯和频率等的调查，旨在通过对旅游者消费行为的调查了解旅游者的消费行为模式，为旅游需求的扩大提供依据。

对竞争对手的调查，包括对现阶段市场上最大的旅游企业的需求量、消费者对其评价等的调查，计算出本企业在市场上的绝对占有率和相对占有率，以及相比于其他旅游企业来说本企业的竞争优势和劣势。

3. 旅游需求调查的步骤

旅游需求调查的步骤一般包括四个阶段，即调查准备阶段、调查设计阶段、调查实施阶段和调查结果处理阶段。

(1)调查准备阶段。在这一阶段包括明确调查的目的，并根据已经掌握的资料作出初步分析，把握调查的大致范围、可能性和难易程度，并邀请一些与调查问题相关或熟悉这方面情况的人士进行试调查，并确定是否进入正式调查阶段。

(2)调查设计阶段。调查设计是正式确定调查工作的方案，涉及需求调查活动的各个方面。因此，必须首先确定调查的主题，确定所需的资料及资料来源(一手资料、二手资料），然后选择调查的对象，确定资料收集方法，最后是设计并预调研调查问卷以及对时间的安排和费用预算。

(3)调查实施阶段。在确定了调查对象、调查内容以及调研方法之后，调查开始进入正式实施阶段。在该阶段中，因为调查工作的分散很容易出现各种问题，因此就必须加强对调查人员的组织、查核和监督。

(4)调查结果处理阶段

调查结果处理阶段，包括对资料的整理与分析，对收集到的资料应用一定的统计方法（如 SPSS）进行分类、计算、分析与选择，使之成为对预测旅游需求或决策有用的信息，最后是撰写调查报告，这是调研活动最终的文本形式，内容应该全面且有指导意义。

二、旅游需求预测

对旅游需求的预测，不仅对旅游企业的旅游产品营销策划提供指导，而且也为当地政府评估旅游对当地经济发展的总体贡献度从而制定旅游业发展政策、引导旅游市场资源的合理利用与配置提供了技术支持。

目前国内外对于旅游需求预测的研究文献有很多，也形成了一整套的预测系统，主要有定性预测和定量预测两大类。定性预测主要有专家预测法、主观概率评估法、消费者意向调查法。在定量预测方法上，国内外经常使用的模型有最小二乘法、时间序列预测模型、回归预测模型、引力预测模型以及较新的人工神经网络模型和干预模型等。下面我们就对这些预测模型作一个大概的了解。

1. 定性预测——德尔菲法

专家预测法的代表。以专家意见作为信息来源，通过系统的调查、征询专家的意见，分析和整理出预测结果。专家预测法主要有专家个人判断法、专家会议法、头脑风暴法及德尔菲法等。德尔菲法吸收了前几种专家预测法的长处，避免了其缺点，在现有的以定量分析为主的预测方法体系下，德尔菲法是一个有益的补充。德尔菲法建设性地、系统地利用专家在信息较充分条件下所作的直观判断，它至少具有三个优点：

(1)该法能将更广范围的不可量化的因素考虑进来。新加坡几年前曾运用德尔菲法预测新加坡旅游业的发展前景，问卷中待确定的未来影响因素包括闲暇和旅游活动的未来趋势、技术进步、未来的国际旅游环境、未来的地区间合作、旅游业培训、政治前景与旅游障碍等。这些因素几乎是不可以量化的，采用回归模型分析法，可能只有将其省略，然而事实上，这些因素会对旅游业产生深刻影响。

(2)该方法为预测结果的使用者充分参与预测提供了可能。定量分析法往往有许多复杂的技术性问题，使用者将预测过程视为畏途，只关心预测人员提交的数据分析报告，这往往会造成预测过程中变量的不合理设置。德尔菲法可充分接受旅游专业人士(而非预测技术人员)的咨询,使预测结果更加科学合理。

(3)该方法提供了综合使用多种预测方法的机会。选用德尔菲法时最重要的一点是专家组的选择。专家组的规模并没有一定之规,但达尔克认为20人是确保预测精确性的最小规模。至于入选专家的资格,马提诺指出专家关于预测问题的知识与阅历是该法的关键因素。

2. 定量预测

国内外学者和专家已经广泛采用定量方法预测旅游需求量。下面将介绍时间序列预测模型、回归预测模型、引力预测模型、人工神经网络模型、灰色数列预测模型和干预模型等定量预测方法。

(1)时间序列预测模型。时间序列预测模型是基于统计学中的时间序列理论对旅游需求进行预测的。旅游需求的变动是具有季节性的,时间序列预测的模型主要特点是剔除了旅游需求中的季节变动、周期变动和一些不规则变动,并对数据作了一定的修正。

简单地说,按照时间序列排列的观测值(如每年的入境旅游人数)是一个时间序列,预测的任务是直接对已经观测到的时间序列 $X_1, X_2, X_3, \cdots, Xn$ 去推断未来的 $X_{n+1}, X_{n+2}, \cdots, X_{n+a}$ 的值。因为旅游需求是不断变化的,我们要把旅游需求的变动分解开来以便更加清晰地了解影响旅游需求变动的因素,一般影响时间序列的因素包括长期趋势变动因素(T)、周期变动因素(C)、季节变动因素(S)和不规则变动因素(I)。那么我们假设旅游人数就是这些因素的函数,可以表示为:

$$D=f(T,C,S,I)$$

这四种变动因素是相互影响的,我们较常用的具体函数形式为:

$$D=T\times C\times S\times I$$

其中,旅游人数D和长期变动趋势T值用绝对数表示,其他值用百分数表示。这个方法的特点是简捷,不用其他数据和条件,直接用过去的旅游数据资料带来的信息推测未来的旅游需求状况。时间序列预测模型应用范围相当广泛,可用于短期、中期和长期预测。

(2)多元回归预测模型。回归模型在旅游需求预测模型中运用得最为广泛,它运用最小二乘法(Ordinary Least Squares, OLS)根据相关关系变量已知的样本值建立回归方程,再通过假设检验得出总体模型的设定是否显著,最后依据回归方程对总体进行经济分析和预测。在旅游需求预测中,由于影响因素(自变量)较多,所以在使用回归预测模型时,更多的是采用多元回归预测模型(Multiple Regressive, MR)。

例如,旅游人数是一个随机变量,影响它的因素(自变量)不止一个,因此可以假设其多元回归方程为:

$$y=a_0+a_1x_1+a_2x_2+a_3x_3+\cdots+a_nx_n \tag{3-14}$$

其中，y 为旅游人数估计值；a_0 为常数项；$a_0, a_1, a_2, a_3, \cdots, a_n$ 分别为 $x_1, x_2, x_3, \cdots, x_n$ 的回归系数。

利用此模型，一方面，可以从所有可能的影响因子（自变量 x）中找出与因变量（y）相关度较高的因子，建立它们之间的定量表达式，作为预测方程；另一方面，可以从共同影响因变量（y）的因子（自变量 x）中找出主要的影响因子和次要的影响因子。运用逐步回归方法从多个自变量（x）逐步筛选出对因变量（y）有重要贡献的因子，建立它们之间的回归方程，然后再通过假设检验得出总体模型的设定是否准确，最后根据回归方程推测总体的发展趋势。多元回归分析的优点是可以从多个影响因素中排出主次。

（3）引力预测模型。引力模型采用因素分析的形式，即靠识别旅游需求量和其他一系列因素之间的关系来预测可能的需求规模。早在 1996 年 L. J. Crampon 首次说明了该模型在旅游研究中的实用性。引力模型源于牛顿定律，即两物体的吸引力与物体的质量成正比，与两物体的距离平方成反比。Crampon 认为旅游产品对旅游者的吸引力存在这样的规律，引力模型可以用来预测旅游客源地到目的地的游客数量。

$$T_{ij} = GX_1^{\alpha} X_2^{\beta} d_{ij}^{\gamma} (i=1,2,3,\cdots,n; j=1,2,3,\cdots,n) \quad (3-15)$$

其中，X_1 为客源地游客的经济收入；X_2 为客源地的人口；d_{ij} 为客源地到目的地的距离，G、α、β、γ 为系数。

引力模型应用的最基本条件是已知某一时间内从客源地到目的地的游客数量。而在我国的旅游统计中没有相关资料，特别是国内旅游更是缺少这种资料，因此在我国利用引力模型来预测旅游需求缺乏分析基础，常用动向外推的方法进行定量预测。动向外推是将旅游需求在一段时间的规律加以归纳，形成一个相对稳定的模型，然后进行外推预测。但随着这几年旅游统计不断地完善，引力模型的应用也有了数据的支撑。引力模型的缺点是只能作短期的预测，因此应用范围较窄。

（4）人工神经网络预测模型。人工神经网络系统（Artificial Neural Network，ANN）作为一种非线性模型，拓展了“计算”非线性系统的可能性概念和途径，其模拟人脑的基本原理及其高维性、神经元之间广泛的互连性、自适应性等特点，使得神经网络具有大规模并行、分布式存储和处理、自组织、自适应、自学习能力，特别适用于复杂的现代社会经济系统中的经济信息处理。旅游业作为一个特殊的行业，影响旅游需求的变量是多样而复杂的，相比于其他的预测模型，人工神经网络预测模型具有并行处理、自适应、自组织以及逼近任意非线性的特征，它可以处理模糊的、非线性的、含噪声的数据和结构优化问题，分析中的权重并不带有太多主观的成分，在处理滞后变量和季节差变量上具有优势，这也正是旅游需求模型预测中较为重要的变量。

（5）灰色数列预测模型。灰色系统理论（GST 或 GS）是 1982 年由我国著名学者邓聚龙教授创立的，是“以部分信息已知，部分信息未知的小样本、贫信息”不确定性系统为研究对象的一门新的系统科学，是为解决“少信息不确定性”问题而产生的一门新兴的理论体系。灰色预测模型，即 Grey Dynamic Model，GM 模型是基于灰色系统理论构建的预测方法。灰色预测方法较多，其中灰色数列预测模型是对时间序列变量的预测。此模型主要通过研究时间数据序列中所蕴涵的内在规律，从而预测旅游需求的发展趋势。灰色预测模型具有较高的建模精度，在旅游需求预测中具有较高的应用价值。灰色数列预测建模的思路是直接将时间序列转化为微分方程，建立抽象系统的发展变化动态模型。旅游需求灰色预测模型构建步骤为：

第一，构建历史旅游原始数据序列：$X^{(0)}=[X^{(0)}(1),X^{(0)}(2),\cdots,X^{(0)}(n)]$　(3－16)

对原始数据序列进行一级累加生成处理：

$$X_{(t)}^{(1)}=\sum_{k=1}^{t}X^{(0)}(K)\quad(t=1,2,3,\cdots,n)\tag{3－17}$$

生成数列：

$$X^{(1)}=[X^{(1)}(1),X^{(1)}(2),\cdots X^{(1)}(n)]=X^{(1)}$$
$$=[X^{(1)}(1),X^{(1)}(1)+X^{(0)}(2),\cdots,X^{(1)}(n-1)X^{(0)}(n)]\tag{3－18}$$

第二，建立一阶单变量微分方程模型 GM(1,1)：$\frac{dX^{(1)}}{dt}+aX^{(1)}=\mu$　(3－19)

其中，α、μ 为待定参数，α 为发展参数，μ 为灰作用量。

用最小二乘法和微分方程解得：

$$\hat{X}^{(1)}(t+1)=X^{(0)}(1)-\frac{\mu}{\alpha}\quad(t=1,2,3,\cdots,n-1)\tag{3－20}$$

第三，求解预测值：将 $t=1,2,3,\cdots,n-1$ 代入公式(3－20)可得模型的计算值。

通过 $\hat{X}^{(0)}(t+1)=\hat{X}^{(1)}(t+1)-\hat{X}^{(1)}(t)$ 将预测值还原，得相应的预测值。

(6)干预模型。时间序列经常会受到特殊事件及态势的影响，称这类外部事件为干预。干预模型主要从定量分析的角度来评估政策干预或突发事件对经济环境和经济过程的具体影响。具有如下功能：①能分析干预事件对被研究问题是否有显著性影响；②能分析干预事件对被研究问题的影响是正的还是负的影响；③能分析干预事件对被研究问题的影响幅度是多大；④可以剔除干预事件对未来预测的影响。而就具有敏感性的旅游需求而言，必定会受到旅游目的地国家或地区的政治动乱、流行性传染病、恐怖活动、自然灾害等干预事件的影响。那么，影响有多大？这就需要用到干预模型。此外，通过预测旅游需求的长期趋势时，需要剔除不规则因素的影响，干预事件属于这类因素，也需要运用干预模型。

干预模型建模的思路和具体步骤为：利用干预影响产生前的数据，建立一个单变量的时间序列模型。然后利用此模型进行外推预测，得到的预测值，作为不受干预影响的数值。最后将实际值减去预测值，得到的是受干预影响的具体结果，利用这些结果可以求估干预模型的参数；估计出干预模型的参数；利用排除干预影响后的全部数据，识别与估计出一个单变量的时间序列模型；求出总的干预分析模型[①]。

章尾案例

“黄金周”旅游业“滑铁卢”之谜[②]

2006年国庆“黄金周”令旅游业整体遭遇“滑铁卢”，客源量下滑之快和之大，前所未有。金色十月淘不到黄金，给精心准备的经营者“当头一棒”，以后的“黄金周”怎么办？航空公司、景区（点）、酒店、旅行社……陷入深深的困惑与反思之中……

1. 数据说话

广州：广州假日办发布的数字显示，国庆“黄金周”期间，广州的旅行社接待总人数和接团组团总数分别为15.64万人次和4784个，同比分别下降35.29%和31.84%，营业收入总额为12789.88万元，同比下降14.55%。

海南：在过去的17个“黄金周”里，海南游一直是游客人数最多的目的地之一，然而2006年国庆期间，多数旅行社报名人数减少三至四成，平均客房预订率均未超过30%。

昆明：“每个‘黄金周’昆明市的各大酒店几乎无一例外地爆满”，广东铁青有关负责人告诉记者，“但2006年国庆昆明酒店的平均开房率仅50%左右”。

2. 调查：涨价挡了六成客

受《广州日报》委托，方舟市场研究咨询有限公司（ARK）对广州市509位市民进行了随机电话访问。调查发现，没有出游的市民占59.2%，出游的市民仅有四成。在所有影响市民出游的经济因素当中，“黄金周”景区（点）、酒店涨价的影响最大，有60.7%的未出游者提及；其次是机票涨价（25%），也有17.9%的人是受到房贷、养车等家庭开支方面的压力影响。

3. 原因分析

（1）票价高涨“黄金周”游不起。九寨沟145元门票最终涨至200元以上；张家界每张票158元涨至245元；黄山风景区旺季每张票130元涨至200元……而与国内大幅涨价形成鲜明对比的是，法国卢浮宫的票价最高是6.5欧元，闲时才4欧元，失业者和18岁以下的人在特定时段还免费，“他们的平均收入是我们的20倍，按购买力计算也就一碗面条的价格”。

---

①张玲，陈军才．干预模型在旅游需求预测中的运用[J]．江苏商论，2007(5)：81－83．

②根据王飞，程维．黄金周旅游业“滑铁卢”之谜[N]．广州日报，2006－10－23整理。

除了景区(点)涨价,高昂的机票价格也让“黄金周”出游成为百姓的“奢侈梦”:单单燃油附加费加上机场建设费,三口之家来回一次就要900元。

(2)收入有限,老百姓谨慎消费。按照世界旅游组织得出的结论,人均GDP达到2000美元,旅游形态开始向休闲旅游转化,进入出国旅游的增长期;人均GDP达到3000美元,旅游形态开始向度假旅游升级;达到5000美元则开始进入成熟的度假经济时期。2004年广州人均GDP就已经突破了6000美元,然而,“广州旅游市场其实刚刚开始向休闲度假转变”,广东中旅新闻发言人王坚表示。

但是,今年,楼价上涨远快于个人收入增长,谁还愿意为了购买高价旅游商品,从而挤压家庭财富,以眼前的愉悦来加重未来的生活负担?

4. 对策

春节旅游价格将“低开高走”。一位老总说“不如忘了‘黄金周’”,令人叫绝,它不失为一解决之道。正是因为旅游业将“黄金周”重视到无以复加,才在价格上走火入魔,一味刚性上涨,没有考虑到市场基本面的供求变化,高估了消费者的承受力,等经营者醒悟过来,已是流水落花春去也。

旅游业在“黄金周”失守,已成过去。既然需求有弹性,那么,“黄金周”的定价也应该有弹性,可上,也可下。

国庆“黄金周”客源量急剧下滑刺痛了若干相关行业,国内一些旅游目的地开始牵头邀请各资源方,针对“黄金周”旅游日趋下滑的趋势展开讨论。

率先迈出这一步的是云南昆明,2006年10月21日,旅行社、航空公司、景区(点)以及酒店在昆明基本上达成共识,在下一个“黄金周”期间将实行价格“低开高走”的方式,游客只要报名时间早,航空公司愿意抛出较低折扣机票,酒店和景区(点)也愿意拿出较低的价格,这样,游客就可以较低的价格出游。随着“黄金周”的临近、市场启动之后,再逐步提高旅游报价。广东铁青有关负责人表示,旅游价格“低开高走”,将可以吸引更多对价格敏感的游客,挽回以往的“颓势”。

案例分析 通常,在“黄金周”期间,旅游企业都挣得盆满钵溢。而事实表明,2006年国庆“黄金周”令旅游业整体遭遇“滑铁卢”,客源量下滑之快和之大,前所未有。

根据旅游自身的特性,实现旅游需求不仅要具备旅游欲望和经济支付能力,还受多种因素的制约和影响,其中起决定性影响的因素是旅游产品的价格、人们可自由支配收入和必要的闲暇时间。

“黄金周”休假制度的实施确实增加了消费者闲暇时间,而且随着近几年消费观念的改变,旅游已经成为大多数人的一种生活方式。与此同时,旅游需求还受到以下两个方面的影响:

第一,消费者的可自由支配收入减少,旅游支付能力下降。本来旺季涨价,是符合市场规律的。但是物价的上涨(例如楼价上涨)远快于个人收入增长,消费者用于旅游的可自由支配收入明显减少。另外,旅游产品价格的上涨,使旅游者实际购买力下降,造成潜在的旅游需求难以实现。此时,旅游者优先考虑减轻生存压力或增加家庭财富,其次才选择旅游消费。

第二,旅游需求价格弹性变化大,经营者始料不及。产品究竟是用涨价还是降价的销售策略来提高销售收入,要看该产品的需求价格弹性的大小。对于大多数旅游产品来说,旅游需求对价格的变化十分敏感,其原因有很多种,例如旅游产品的可替代性较强。此时,涨价会导致旅游销售收入的减少。

因此,旅游企业只有综合各种因素,合理预测旅游需求,制定合理的旅游产品价格,才能获得可观的效益。

思考题

1. 如何理解旅游需求的概念?
2. 旅游需求产生的条件主要是哪些?并举例说明。
3. 阐述影响旅游需求的因素。
4. 分析旅游需求的规律性。
5. 什么是旅游需求弹性?主要有哪三种情况?
6. 简述旅游需求衡量指标。
7. 如何对旅游需求进行预测?

第四章　旅游供给

本章提要

我们在第三章研究了旅游需求的相关问题。在旅游市场上，除了旅游需求之外，旅游供给也是旅游经济活动最基本的因素之一，二者之间的矛盾运动构成了旅游经济活动的主要内容。旅游需求的满足得益于旅游供给活动。没有旅游供给，旅游者的需求将无法得到满足，也就不存在旅游市场。本章主要研究旅游供给的概念、特点，在此基础上进一步研究旅游供给规律和旅游供给弹性，并分析了旅游供给衡量的指标体系。

章首案例

贵州旅游供给能力提升①

经过"十一五"五年的发展，贵州省旅游供给设施出现了质的飞跃，景区(点)供给条件日趋完善、服务质量有较大提高，特色鲜明、文化独具的旅游产品丰富多样，游客出游的选择面越来越广、项目越来越多。

1. 一批高起点特色景点建成　游客玩的内容更多

经过五年的发展，目前，贵州省已完成了黄果树、赤水、梵净山等重点景区旅游基础设施建设，赤水丹霞申遗成功，洛湾生态体育公园等高起点生态度假项目加快建设，梵净山佛教文化苑、白云生态动漫主题公园、六盘水玉舍森林公园滑雪场等特色品牌，每年吸引游客上千万人次，贵州省乡村旅游收入达到 178 亿元，占旅游总收入的 16.78%。

2. 旅游商品日趋丰富　游客入黔购本土特色商品方便

已连举办五年的贵州省旅游商品两赛一会，全力推动贵州省旅游商品设计制作以及产销的全面发展，目前贵州省旅游商品年收入已达到 155.86 亿元，占旅游总收入比重的 19.27%，旅游商品已形成产业规模。旅游商品品种已达上千类数万个品种，一批旅游商品销售中心已经成熟，从而改变了贵州省旅游商品"短腿"经济的现状，为贵州旅游增添了吸引力要素。

3. 旅游信息服务平台建立　入黔游客咨询投诉有门

目前，贵州省借助三大电信营运商建立起 12301 信息平台，开通了旅游政务

---

①根据吴丹. 贵州旅游接待能力提升[N]. 贵州日报，2011－2－21 整理.

网,借助网络平台、电信平台,形成了有效的咨询、投诉、预定平台,不仅加大了贵州省旅游信息发布,也在平时和节假日让入黔游客咨询更加便捷,投诉更方便。

4.新媒介旅游推介方式　强力提升贵州旅游知名度

据了解,2010年,贵州省整合各地资源,首次在多个频道投放"多彩贵州·醉美之旅"集群广告;与国内的携程网、省邮政公司签署战略合同协议,全国加强市场营销和联合推广,推出贵州旅游局官方微博,利用新媒介宣传促销。同时,运用旅游大篷车促销,与南方卫视联合推出"冬游贵州十大理由"评选活动。这些新型的推介方式发挥了巨大的市场吸引效应,吸引了数以万计海内外游客"多彩贵州"游。

5.接待实力增强　提升游客满意度

据统计,截至2010年底,贵州省旅游定点车辆突破1000辆,旅游车全部安装GPS卫星定位仪;新增旅行社19家,总数达到260家,新增星级饭店43家,总数达到344家。接待实力进一步增强。

规范市场秩序,加强对旅游企业、旅游市场的监管。旅游安全、旅游接待实力在全国旅游调查中,被给予较高的评价,再次凸显贵州省安全接待满意度,同比提升了2.4个点。

问题思考

1.贵州通过哪些途径提升旅游供给能力?

2.贵州提升旅游供给能力有何好处?

第一节　旅游供给的概念和特点

与旅游需求一样,对旅游供给的认识也是从其概念和特点入手的。对于旅游供给的概念主要是从经济学供给的概念引申而来的。但是旅游供给却是一种特殊的供给,其原因是旅游产品不同于一般产品,它是特殊的综合的产品。

一、旅游供给的概念

经济学中供给的概念是指在一定时期内,在各种可能的价格下,生产者愿意而且能够提供的产品的数量。在旅游经济活动中,旅游供给是指在一定时期和一定价格水平下,旅游经营者愿意并且能够向旅游市场提供的旅游产品的数量。这里,旅游产品主要包括旅游资源、旅游设施、可进入性和旅游服务等旅游目的地向游客提供的一次旅游活动所需要的各种服务的总和。关于旅游供给的概念,需要从以下几点加以把握:

1. 旅游供给的目的是满足旅游需求

旅游供给与旅游需求是互相对应的一组概念。其中，旅游供给的存在是为了保证旅游需求得以满足，因此，旅游需求是旅游供给的客观依据和前提条件，旅游生产经营单位必须围绕旅游者的需求内容和需求层次等，安排具体的生产经营活动，使旅游供给的内容能够真正符合旅游者的实际需要。在现代旅游经济活动中，由于旅游市场的不断拓展，旅游供给也在不断地增加，旅游生产经营者在提供旅游产品的时候，必须对旅游需求的动向、内容、数量、层次等进行分析和预测，建立起一整套适应旅游活动需要的供给体系，以便提供旅游活动所需的全部内容。

2. 旅游供给必须是有效的供给

旅游供给必须是一种有效的供给，即必须是旅游经营者愿意并能够提供的旅游产品，是供给意愿和供给能力的统一。在旅游市场上，旅游产品的供给受多方面因素的影响，如旅游产品自身的价格、生产的成本、生产的技术水平、相关产品的价格等。首先，旅游经营者必须愿意提供旅游产品，这与旅游产品的价格水平有关。有时候旅游产品的供应者虽然具备生产的能力，了解市场的需求，但是由于价格太低，生产者就不会把产品提供出来。此外，有时候可能价格很合适，旅游生产者也愿意提供产品，但是由于生产手段和生产技术的限制，旅游产品暂时还是不能被生产出来。因此，为了更好地满足旅游市场需求，旅游供给必须是旅游供给意愿与供给能力相结合的供给，即有效的供给。

3. 旅游供给由基本旅游供给与辅助旅游供给两大类组成

根据与旅游需求的密切或相关程度，旅游供给可以分为两大类：基本旅游供给和辅助旅游供给。基本旅游供给是指直接针对旅游者的需求而提供的旅游产品。包括旅游资源、旅游设施和旅游服务等，是旅游供给的主要内容。辅助旅游供给是指为基本旅游供给提供支持和配套服务的基础设施和相关设施。包括旅游目的地的供水、供电、排污、电信、道路系统、银行、医院、治安管理机构等，其特点是主要面向当地居民。旅游者在旅行期间，由于不可避免地需要使用这些基础设施，因此，辅助旅游供给是开展旅游活动的必要保证，是旅游产品经营的必要条件，是构成旅游供给的重要内容。

二、旅游供给的特点

旅游产品是一种特殊的综合性产品，决定了旅游供给也是一种特殊的供给。与一般产品的市场供给相比，其特殊性主要表现在以下几方面：

1. 旅游供给的多样性

旅游供给的多样性是由旅游需求的多样性决定的。旅游供给的存在是以需求为前提的，由于旅游者的市场需求千差万别，决定了旅游供给必然具有多样性的特点。不仅涉及满足旅游者旅游过程中的食、住、行、游、购、娱，而且涉及许多相关的社会供应系统；不仅有有形产品的供给，而且还有各种无形服务的提供；不仅包含各种文化要素，而且还包括纯粹的自然要素。

2.旅游供给的地域固定性

地域固定性，又叫产地消费性，是旅游产品的一大特点，因此，旅游供给在地域上是不可移动的，只能是在固定空间上的产品供给。而旅游者要消费这些旅游产品，就只能通过流通环节，到旅游供给的产地进行消费。这使旅游产品的生产、供给规划与一般的产品存在很大的区别。一般产品的供给，可以通过运输方式调节，物流环节是规划要重点考虑的内容之一，而旅游产品的供给具有天然的地域分割特点，较少涉及物流环节，但是对于景点、景区的环境容量和承载力却是规划首先要明确的问题，它规定着未来旅游供给的数量和水平。

3.旅游供给时间的固定性

旅游供给的时间固定性，一方面是指其生产能力的发挥是附着在严格的时间维度上的，不存在生产能力的储存可能，不像制造业中的生产能力没有使用的时候，尽管也存在一定的自然损耗，但基本不会影响今后的利用。但是旅游经济的供给全然不是这样的，今天没有"开动"的生产能力就永远失去了今天的价值——这使得收益管理显得尤为重要。旅游供给的时间固定性还指供给数量变动的不可能性，供给一旦形成，不能在短期对旅游需求的变化做出及时反应，当需求扩张时，供给在短期内不能使数量有较大程度的扩张，需求缩小时，供给能力也不可能缩小。

4.旅游供给的持续性

一般的产品，当它被生产出来并提供给消费者之后，产品就从生产者手中发生了转移，当该类产品再次被需要时，生产者必须重新生产才能进行供给。而旅游产品的供给却不同，旅游产品即使被旅游者使用过，产品也不发生转移。因此，产品中的一些组成部分，如风景名胜区、宾馆、饭店等，一旦被生产出来就能在较长一段时间内持续供给，有的甚至可以永续利用。另外，旅游产品的供给是不能储存的，而且供给的数量在短期内很难变动。

5.旅游供给的关联性

旅游供给不是单一、孤立的行为，其各个组成部分是具有内在制约的关联特征的，是一个完整的体系。旅游供给涉及国民经济中众多的部门和行业；既有直接相关的部门和行业，又有间接相关的部门和行业；既涉及经济部门，又涉及非经济部门。可以说，旅游供给不是单一、孤立的行为，其各个组成部分具有内在制约的关联性特征，作为一个完整的供给系统，只有在整个供给系统中形成系统配套的生产能力才能真正发挥旅游供给满足旅游需求的作用。因此，系统供给能力的形成是各个部分供给能力耦合的结果，是市场协同的结果。

6.旅游供给的计量差别性

一般产品的供给，其供给量可以用每一单位的累加来计算。但旅游产品的供给却不同，是用旅游供给的服务对象——旅游者作为旅游供给的计量单位。旅游产品是一种综合性很强的产品，其构成部分中既有山岳、河流、建筑、交通工具等有形的物质实体，也有民风民俗、导游服务等无形的非物质部分，各种构成要素之间具有典型的异质性特点。此外，在旅游产品的每一次生产组合中，因为旅游者需求的不同，组合进来的产品要素也可能不相同。因此，旅游产品的供给不能用各种要素的累加来反映，也无法用综合旅游产品数量的累加来测度，只能用旅游者人数来表示，即用可能接待旅游者的人数反映旅游供给的数量及生产能力。

三、旅游供给的层次分解

旅游供给主要是指旅游目的地生产能力的供给，旅游目的地的各个旅游相关供给厂商都可以形成各自的生产能力，住宿企业可以有住宿业的生产能力，旅游交通企业可以形成旅游交通业的生产能力，旅游景区（点）企业可以形成旅游景区（点）行业的生产能力等。这些供给厂商形成的生产能力都可以是现有技术、现有制度和现有资源条件下的最大生产能力，即所谓的“边界旅游供给”（即生产可能性边界——供给者在其能力范围内可以提供的最大供给量）。“边界旅游供给”包括现实旅游供给和潜在旅游供给。由于资源配置的充分却非最优化，一定时期内实际形成的旅游供给即“现实旅游供给”总是少于边界旅游供给，存在可进一步挖掘的空间。

在现有制度、现有技术和现有价格条件下形成的现实旅游供给可以分解为有效旅游供给、替代旅游供给和滞存旅游供给，如图4－1所示。有效旅游供给就是指旅游供给厂商根据既定的生产技术和销售数量的限制，为达到最大利润所形成的与旅游需求相对应的供给，这部分供给能够在市场顺利完成交易。与旅游需求的层次分解相联系，也可以将旅游者主动调整后形成的旅游需求相对应部分旅游供给称为“有效旅游供给”。但是能够完成市场交易的并不一定与旅游者的意愿相吻合，旅游者由于在需求实现的过程中面临合意供给的数量限制，不得不与非合意供给进行交易，这部分非合意却完成了交易并产生了经济效益的供给部分，由于其实现的强制替代性特征，可以被称为“替代供给”。市场上还有一部分供给却没有这么幸运，由于其“货不对路”而无法完成市场交易，这部分供给不是由于供给厂商不愿销售而产生的滞存，因此可以称为“滞存旅游供给”。当然，由于信息不畅、供需时空错位、旅游者空间移动困难、关联供给能力的制约等其他原因致使供给厂商无法完成销售的供给可以称为“非意愿滞存旅游供给”，还有一部分滞存的旅游供给是因为旅游供给者有能力生产但故意不生产的可以成为“意愿滞存”这部分实际形成的旅游供给也不能全部进入流通。这种“意愿滞存”往往是有关供给厂商出于竞争的需要而采取的一种策略性行为。

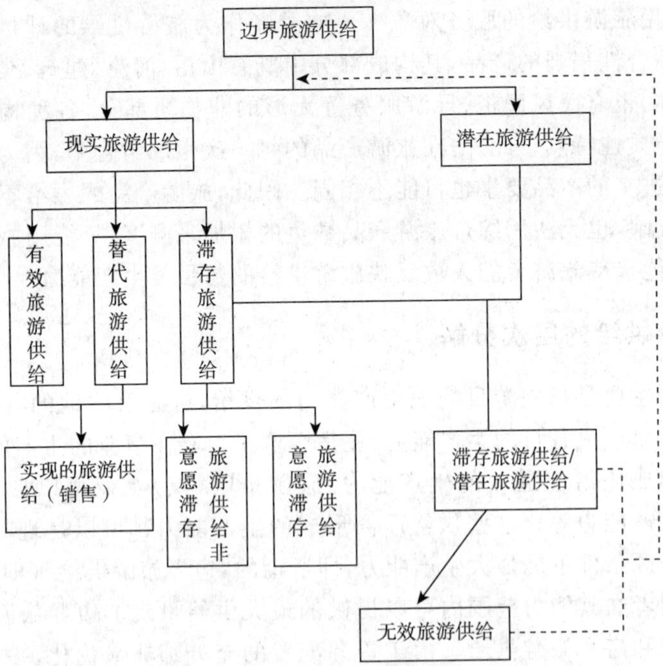

图4—1　旅游供给层次演讲关系

进行旅游供给的层次分解最主要的意义在于从理论上揭示旅游供给增量有效性和供给存量有效化对于旅游经济运行的重要意义:所谓供给增量有效性就是供给厂商新增加的生产能力应该是有市场实现空间的;所谓供给存量有效化就是尽量将滞存的生产能力通过各种手段和途径转化为旅游经济乃至国民经济的现实推动力量。

1.供给不同于销售

从图4—1中可以看出,只有替代旅游供给与有效旅游供给进入了旅游者的实际消费,只有提供这部分供给的厂商才能够实现价值的回归。因此,这里要明确地区别供给与销售的概念,明确树立“并非所有现实的供给都能进入旅游经济循环”的思想观念。市场上实际发生的交换就是购买与销售,它们服从所有传统的会计等式:供给实际上仅是供给厂商交换行为发生之前向市场发出的一种信息,是其交换愿望的最初表示而已。

2.替代供给实现的非稳定性

从示意图中可以看出,并非实现了的旅游供给都是有效旅游供给,完成市场交易的旅游供给是替代旅游供给和有效旅游供给的加总。但这是两种不同性质的供给。替代供给具有实现的不稳定性,比如由于三星级饭店在旺季时无法满足旅游者的需求,从而使得一些四星或二星饭店的客房成功售出,但是一旦旅游地的三星饭店建设得到发展，这些二星、四星的饭店就可能再次沦为少人问津的供给。忽略了强制替代供给的存在，忽视了强制替代供结实现的非稳定性，则极易被"虚假繁荣"——比如二星或四星饭店的火爆销售的"假象"——所迷惑，从而导致旅游供给能力的过度扩张，形成无效供给增加、有效供给不足的局面，我国旅游经济发展过程中的观光型饭店和商务型饭店、观光型旅游产品与参与型旅游产品的反差就是这种情况的真实反映。同样的，在没有认清强制替代旅游供给内涵的情况下，盲目削价竞争显然是无效的，这或许是有关旅游经营者屡屡削价却未见经营好转的根源之一。

3. 无效供给退出困难

尽管滞存供给中有一部分是无效供给，但是由于旅游供给自身的特征以及在特定产权制度下(如负赢不负亏的国有性质的供给)，这部分无效旅游供给还会很长一段时间内在市场上存在，具有存在的长期性，比如，有些旅游饭店已经严重亏损，但是由于存在各种退出壁垒，会长时间地存在于旅游饭店市场，并将对供给市场的竞争有效性产生负面影响，成为削价竞争的根源之一。

第二节 旅游供给规律

旅游供给受社会、经济、政治等多方面因素的影响。而旅游供给的影响因素又是研究旅游供给规律的基础。虽然如此，但是我们一般从价格的角度分析旅游供给规律，因为旅游产品的价格是影响旅游供给的决定性因素。

一、旅游供给的影响因素

除了价格以外，影响旅游供给的因素主要有以下几个方面：

1. 旅游资源

资源状况会给旅游供给造成两个方面的影响：一是旅游供给的方向和内容；二是旅游供给的数量和规模。旅游资源是旅游产品的主要内容，一个国家或地区可以提供什么样的旅游产品，首先是由这个国家和地区可供开发的旅游资源状况决定的。有了旅游资源的开发，才能为旅游产品的其他构成成分提供发展的空间。因此，一个国家或地区旅游资源的种类、品位和特色等，决定了这一个国家或地区旅游供给的主要内容。

2. 社会经济发展水平

旅游业不仅是一项综合性经济产业，也是一项依赖性很强的产业。一个国家或地区的社会经济发展水平直接影响着旅游供给的数量与质量。旅游供给的很多内容都依赖于社会经济发展所能提供的物质条件。发达国家由于经济实力雄厚、科技水平高，具有提供旅游供给的硬件和软件实力，只需较小的投入就可以迅速扩大旅游供给规模，提高旅游供给的质量，在较高层次上满足旅游者的需求，获得较高的旅游者满意度，从而使旅游业较顺利地进入到一个良性循环中。发展中国家由于发展水平低、基础设施薄弱、生产手段落后，若要开发旅游资源、扩建旅游设施、增加旅游供给量，必须投入大量的人力、财力和物力。因其能够提供的服务和设施有限，限制了旅游供给在规模和质量上的迅速发展。

3. 政府的政策

旅游目的地国家或地区的政府，对旅游业的认识、观念以及所制定的各项有关政策和措施，对发展旅游业有重要的影响作用。这些政策和措施包括税收政策、投资政策、信贷政策、价格政策等。不同的国家在发展旅游业的历程当中，都采取过相应的政策和措施来刺激或减少旅游供给。实践表明，政府的旅游方针和政策，不仅对一个国家和地区旅游供给的总量有宏观的调控作用，而且，还会直接影响到旅游供给的方向、品种和质量。

4. 环境容量

旅游资源的环境容量决定了旅游供给的规模和数量。这是因为旅游资源是在一定的自然和社会条件下形成的，具有一定的空间容量，即一定的环境容量，因此，旅游资源的开发利用并不是无限的。对旅游资源的合理利用，必须把旅游者的活动控制在旅游资源和环境能够承载的范围内。环境容量包括自然环境容量和社会环境容量，它决定着旅游供给的规模和限度，如果不顾旅游地的自然条件和社会状况，超量接待旅游者，必然造成自然环境和社会环境的破坏，引起当地居民的不满，甚至给旅游地带来众多的社会问题，导致旅游产品质量的下降。

5. 旅游生产者、经营者的心理预期

除上述客观因素外，旅游生产者、经营者的心理预期对旅游供给也有一定的影响，如果旅游生产者、经营者对旅游业的前景看好，他们就会增加旅游供给；如果旅游生产者、经营者对旅游业的前景看淡，他们就会减少旅游供给。当然，旅游生产者、经营者的心理预期等主观因素归根结底也是由客观条件决定或制约的。

二、旅游供给规律

旅游供给规律的基本内容是：在其他条件不变的情况下，在某一特定时间内，某旅游产品的供给量与该旅游产品的价格呈同方向的变化。即在其他条件不变的情况下，旅游产品的价格提高，旅游供给量就会增多；旅游产品的价格降低，旅游供给量就会减少。这种关系可用图 4－2 来表示。

图 4－2 中，曲线 S 是旅游供给价格曲线，P_0、P_1、P_2 代表不同的旅游价格，Q_0、Q_1、Q_2 代表不同的旅游供给量。当旅游产品价格为 P_0 时，旅游供给量为 Q_0；当旅

游产品价格上涨到 P_1 时，旅游供给量增加到 Q_1；当旅游产品价格下跌到 P_2 时，旅游供给量就减少到 Q_2。也就是说，如果其他因素不变，那么旅游的价格变化将会导致旅游供给量沿所示曲线移动。因此，旅游供线曲线 S 是一条向右上方倾斜的曲线，表示旅游供给量与旅游产品价格呈正比关系。

关于旅游供给量与旅游产品价格之间的关系，还有以下三方面要注意的内容：

1. 旅游供给量在一定条件下的相对稳定性

旅游供给量与旅游产品价格的同方向变化并不是无限制的。也就是说，旅游供给能力在一定条件下是既定的。在旅游供给能力的制约下，旅游供给量不能随着旅游产品价格的变动无限变动。例如，某一旅游景区，其空间容量是一定的，一旦达到旅游供给能力的极限，即便旅游门票的价格再高，旅游供给量也不可能会再增加，这种关系如图 4—3 所示。

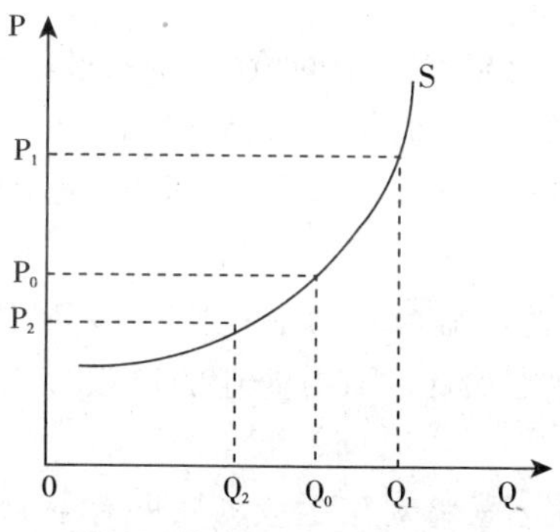

图 4—2 旅游供给价格曲线

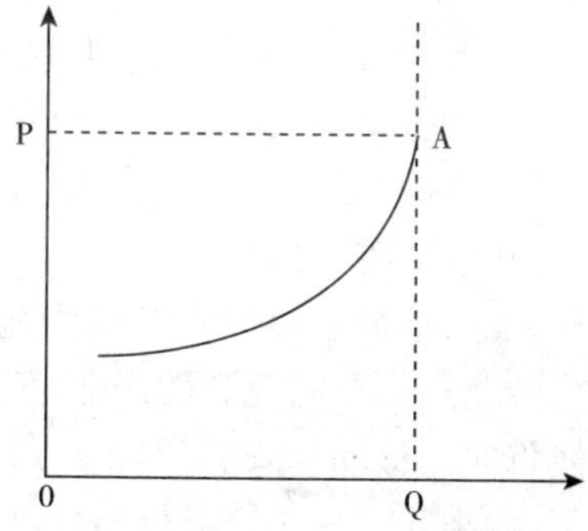

图 4—3 旅游供给价格的稳定关系

在图 4—3 中，当旅游供给量小于 Q 时，旅游供给量将随旅游产品价格的变化呈同方向变化；当旅游供给量达到 Q 以后，即点 A，受旅游供给能力的限制，即使价格 P 提高，旅游供给量都不会发生变化。

2. 旅游供给曲线跳跃性变化

价格与供给之间的关系表现出跳跃性，如图 4—4 所示，当价格上升到一定程度以后，供给无法继续扩大；当价格下降的时候，供给表现为跳跃性地减少。比如，在一个价格区间，价格的下降不会导致住宿供给的数量变化，但是当价格突破这个价格区间时，就会出现企业的亏损，只要这些企业是真正的自负盈亏的市场主体，则某些企业将会倒闭，住宿供给数量呈现跳跃性变化。

3. 旅游供给曲线的移动规律

如上所述，旅游供给变化不仅受到旅游产品价格的影响，也受其他各种因素的影响。如果其他因素不变，旅游产品的价格变化将导致旅游供给量沿着供给曲线 S 发生移动。在价格既定的条件下，如果其他因素发生变化，则会导致供给曲线 S

向左或向右的水平移动。这种移动如图 4－5 所示。

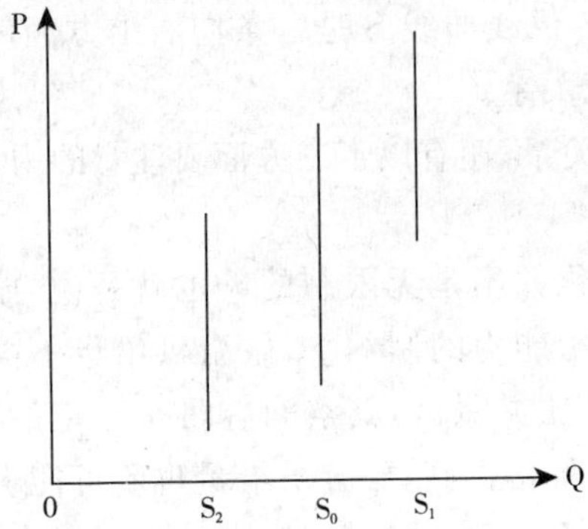

图 4－4 旅游供给价格的跳跃性

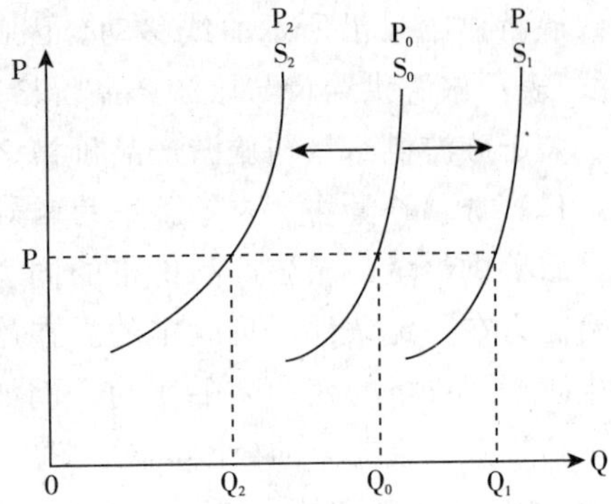

图 4－5 旅游供给曲线的移动

图 4－5 中，曲线 S_0 为原供给曲线，在保持价格 P 不变的情况下，如果旅游产品的生产成本降低，整个供给曲线 S_0 便会向右移到 S_1，而供给量也增加到 Q_1；如果旅游产品的生产成本提高，整个供给曲线 S_0 便会向左移到 S_2，而供给量也减少到 Q_2。例如，厂商相信随着人们收入的增加，会有更多的人选择旅游的方式来丰富知识、修身养性，那么他们会增加旅游供给能力，从而使旅游供给曲线向右移动；如果政府发现旅游业是一个高盈利的产业，因此决定增加针对旅游企业的税收，那么旅游供给曲线将向左移动，如此等等。

总之，如果除了旅游产品价格以外的其他因素将对旅游业的发展有益，则长期旅游供给曲线将向右移动，如果发生对旅游业不利的变化，则长期旅游供给曲线将向左移动。

第三节 旅游供给弹性

第三章第三节就旅游需求的相关弹性进行了讨论，本节就旅游供给弹性进行讨论。旅游供给弹性是指旅游供给对各种影响因素变动的反应程度。这里重点要讨论的是旅游供给价格弹性。

一、旅游供给价格弹性

旅游供给价格弹性是指旅游供给量对旅游产品价格变动的反应程度，而测量这一变动反应程度的尺度是旅游供给价格弹性系数，具体是指旅游供给量变化的百分数与旅游产品价格变化的百分数之比。由于旅游供给量与旅游产品价格的变化方向相同，所以旅游供给价格弹性系数始终表现为正值，其计算公式如下：

点弹性：

$$E_{SP}=\lim_{\Delta P\to 0}\frac{\frac{\Delta Q}{Q}}{\frac{\Delta P}{P}}=\lim_{\Delta P\to 0}\frac{\Delta Q}{\Delta P}\cdot\frac{P}{Q}=\frac{dQ}{dP}\cdot\frac{P}{Q} \tag{4-1}$$

弧弹性：

$$E_{SP}=\frac{\frac{\Delta Q}{Q}}{\frac{\Delta P}{P}}=\frac{\Delta Q}{\Delta P}\cdot\frac{P}{Q} \tag{4-2}$$

弧弹性的中点公式：

$$E_{SP}=\frac{\frac{\Delta Q}{\frac{Q_1+Q_2}{2}}}{\frac{\Delta P}{\frac{P_1+P_2}{2}}}=\frac{\Delta Q}{\Delta P}\cdot\frac{P_1+P_2}{Q_1+Q_2}=\frac{Q_2-Q_1}{P_2-P_1}\cdot\frac{P_1+P_2}{Q_1+Q_2} \tag{4-3}$$

式中，E_{SP}表示旅游供给价格弹性系数；Q_1 表示期初旅游供给量；Q_2表示期末旅游供给量；P_1 表示期初旅游产品价格；P_2表示期末旅游产品价格。

根据旅游供给价格弹性系数 E_{SP}值的大小，可以将弧弹性区分出以下五种情况：

当 $E_{SP}>1$ 时，表明旅游供给富有弹性。此时，旅游价格的微小变化，便会引起旅游供给的大幅增减，而旅游供给曲线则显得较为平坦。

当 $E_{SP}<1$ 时，表明旅游供给缺乏弹性。此时，旅游价格的变化，只会引起旅游供给较小幅度的增减，而旅游供给曲线则显得较为陡峭。

当 $E_{SP}=1$ 时，表明旅游供给量与旅游价格的变化程度相一致，旅游供给具有单位弹性或单一弹性，而旅游供给曲线表现为一条正双曲线。

当 $E_{SP}=0$ 时，表明旅游供给完全缺乏弹性或无弹性，供给曲线是垂直于横轴的一条直线。此时，无论价格怎样变动，旅游供给都不发生变化。

当 $E_{SP}=\infty$时，表明旅游供给完全富有弹性，供给曲线是平行于横轴的一条直线。此时，在既定的旅游产品条件下，旅游供给量可以任意变化。

二、短期旅游供给弹性和长期旅游供给弹性

旅游供给量对价格的反应需要区分短期和长期（见图 4－6）。短期旅游供给弹性总的来说比较小，而长期旅游供给弹性相对较大。这是因为短期内旅游供给增加困难，其原因主要有以下几个方面：旅游供给的增加涉及资源开发、设施建设、人员补充等，存在一定的时滞性；有效旅游供给的扩大受到环境容量和社会合作等多方面因素的制约；旅游设施一般有较强的资产专用性，退出壁垒较高。但是，在

较长时期内，如果旅游价格保持上涨，旅游经营者就能够稳定增加旅游基本设施，扩大旅游产品的供给基础，引起旅游供给量较大幅度的增长，因而旅游供给弹性往往较大。

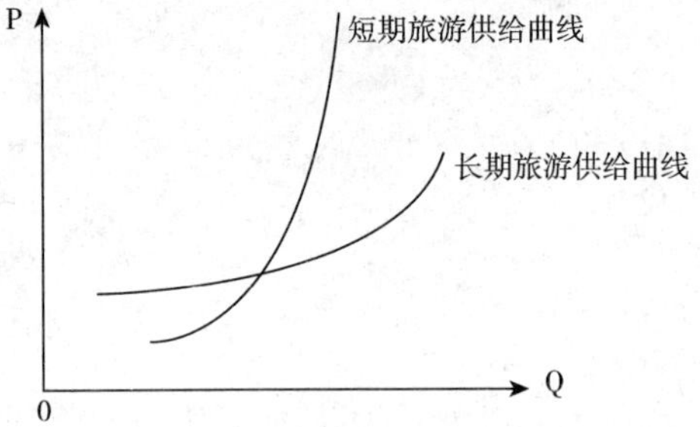

图 4－6　短期和长期旅游供给曲线

第四节　旅游供给衡量指标体系

旅游产品的构成具有综合性、多要素的特点，其供给是由旅游景区、交通、住宿、娱乐等多个行业和部门共同参与来完成的。在分析旅游目的地供给能力的大小时，使用某个单一的内容或指标是无法对旅游供给进行全面衡量的。在实践中，人们一般是通过构建旅游目的地的承载力指标体系并利用该指标体系来对目的地的最大供给能力进行评价，这一指标体系通常要涉及旅游目的地的生态环境容量、旅游资源容量、游客心理容量、社会经济容量等具体内容。

一、旅游地容量的基本涵义

从起源来看，旅游地容量的概念是从地理学的环境容量延伸来的，在许多研究文献中，却将旅游地容量与旅游容量混为一谈。其实两者具有本质上的区别。从概念属性分析，旅游容量是一个行业概念，是旅游产业承载力的问题；旅游地容量则是一个空间概念，是旅游地的承载力的问题。两者虽有联系，但在研究对象上有着根本的不同。旅游容量是从整体旅游产业的角度出发来研究旅游综合接待能力，它既包括了旅游地容量，也包括了通往旅游地的各种交通容量以及服务容量，是一个全行业的概念；而旅游地容量则是从一个具体的旅游目的地出发，来研究这个地区由旅游资源和地面设施组成的接待能力，是一个地区概念。

既然旅游地容量概念是从地理学中生态环境研究中延伸出来的，那么对此概念的理解就不能不受到生态环境方面的影响。根据世界旅游组织对旅游地容量的解释，旅游地容量是指提供使旅游者满意的接待并对资源产生很小影响的条件下，所能进行旅游活动的规模。按照这个定义，旅游目的地容量用接纳旅游者人数来表示，也与旅游目的地的开发强度具有一定的关系，是以环境为中心来展开旅游地容量研究的，因此，这种解释可以说是从环境容量的角度来认识旅游目的地容量。

既然旅游活动是一种人与环境的结合，那么旅游容量也必然受两个方面决定，一个是旅游地环境性质与结构；另一个是旅游活动性质与结构；同时，旅游活动不仅对环境有影响，而且对社会、经济也会产生影响。既然容量问题是一个旅游地接待旅游者的规模以及由此而产生的对当地社会和经济作用的数量问题，那么，对旅游目的地容量的认识，就不能简单地以环境标准作为统一标准来定义旅游容量，它可能是包括环境、经济、社会等多种标准的集合。旅游地不仅仅是一个环境问题，同时也是一个旅游经济系统，旅游容量作为一个全面反映旅游地旅游活动的一个综合性指标，仅仅用环境标准来说明这样一个特定空间内的旅游经济系统，是难以全面把握旅游地容量的内容的。“把旅游容量简单地看作任何一个具体方面的容量都是不妥当的，旅游容量应是一个概念体系，它只是这些具体容量概念的通称。”①

二、旅游地容量体系

旅游目的地作为一种综合的社会、经济、环境和文化的空间现象，那么旅游地的容量认识也是多方面的，这是形成旅游地容量体系的关键。就旅游容量的界定而言，至少需要满足以下条件：不能过度利用，从而保证自然生态具有自我更替能力；应该充分考虑旅游者的旅游经历质量，保持合适的满意度；考虑旅游发展与其他产业发展的配套水平和当地社区对发展旅游的反应，将当地社区从发展旅游中获得的利益与为发展旅游所付出的代价的比例保持在一个恰当的水平。

因此，根据对旅游地旅游活动的考察或者研究的主体不同，旅游容量的简单构成体系应该包括生态容量、经济容量、物质容量、心理容量、社会容量（基于旅游者的社会容量和基于当地社区居民的社会容量）。其中生态容量、经济容量是基于供给角度的容量度量，而物质容量、心理容量则主要是基于需要角度的容量度量。

正因为旅游地的旅游活动涉及各种现象，影响着活动中的不同利益主体，才会有旅游地容量划分的限制标准，而这些标准的限制无非是对不同利益的体现和强调。

不可否认，在一个旅游地里，旅游活动以及由此而形成的旅游经济活动会产生大量的冲突。比如旅游活动与自然生态环境的冲突、旅游者的活动与当地居民生活的冲突、旅游经营者的活动与当地其他经济生活的冲突、旅游者与旅游者之间的

①楚义芳. 旅游的空间经济分析[M]. 西安：陕西人民出版社，1992：108.

冲突等。冲突现象是必然存在的,我们确定旅游地的各种容量就是在一定程度上减少旅游活动过程中的各种冲突,使旅游地的社会、经济与环境达到一定的平衡状态。从这个意义上说,旅游地容量是受社会、经济与环境限制的一个综合概念,对其可定义如下:旅游地容量是在不破坏和改变旅游地生态环境下,在不明显降低旅游者旅游质量和当地居民生活质量的前提下,旅游地所能容纳旅游者的最大数量。

1. 生态环境容量指标

由于旅游地的旅游活动离不开特定的自然生态环境,是在特定环境下进行的,就必然会产生一个生态容量问题。因此,生态容量是从自然生态环境出发来考察旅游活动的影响的,"立足于当地原有的生态环境,考察自然环境对于旅游场所产生的旅游污染物能够完全吸收与净化"①,是从生态环境净化和吸收能力的角度来认识旅游地容量的。

旅游目的地的生态环境容量,是指接待旅游者或容纳旅游活动的数量极限,超过这一极限,旅游活动将对生态环境产生不利的影响。研究人员通过观察发现,旅游者进入任何旅游目的地后,他们在食、住、行、游、购、娱等各方面的消费,直接或间接地都会产生一定的废水、废气和固体垃圾,并对环境造成负面的影响和破坏。因此,人们可以通过分析旅游者所产生的污染物同环境自净能力、人工治理污染能力之间的关系,大致测算出旅游目的地的生态环境容量。其计算公式如下:

$$C_e=\frac{\sum_{i=1}^{n}N_iS+\sum_{i=1}^{n}Q_i}{\sum_{i=1}^{n}P_i} \tag{4—4}$$

其中,C_e表示旅游地生态环境容量;N_i表示旅游地单位面积对i种污染物的日自净能力;S表示旅游地总面积;Q_i表示旅游地每天人工处理i种污染物的能力;P_i表示平均每个旅游者每天产生污染物的数量。

2. 旅游资源容量指标

旅游物质容量一般又称旅游设施容量。Edward Inskeep(1989)认为旅游地容量不仅包括环境的承受能力,而且还应该包括地区旅游接待能力。该容量的量度主要根据每个游人的空间要求(平均)与特定资源或旅游设施之间的比值关系。假如要计算某海滩的物质容量,则可以用该海滩的总可用面积除以游客人均的适度平均空间量值可得。在这里主要介绍旅游资源容量。

旅游目的地的资源容量是指在保持旅游活动质量的前提下,旅游资源所能容纳的最大旅游者人数或旅游活动量,也是旅游资源可持续利用的最大边界线。对旅游资源容量的测算,主要针对的是已经开发的旅游景区,一般有面积法和线路法两种测定方式。

①邹统钎.旅游度假区发展规划[M].北京:旅游教育出版社,1996:75.

面积法是基于旅游景区的空间面积和人均游览空间标准（不同类型的旅游地其标准不一致，可参考世界旅游组织的规定）计算其日容量的方法，具体计算公式如下：

$$C_{r1}=\frac{S_a}{S_b}\times R \qquad (4-5)$$

其中，C_{r1} 表示旅游景区日容量；S_a 表示旅游景区游览规模（平方米）；S_b 表示旅游景区游览空间标准（平方米/人）；R 表示游客周转率（每天开放时间/每个游客滞留时间）。

线路法是基于旅游景区的游路长度和人均标准游览距离计算其日容量的方法，具体计算公式如下：

$$C_{r2}=\frac{2L}{I}\times R \qquad (4-6)$$

其中，C_{r2} 表示旅游景区日容量；L 表示旅游景区游览线路总长度（米）；I 表示旅游景区游览线路间距标准（米/人）；R 表示游客周转率。

3. 游客心理容量指标

游客心理容量是指旅游者在旅行和游览途中能够获得舒适感和满意度的极限游客接待量。这一指标可以通过对游客的问卷调查加以测试，也可以凭经验进行估计，还可以参考其他国家的标准或者表 4－1 中的国际标准。

表 4－1　旅游活动基本空间标准

旅游活动及场所	世界旅游组织标准（WTO）		旅游活动及场所	世界旅游组织标准（WTO）	
	基本空间标准（m^2/人）	单位空间合理标准（人/公顷）		基本空间标准（m^2/人）	单位空间合理标准（人/公顷）
森林公园	667	15	滑雪场	100	100
郊区公园	143～667	15～70	滑水	677～2000	5～15（水面）
乡村休闲地	50～125	80～200	垂钓	333～2000	5～30（水面）
高密度野营地	16～33	300～600	徒步旅行	—	40
低密度野营地	50～167	60～200	赛场（参观）	25	40
高尔夫球场	677～1000	10～15	野外露营	33	300

资料来源：世界旅游组织标准. 转引自李贻鸿. 观光事业发展：容量·饱和. 台湾：淑馨出版社，1986.

4. 社会经济容量指标

一方面，旅游地的活动是在特定的经济环境下进行的，它也离不开当地的经济条件。同时，旅游活动也会对当地的经济活动产生诸多的影响。因此，经济容量是从特定区域内经济环境的约束条件以及旅游活动对当地经济影响的角度出发来研究旅游地的容量的。另一方面，由于旅游活动既是旅游者的一个消费活动，也是一个与当地居民交往活动，因此，旅游地的旅游规模也必然会影响到旅游者的利益和当地居民的利益，而社会经济容量或者心理容量无非是从旅游者利益出发或者是从当地居民利益出发来研究旅游地容量的。

旅游目的地的社会经济容量，是指一定时期内旅游地社会经济发展程度所决定的、能够接纳的游客人数和活动量。超过这个限量会引起旅游目的地居民对旅游者和旅游活动的反感，带来一系列社会经济问题，甚至可能导致旅游地居民和外来游客的对立与冲突。对旅游地社会经济容量的测定是一个比较复杂的问题，一般通过测算目的地的住宿能力或食品供应能力来反映。计算公式如下：

$$C_h = \frac{\sum_{i=1}^{n} F_i}{\sum_{i=1}^{n} D_i} \qquad (4-7)$$

其中，C_h表示旅游地社会经济容量；F_i表示第 i 类食物或住宿设施的日供应能力；D_i表示每个旅游者平均每天对 i 类食物或住宿设施消费能力。

三、旅游地容量的决定因素

旅游地容量是一个受多种因素限制的综合概念，旅游地容量由旅游地的类型、旅游需求特征、旅游地空间结构和经济结构等多方面因素决定。

旅游地容量往往与旅游目的地的类型以及它所开展的旅游活动类型有一定的关系。由于旅游目的地的旅游资源类型不同，在此基础上开展的旅游活动类型不同，人们对旅游目的地的容量要求也不同。特别是对于旅游者来说，人们对观光型旅游地与度假型旅游地容量的认同标准是不一样的：相对于观光型旅游地，度假型旅游地的游客密度小，度假者才能获得较高的旅游效用，因此，当两个旅游地面积相等时，度假旅游地容量要小于观光旅游地容量。即便在两个面积相当的观光旅游地中，不同观光类型的旅游地对容量要求也是不尽相同的：对于具有自然景观性质的观光地，其旅游地容量要小于具有人文景观性质的观光地。从这一点出发，人们对旅游地容量的认识往往是从旅游地的性质和特点出发的。

旅游地容量也与旅游者需求特征相联系。旅游者需求特征主要包括旅游者社会经济特征和旅游行为特征两个方面。从旅游者的社会经济特征来说，主要有旅游者的年龄、性别、收入水平、职业等各种社会经济变量；从旅游者的旅游行为来说，主要包括旅游者的出游动机、旅游类型、停留时间、旅游期望等行为变量。具有不同社会经济特征和旅游行为的旅游者对旅游地容量的认识是不同的。对于那些出于娱乐目的而出游的旅游者来说,他对旅游地拥挤的容忍程度要远远大于出于休养放松目的的旅游者,而那些在旅游地停留较长时间的旅游者则要求较小旅游地的容量。因此,人们对旅游地容量的认识也是从自己的社会经济特征和旅游行为的角度来认识的。

旅游地往往是与一个特定的经济地区融为一体的,除了少数旅游地之外,旅游地通常具有满足旅游者旅游需要和满足当地居民生产与生活需要的双重功能。因此,旅游地容量也与这个地区的社会经济结构有着重要的关系。如果旅游地是一个具有多种功能的城市,那么,旅游地所依赖的自然环境和旅游资源,不仅要满足外来旅游者的旅游需要,也要满足当地居民的日常生活需要。如果这个旅游地具有目的地和客源地双重空间经济特征时,那么,旅游地既要满足外来旅游者的旅游需要,同时还要满足当地居民的旅游需要,这时,具有双重空间经济特征的旅游地容量一般要小于单项经济特征的旅游地容量。

旅游地容量还与旅游地的空间结构具有某种联系,空间结构主要表现为旅游地的极化现象和扩散,旅游地容量大小决定于旅游地的极化状态和扩散状态。我们所说的旅游地极化是旅游地的外围向旅游地中心移动的过程,如果一个旅游地的旅游活动向区内某旅游中心形成了向心极化,旅游地内的旅游活动越来越集中在某一空间点时,旅游地的总体容量必然会出现缩小现象。相对于旅游地的极化,旅游地的扩散是由极化中心向外围移动的过程,这时,旅游区内的旅游活动不仅仅集中在区内一个特定的中心点上,而是由极化中心向四周扩散,形成多个旅游中心,主要表现为由区内旅游中心向近郊或远邻地区扩散,从一个景点景区向多个景点景区扩散。在这种情况下,由于旅游活动不是相对集中在一个特定的活动点上,而是在旅游地更大的范围内,旅游地容量也必然会随着这种扩散而增大。

章尾案例

三亚高星级酒店多了吗①

2012 春节"黄金周"三亚社会餐馆宰客事件,引发了公众对三亚旅游环境的全面批评,高星级酒店也不能幸免。其实舆论对三亚高星级酒店建设过多和春节高房价的批评由来已久。与此同时,有人提出三亚作为一个城市,酒店体系应该是"三角形"的观点,认为高端的永远是最少的。对于这种三角形酒店体系的说法,究竟合理与否?

三亚的高星级酒店主要集中在亚龙湾、大东海、三亚湾和海棠湾。据不完全统

①根据吴晓梅.三亚高星级酒店多了吗[N].中国旅游报(数字报),2012—2—27:2 整理.

计，目前，在这几个区域已开业和在建的五星级酒店达六十多家。

三亚高星级酒店如此之多，有其历史原因。1992年，亚龙湾成为中国首批12个国家级旅游度假区之一，一期规划以建设高星级酒店为主体；1996年1月1日，"中国度假休闲游"旅游年开幕式在新落成的亚龙湾中心广场举行，让已经兴起的高星级度假酒店建设的热情再次高涨。同年，三亚首个五星级度假酒店凯莱饭店建成开业。2009年在国务院颁发《关于推进海南国际旅游岛建设发展的若干意见》前夕，三亚海棠湾曾在一天内有10家五星级酒店同时开工，涌向豪华酒店的一股股资本热浪几乎不可阻挡。由此掀起过"海南岛已成酒店岛"的热议。

那么，三亚高星级酒店的营业状况究竟如何？三亚高星级酒店多了吗？

业内衡量酒店业绩的重要指标是年平均出租率和平均房价以及每间客房的收益率。一般来说，如果一家酒店年平均出租率低于60%，房价也低于本地区同档次酒店，基本可以断定是要亏损的；达到60%以上，能够保本或微利；达到70%以上，饭店才能盈利。所以光看旺季或淡季还不行，要看它一年的平均业绩。

2012年春节期间，三亚高星级酒店标间客房平均每天价格为3636元/间，平均出租率为80.48%。毫无疑问，三亚各酒店春节期间赚得盆满钵溢，那么这些酒店年平均出租率和房价又是怎样的呢？据三亚丽兹—卡尔顿（五星）酒店的统计，2010年该酒店平均出租率是84%，平均房价是2800元；三亚金棕榈酒店（五星）、银泰度假酒店（五星）2011年的平均出租率分别达到了75%和90%。这几家酒店可能代表不了三亚全部高星级酒店的经营状况，却可以管中窥豹：虽然酒店市场竞争激烈，但各家酒店还都过得不错。

由此可以看出，三亚高星级酒店扎堆儿，自有其合理性。高星级酒店数量多少是由市场需求来决定的。

案例分析 "三亚高星级酒店多了吗"这一问题，实质上包含供给层次和供给多少两个问题。供给层次问题涉及"建高星级酒店"，还是"建一般层次的酒店"的问题；供给多少问题涉及"酒店数量是多于市场需求"，还是"少于市场需求"的问题。

那么，为什么三亚需要的是高星级酒店，而不是一般层次的酒店呢？

一个国家或地区旅游资源的种类、品位和特色等，决定了这一个国家或地区旅游供给的主要内容。随着人们收入水平和闲暇时间的增加，旅游者的出游目的从观光旅游逐渐向休闲度假转变。三亚旅游业的发展定位正好与这一转变相符合——海岛度假型旅游区。三亚作为中国唯一的热带滨海旅游城市，具有地位特殊、自然资源垄断的优势。再加上，2010年1月4日，国务院《关于推进海南国际旅游岛建设发展的若干意见》的颁发，更是推动了三亚海岛度假型旅游区的发展和建设。

三亚作为海岛度假地，以高星级酒店建设为主体，在国际上甚至国内一些热门度假区都不是个案。夏威夷、巴厘岛、普吉岛等地的豪华酒店都占了很大比重。像马尔代夫，由1200多个岛屿组成，一个岛屿就是一个酒店，这些都是高档酒店，而且各具特色。2011年，中国游客数量占到了赴马尔代夫旅游总人数的22%，成为该国第一大客源，并且几乎是其第二大市场英国的两倍。因此，三亚在酒店建设中以高星级酒店为主有其合理性。

一个城市或地区高星级酒店数量多少，归根结底要由市场来做决定。通过酒店业绩的重要指标——年平均出租率和平均房价，我们可以看到，三亚的高星级酒店2011年的以上指标都超过了盈利值，经营状况良好。因此，三亚的高星级酒店目前还处于"供不应求"的状态。

虽然如此，三亚在高星级酒店快速发展的同时，也要注意建设的速度。因为酒店作为旅游产品，当市场上供过于求现象比较严重时，由于存在各种退出壁垒，无效供给退出非常困难。这就将对三亚的高星级酒店供给市场的竞争有效性产生负面影响，也可能成为削价竞争的根源之一。同时，三亚在酒店建设过程中，不要过分追求高档豪华，应注重突出酒店的特色，避免出现同质化竞争，只有在酒店管理水平和服务质量上下工夫，才能使酒店的各项绩效指标得到有效提升。

思考题

1. 什么是旅游供给？其有哪些特点？
2. 阐述影响旅游供给的因素。
3. 分析说明旅游供给的规律性。
4. 什么是旅游供给价格弹性？旅游供给价格弹性系数有哪几种情况？
5. 简述旅游供给指标体系。

第五章　旅游市场

本章提要

市场是生产力发展、社会分工深化的产物，属于商品经济的范畴。“市场”一词多年来逐渐有了多重涵义。从狭义上来讲，市场是从事物品买卖的交易场所或接洽点。一个市场可以是有形的交易场所，也可以是利用现代化通讯工具进行物品交易的接洽点。而从广义上来讲，市场不仅是商品交换的场所，也是整个交换过程中各种经济关系的总和。市场不仅体现着商品交换过程中各经济主体之间的关系，而且还体现在商品流通过程中发挥促进或辅助作用的一切机构、部门和商品交换双方之间的关系。本章在对旅游市场基本问题介绍的基础上，分析了旅游市场的供求关系和竞争，并对市场上最关键的价格因素的控制进行了阐述。

章首案例

四大在线旅游网垄断90%在线机票份额　短时间内难打破①

“终场决战”似乎成了这一季互联网行业的流行语，在线旅游市场也不例外。虽然整个市场依然保持着50%以上的大幅跨越，不过留给“小玩家”们的空间却反而越来越小。根据艾瑞咨询监测数据，去哪儿、酷讯旅游网、淘宝旅行、携程“四大天王”手握90%在线机票份额，报告坦言“这一‘垄断’的壁垒在短时间内很难打破”。

据艾瑞咨询发布的《在线旅游媒体价值研究报告》显示，2010年我国在线旅游市场交易规模达到1037.4亿元，同比增长58.0%，呈高速增长态势。根据2010～2011年第一季度的数据显示，占据在线旅游产品一般份额的中国在线机票服务已长期被去哪儿、淘宝旅行、携程、酷讯旅游网四大在线旅游网站占据90%的市场份额，出现“寡头垄断”的态势。据艾瑞预测，未来四年中国在线旅游市场交易规模仍将保持高增长，增速维持在45%左右，预计到2014年，按照正常预估，中国在线旅游市场交易规模将达到4516.3亿元。而在所有在线旅游产品营收比重中始终维持在40%～50%的机票服务，其巨额的市场规模及宽广的发展空间，吸引众多互

①钟啸. 四大在线旅游网垄断90%在线机票份额　短时间内难打破[N]. 南方日报，2011－10－25：A08.

联网企业纷纷涉足这一领域，市场竞争之激烈程度已不言而喻。

问题思考

1. 四大在线旅游网的“寡头垄断”的态势是怎样形成的？
2. 要立足于在线旅游市场，互联网企业应采取哪些措施？

第一节　旅游市场概述

任何一种交易物品都是一个市场，旅游市场也不例外。随着生产力的发展和社会分工的深化，旅游活动逐渐商品化并进入市场。出现了以旅游市场为联系纽带的旅游需求方和旅游供给方。即一方面由于各种条件的逐渐具备，人们的潜在旅游需求得以实现，社会上出现了一批旅游活动的购买者即旅游者；另一方面一些原本就在为旅行活动提供便利条件的私人家庭、小旅店、骡马车店等进一步扩大，形成了经营性的企业，并共同组成了专门为旅游者提供服务的旅游供给方。在此情形下，旅游市场作为旅游产品交换场所的供需条件基本具备，并随旅游商品交换的发展而不断扩大，真正意义的旅游市场体系得以确立。

一、旅游市场的概念

旅游市场的概念有广义与狭义之分：

1. 广义的旅游市场

广义的旅游市场，是指在旅游产品生产和交换过程中所反映的各种经济行为和经济关系的总和。旅游市场与其他市场一样，均是由供给者和需求者组成，其中旅游资源、旅游景点以及提供旅游的服务单位处于供给方的地位，享受旅游服务的旅游者处于需求方的地位，供需双方通过旅游市场进行交易，并共同遵循市场规律和价值规律。因此，广义的旅游市场既反映了旅游需求者与旅游供给者之间的关系，也反映了旅游需求者之间以及旅游供给者之间的关系。

2. 狭义的旅游市场

狭义的旅游市场，通常是指旅游需求市场或旅游客源市场，即在一定时间、一定地点和条件下存在的对某种旅游产品具有支付能力的购买者群体。此定义的使用较为广泛，它决定了狭义的旅游市场是由旅游产品的需求方构成，既包括旅游者本人，也包括旅游中间商。而现实旅游市场的形成则必须具备四个基本要素，即旅游者、旅游购买力、旅游购买欲望和旅游购买权利。这四个基本要素缺一不可，无论缺少哪一个都无法形成一个旅游市场。它们与旅游市场的关系可用等式表示：

旅游市场＝旅游者×旅游购买力×旅游购买欲望×旅游购买权利。

二、旅游市场的影响因素

现实旅游市场的形成所必须具备的四个要素同时是影响旅游市场的基本因素。

1.旅游者

作为旅游产品的消费者，旅游者是构成旅游市场的基本要素。旅游者的存在导致了旅游活动过程中的吃、住、行、游、购、娱等各种需求的产生，进而形成旅游市场。旅游者数量及旅游需求的多少在相当程度上决定了旅游市场规模的大小。而总人口数量、人口的地理分布、人口结构及家庭结构等又是影响旅游者数量的主要因素。

(1)总人口数量。总人口是构成市场的基本因素。总人口决定了一个客源国的市场的容量。一般人口众多的国家更易成为旅游需求的现实或潜在市场。目前各国不断加强在中国的旅游推介活动、留学讲座等，很大程度上就是基于这种因素的考虑。

(2)人口的地理分布。不仅世界各国的人口分布极不均衡，而且在同一个国家或地区内部的人口分布也存在着很大的差异，并且这种差异性始终处于不断变化中。一般而言，一个国家或地区的城市化程度越高，对于旅游需求的可能性也就越大。例如，沿海城市由于其居民的平均收入水平和购买力强于内地居民，因而他们的旅游交易往往会多于内地。

(3)人口结构。人口结构的不同会对旅游者的旅游需求数量产生影响。其中，人口的年龄结构、性别结构以及文化水平和职业结构对旅游需求的影响特别明显。以人口的年龄结构为例，不同年龄的旅游者对旅游产品需求的程度明显不同。一般来说，中老年为消费主体，青壮年虽然数量大，但是由于受时间、收入等因素的影响，旅游消费能力有限，儿童的旅游消费更少。

(4)家庭结构。现代社会中，很多旅游决策都是由家庭成员共同作出的，因而研究和把握家庭结构的变化趋势对于合理开发旅游产品具有积极的意义。随着社会的发展和家庭观念的变化，一些新的趋势将引起旅游供应商的关注，例如，大家庭逐渐被小家庭所取代，单亲家庭、丁克家庭等新的家庭类型的出现，妇女尤其是小孩在家庭出游决策中所占有的地位日益提高等。

2.旅游购买力

旅游购买力是指旅游者的消费实力，即在其可自由支配收入中支付货币购买旅游商品或服务的能力。旅游者的旅游购买力是由其收入水平决定的，而其收入水平高低又主要取决于以下两个衡量指标：

(1)人均国民收入。人均国民收入的多少反映了一个国家或地区人民生活水平和购买力水平的高低。恩格尔系数是衡量一国或地区人均国民收入水平高低的重要参数之一，当恩格尔系数下降时，预示着该国或地区人均国民收入水平的提高。就旅游发展策略而言，一般对于人均国民收入水平较低的客源国或地区可率先开发低档市场，随着其国力的上升，再培育中、高档市场。

（2）人均可供自由支配的收入。消费者的收入可分为总收入、可供支配的收入和可供自由支配的收入三个层次。个人可供自由支配收入＝个人总收入－个人所得税和非税支付－个人用于购买生活必需品的固定支出（如房租、保险费、分期付款、抵押贷款）。消费者个人可供自由支配收入的使用范围十分广泛，而旅游作为一种更高层次的精神需求和享受，其最终能否实现和可供自由支配收入的高低有直接的联系。一般而言，一个人可供自由支配的收入越高，其参与旅游活动的可能性就越大。

3. 旅游购买欲望

旅游购买欲望即指消费者购买旅游产品的动机、愿望或要求，它主要是由消费者对旅游产品的生理需要和心理需要所引起的，属于主观因素范畴，是将旅游潜在购买力转变为现实购买力的前提条件。人们在个性、爱好、兴趣、生活习惯及所处环境背景方面的差异性，决定了其购买欲望的差异性。这主要表现在两方面：一是在可自由支配时间和可任意支配收入相同的情况下，不同消费者的购买欲望存在着差异性。有些人热衷于储蓄，有些人热衷于购买高档或奢侈消费品，还有些人热衷于外出旅行。二是同为旅游者其旅游购买欲望也表现出很大的差异性。有的人出游是为了游历名山大川，有的人是为了扩大社交范围，有的人是为了增进身心健康，还有的人是为了商务交往或公务应酬等。

4. 旅游购买权利

旅游购买权利即指消费者可以购买某种旅游产品的权利，或者消费者获得旅游的机会和可能性。有时地方政府为了保护消费者的利益、维护旅游市场的健康发展，通过颁布法令禁止或限制某些旅游产品的交换。此外，对于国际旅游而言，往往由于国际间繁琐的政治、经济关系，或旅游目的地国、旅游客源国之间一方的政策限制，即使人们有旅游愿望、有购买力，但是由于旅游权利受阻，不具备可进入性，也无法形成旅游市场。例如，在某两国之间关系紧张时，本国政府往往会通过不发给旅游签证或公布“旅游安全警告”等措施限制国民相互间的旅游交往。又例如，在“非典”时期，出于健康因素的考虑，消费者在出游时就受到了地域的严格限制，一些“非典”疫情严重的地区是基本禁止旅游者前往的。

三、旅游市场的类型

旅游市场由于受多种因素影响而表现得错综复杂。因此，只有通过市场细分才能正确地把握市场需求，从而更好地选择市场机会，培育起在旅游业中的核心竞争力。细分旅游市场的标准很多,根据不同的分类标准,可以将旅游市场划分为各种不同的类型。

1.依据地理因素的分类

按地理因素划分旅游市场,是以现有及潜在的客源发生地为出发点,根据对旅游者来源地或国家的分析而划分的。从而形成了以下几种分类方式:根据潜在客源地与旅游目的地之间自然环境的差异进行划分,可以分为热带、寒带、高原、盆地等;世界旅游组织根据全球国际旅游客流状况及客源集中程度,将世界旅游市场划分为欧洲市场、美洲市场、东亚及太平洋市场、南亚市场、中东市场和非洲市场六大板块;根据客源国与旅游目的地的空间距离划分,分为远程、中程、近程;根据客源国进行划分,如中国的客源国有韩国、日本、美国等;根据不同客源地旅游者流向某一目的地占该目的地接待人次的比例划分等。

2.依据国境的分类

根据国境可将旅游市场划分为国内旅游市场和国际旅游市场。国内旅游市场是指国境线范围以内的市场,主要是组织本国居民在国内各地旅游。国际旅游市场是指超越国境线范围的市场,主要表现为接待境外旅游者到本国旅游,或组织本国居民到境外旅游,也即通常所说的入境旅游和出境旅游。

国内旅游市场和国际旅游市场是相互影响、紧密联系的。国际上普遍认为,国内旅游是国际旅游的基础,国际旅游是国内旅游的延伸,它们的发展程度与一个国家的人均国民生产总值(GNP)水平有很大关系。就一般发展规律而言,当一个国家或地区的人均 GNP 达到 800～1000 美元时,国民普遍会产生国内旅游动机;当其人均 GNP 达到 4000～10000 美元时,国民将产生国际旅游动机;当其人均 GNP 超过 10000 美元时,国民将产生洲际旅游动机。但在国内旅游市场和国际旅游市场的发展"先后次序"问题上并没有统一、绝对的规定,不同国家根据自身的国情和旅游实际发展态势可作出不同的选择。目前,整个世界主要出现了两种有代表性的旅游发展道路:一种是以发达国家为代表的旅游发展道路,即先发展国内旅游,再发展出境旅游,最后才发展入境旅游。由于它遵循了国民收入水平及国内旅游接待体系的正常发展轨迹,因而被认为是旅游市场发展的常规道路。另一种是以中国等发展中国家为典型代表的旅游发展道路,即先发展入境旅游,再发展国内旅游,最后才发展出境旅游。这是由中国旅游发展初期最大限度地通过旅游业赚取外汇的特殊目的决定的,走的是旅游市场发展的非常规道路。

3.依据旅游消费水平的分类

根据旅游者的消费水平,可将旅游市场划分为豪华(或高档)旅游市场、标准(或中档)旅游市场以及经济旅游市场。由于人们的收入水平、职业、年龄和社会地位的不同,其旅游需求和消费水平以及对旅游产品种类、质量的要求也表现出很大的差异性。通常,豪华旅游市场的消费者拥有一定的经济实力,其自身的素质相对较高,因而对旅游产品的价格最不敏感,他们最为关心的是旅游产品和旅游服务接待设施的档次和质量,追求个性化、特色化的旅游经历和服务,强调整个旅游过程的享受性与放松、休闲性,因而表现出对各方面的要求普遍较高、比较挑剔的消费特征。经济旅游市场的目标消费主体人数十分庞大,多为工薪阶层及学生,属于普通的大众消费市场。他们一般收入水平较低或没有固定的收入,因而对旅游服务设施、服务水平等的要求远远不如豪华型旅游者来得高,对旅游市场的价格表现出极大的敏感性。他们一般比较喜欢凑热闹,爱好大众娱乐项目,尤其是一些既比较刺激又相对价格低廉的项目;而且他们的消费行为极易受旁人的影响而发生较大的变化,多属于一次性消费者。而标准旅游市场的消费主体是大量的中产阶级,他们的旅游消费特征恰好介于豪华型旅游者和经济型旅游者之间,表现为既注重旅游产品的价格,又注重旅游活动的内容和质量。

4.依据旅游组织形式的分类

根据旅游的组织形式,可将旅游市场划分为团队旅游市场和散客旅游市场两大类。团队旅游一般是指人数在 15 人以上的旅游团,其旅游方式以包价为主,包价的内容可灵活多样,但一般都是在旅游的“六大基本要素”,即吃、住、行、游、娱、购之间进行组合。旅游者参加团队旅游最大的优点表现为:一是旅行社作为旅游的中介代理商,已经替旅游者提前安排好了活动日程,使其能放心地随团旅游;二是旅行社具有购买各单项旅游产品的规模优势,能获得较低的批发价,能为团队游客节约购买成本。但由于团队旅游各项日程安排相对都比较固定,不能随意更改,因而也会给团队游客带来“行动上不自由、时间上受约束”的限制。随着旅游市场的不断深入发展,团队旅游组织形式也出现了一些新类型,如小包价、酒店及交通预定等,这必将使传统包价旅游的限制性逐渐减弱、游客活动的自由度提高。

散客旅游则主要是指个人、家庭及 15 人以下的自行结伴的旅游活动。散客旅游者既可以完全按照自己的意愿选择旅游目的地、安排旅游行程,也可以委托旅行社替其购买单项旅游产品或旅游线路中的部分项目,旅游行动自由、灵活是其最大的优点。但是相比之下,团队游客所享受到的“价格优惠”和“省心旅游”等优势散客却较少分享,这也是散客旅游目前最大的缺陷所在。但这一缺陷当前正被许多旅行社通过“代办预定业务”等新的旅游组织形式加以克服,以争取散客市场。因此,鉴于散客旅游的灵活方便性,散客旅游市场的比重将大幅上升,将成为国际旅游市场发展的新趋势,其发达程度也将最终成为衡量一个国家或地区旅游业是否成熟与发达的标志。

5.依据旅游目的分类

以旅游需求的变化为导向,旅游者的旅游目的始终处于不断的发展、变化当中,不同时期的旅游主流需求呈现出很大的差异性。与此相对应,依据旅游目的划分的旅游市场也表现出明显的变动性,并没有统一的范式。按照传统旅游目的,旅游市场被分为观光旅游市场、文化旅游市场、商务旅游市场、会议旅游市场、度假旅游市场及宗教旅游市场等。但是从 20 世纪 50 年代开始，世界旅游业尤其是西方一些旅游发达国家逐渐步入了大众旅游时代，旅游已经成为人们日常生活的一个重要组成部分。此时，一些新的旅游需求逐渐显现，从而造就了一批新兴的旅游市场，例如，出于满足健康需求的体育或疗养旅游市场，出于自身发展需要的修学旅游市场、工农业旅游市场以及学艺旅游市场，出于个性需求满足的探险旅游市场、惊险游艺旅游市场及美食旅游市场，出于追求更好体验和精神满足的红色旅游市场等。随着旅游业的继续深入发展，出于不同旅游需求的新型旅游目的细分市场还将会继续涌现。

四、旅游市场的特征

由于旅游市场与其他商品市场、服务市场及生产要素市场等相比，具有明显的独特之处，任何一家旅游企业要想实现自身利润的最大化，都必须从旅游市场的特点出发，作出正确的市场定位，并以此开拓有效的旅游市场需求。旅游市场的独特性主要表现在以下几个方面。

1. 异地性

旅游企业产品的需求者包括当地居民和非当地居民，其中，大多数旅游企业的产品需求者以非当地居民为主。因此，旅游产品的需求者和供给者在空间上是分离的。再加上旅游产品本身的非移动性、旅游产品生产与消费同时性的特性，使得旅游经济活动与其他行业相比又表现出明显的“逆向移动性”特征。即旅游经济活动是通过人（旅游者）的空间移动而非物（旅游产品）的空间移动实现的。旅游市场的异地性，加大了需求者了解旅游企业的难度，加大了消费者的购买风险。因此，旅游企业必须搞好市场调研和预测工作，找准目标市场，广泛了解目标市场顾客的需求、兴趣爱好、支付能力和闲暇时间的分布及变化趋势，在此基础上运用各种营销手段展开积极的促销，使本企业在目标顾客的心中树立起明确的位置，从而缩短目标市场顾客购买的决策过程、扭转其信息弱势地位，尽量克服旅游市场异地性所带来的销售障碍。

2. 季节性

形成旅游市场季节性特点的因素主要包括两个方面：一方面是旅游市场的需求量在时间分布上的非均衡。受自然气候条件、社会文化习俗、固定节假日等的影响，旅游者的旅游需求呈现出明显的集中性。这既包括出游时间上的集中，如节假日出游高峰的形成、春秋季的出游率普遍高于隆冬和盛夏等；也包括出游目的地上的集中，如夏季避暑胜地的人潮涌动、冬季滑雪场的人满为患等。另一方面是旅游市场的供给量在时间分布上的非均衡。很多旅游产品尤其是自然资源型的旅游产品其供给受所在地的自然条件、气候条件等的影响很大，如某些与气候有关的旅游资源会因季节不同而产生淡旺季的差别、某些旅游产品的供给仅集中于一年中很短的一个季节。季节性使旅游企业的产品供求常常失衡，但鉴于季节性可以从历史经验数据中导出结论，其发生、持续时间和影响程度都有一定的可预见性。因此，旅游企业在进行市场定位、旅游产品开发时应尽量避免季节性影响，根据季节特点采取不同的产品、营销及价格策略。

3. 波动性

由于影响旅游市场需求的因素复杂多变，国内外局势、双边关系、自然灾害及战争等突发事件、重大社会活动、汇率、物价、通货膨胀、工资以及旅游者自身心态的变化等，都会导致游客的构成、流量、流向发生变化。因此，不仅从局部和短期看，旅游市场会经常发生波动，有时波动的幅度还较大，而且从长期和总体看，旅游市场在保持持续发展的趋势下，也不是直线发展的，而是在波动中前进的。旅游市场的波动性虽然也会造成旅游供求的失衡，这和季节性特征在对产品供求的影响及后果的表现形式上具有一定的相似性，但两者的实质是不同的。鉴于引起波动的因素有时是突发性的，事件发生后，其持续时间的长短、影响程度的大小往往是不确定的。因而，这更要求旅游企业要密切注意造成旅游市场波动的因素，了解其变化趋势，采取相应措施，尽量减少市场波动带来的震荡。

4. 多样性

作为旅游市场主体的旅游者的旅游需求是多种多样的，从而使旅游市场也相应具有多样性的特点。旅游市场的多样性主要表现在以下三个方面：一是旅游产品种类的多样性。旅游资源本身的异质性决定了其所开发的旅游产品种类的多样性；同时，同一时期不同旅游者的旅游需求以及不同时期同一旅游者的旅游需求的动态变化特征，也要求旅游企业为获得竞争优势，必须不断进行产品创新，开发出适应旅游者旅游需求的多样化旅游产品。二是购买形式的多样性。表现为全包价旅游、半包价旅游、小包价旅游及散客旅游等多种旅游购买形式。三是交换关系的多样性。即旅游者不仅可以直接购买单项旅游产品，也可以通过旅行社或旅游代理商购买旅游线路产品，还可以通过旅行社购买综合性旅游产品。

5. 全球性

随着生产力的提高、交通条件的改善和社会经济的发展，当今旅游市场成为一个开放的统一市场。从整体上看，它主要由两部分组成：一部分是旅游需求市场，旅游者旅游活动的范围已遍布世界各地，甚至包括无人居住的南极洲和北极洲。另一部分是旅游供给市场，目前世界各国都在积极发展旅游业，增加旅游供给。因此，旅游市场全球范围的旅游需求和旅游供给形成了旅游市场的全球性特征。

6. 高度竞争性

其一，旅游资源的范围和分布广泛。旅游资源中的自然资源和人文资源都包含着十分丰富的内容，且各具特色，都可以开发成不同特色的旅游产品，以满足旅游者的需求。因而旅游供给的广泛性使旅游市场缺乏垄断的条件。其二，日益增加的旅游需求及其多样性。不同的旅游者兴趣爱好各异，形成对不同地区、不同类型的旅游产品的需求，因此，旅游需求具有量大、种类丰富的特点，缺乏垄断的条件。正是在这两个主要因素的影响下，旅游市场形成高度竞争性的特征。其主要表现形式是：没有一个企业或企业集团的旅游产品处于垄断地位。在旅游市场上，一方面存在着众多的旅游供给者，销售各种各样的旅游产品；另一方面存在众多的旅游需求者，选购适合自己需要的旅游产品。

7. 高度电子化

旅游业是信息密集型产业，信息的传递在旅游业中的地位至关重要。一方面，对于旅游客源市场来说，潜在旅游者在计划去一个旅游目的地旅游时，首先要解决信息不对称的困难，借助综合文字、声音、图形和图像等多媒体电子信息技术可以使信息充分表现旅游产品的特征；对于旅游目的地市场来说，要根据复杂的市场需求生产旅游产品就必须尽可能多地、准确地了解旅游者信息，从而更好地解决旅游者个性化的需求。另一方面，旅游市场所生产的产品主要是无形产品，具有产地消费性，所以旅游市场较少涉及物流，这使得旅游电子商务基本不存在物流这一“瓶颈”问题。此外，旅游市场涉及多个部门、多个地区或国家，以至于在旅游交易时携款办理各种手续非常繁杂，而低成本、远距离、高速度、交互性的网络无疑是这一问题的最优解决方法。这些特点使旅游市场非常适合运用现代化的电子商务手段进行交易。

五、旅游市场的功能

旅游市场的功能是指旅游市场在运行过程中对旅游经济所产生的各种积极作用。在旅游经济活动中旅游市场功能主要表现在以下几个方面。

1. 交换功能

市场的最初功能就是商品交换的场所。旅游市场作为联结旅游产品需求者和供给者的纽带，承担着旅游产品交换和价值实现的任务。旅游者和旅游供应商是组成旅游市场的两个基本主体，他们各自的旅游需求只有借助旅游市场才能实现。即旅游者通过市场选择并购买自己感兴趣的旅游产品，旅游供应商通过市场销售自己的旅游产品。旅游市场通过对旅游需求和旅游供给的有效衔接，能够在一定程度上缓解旅游供求矛盾，更好地满足旅游者的需求，更充分地发挥旅游企业的供给能力，从而成为旅游业健康成长的“沃土”。

2. 调节功能

旅游市场的调节功能主要表现在两个方面：其一，旅游市场是调节旅游供求平衡的重要杠杆。由于旅游供求双方信息不对称现象的存在，使得供求失衡成为旅游市场的普遍现象。可以说，在现实生活中完全达到旅游市场供需均衡的概率是很小的，整个市场基本处于“供过于求”和“供不应求”的交替转换中。而市场机制在其中起了关键性作用，它借助价格机制的作用，通过不断的信息反馈使旅游供求双方相应作出战略或选择调整，从而改变供求失衡的状态，使旅游供求市场趋向均衡。其二，旅游市场能实现各种资源的优化配置。资源配置是指在社会经济活动中，如何把各类社会经济资源进行有效分配，以充分利用稀缺资源生产出更多、更好的产品。旅游市场的资源配置功能的发挥，可以促进旅游业中的吃、住、行、游、娱、购协调发展，实现社会经济资源的优化配置，不断提高旅游企业和整个旅游业的经济效益。

3. 信息交流功能

在市场经济条件下，旅游供求状况是通过旅游市场各种信息的动态变化表现出来的，旅游供求失衡的有效调节依赖于旅游供求双方的有效沟通。而旅游市场机制所发挥的信息传导和反馈功能恰是其有效沟通的前提条件。一方面，旅游企业可以通过旅游市场将旅游产品信息传递给旅游者，以引导和调节旅游需求的变化；另一方面，旅游企业可以根据旅游市场反馈的旅游需求信息和市场供求状况，调整旅游产品价格，组织生产适销对路的旅游产品。因此，在信息交流功能的有效发挥下，旅游市场成为旅游经济活动的“晴雨表”。

4. 检验评价功能

旅游市场在发挥调节旅游供求失衡的功能时，所带来的一个直接结果是实现旅游企业的优胜劣汰，即发挥了市场机制对旅游企业的检验评价功能。通过旅游市场的“优胜劣汰”机制可以检验旅游企业的服务水平和经营管理状况，促使旅游企业不断改进和提高服务质量、经营管理水平，提供旅游者易于接受、乐于消费的旅游产品。因此，旅游市场被人们称为是旅游企业经营管理的一面“镜子”。

六、旅游市场的机制

著名经济学家萨缪尔森早就指出：“经济学是研究人和社会如何进行选择，来使用可以有其他用途的稀缺资源以便生产各种商品，并在现在或将来把商品分配给社会的各个成员或集团以供消费之用。”这表明，市场机制在社会经济生活中具有举足轻重的作用，旅游市场的功能只有借助旅游市场机制才能实现。

1. 旅游市场机制的概念

所谓旅游市场机制是指旅游市场主体在旅游市场上进行旅游经济活动中形成的供求、价格、竞争、风险等因素相互联系、相互制约和相互作用的运动过程，对旅游经济资源进行选择的内在功能。其具体表现为供求机制、价格机制、竞争机制、风险机制的共同作用过程。

2. 旅游市场机制的分类

(1)旅游供求机制。旅游供求机制是指旅游供给和旅游需求之间通过竞争而形成的内在联系与作用机制，是旅游供求关系在旅游市场中的规律性反映。其作用主要表现在以下三个方面：一是通过旅游市场机制的信息交流与反馈功能的发挥，旅游经营者可以根据市场提供的需求信号及时调整经营战略，旅游者也可以作出理性的出游选择，从而实现旅游供求市场的平衡；二是旅游供给机制依靠于其他机制的配合作用，可以有效实现合理配置社会经济资源的功能，从而调节旅游市场供给结构的均衡；三是国家可以通过旅游供给机制对旅游经济进行宏观调控，促进旅游业的可持续发展。

(2)旅游价格机制。旅游价格是旅游产品价值的货币表现，它既是旅游供求双方进行旅游产品交换的媒介，也是衡量旅游者实际购买力和旅游经营者生产与经营旅游产品的劳动消耗量的尺度。价格是旅游市场发挥调节旅游供求功能的重要工具，因此旅游价格机制是促进旅游经济有效运行的重要机制，是旅游供求机制发挥作用的前提。在市场经济条件下，旅游价格机制对旅游经济运行的作用是多方面的。对旅游者而言，旅游价格机制是调节旅游需求方向和规模的信号，即通过旅游价格的涨跌，反映旅游供求的变化，影响旅游者的购买欲望，并调节旅游者的需求规模和需求结构。对旅游经营者而言，旅游价格机制是旅游市场竞争和旅游供给数量、结构调节的重要工具。对政府宏观管理而言，旅游价格机制一方面为国家制定旅游政策、调节旅游经济的运行提供必需的信息；另一方面自发地调节着旅游总供给和总需求的平衡。

(3)旅游竞争机制。旅游市场所具有的高度竞争性的特征决定了旅游竞争机制是旅游市场机制的基本内容之一。旅游竞争机制是指旅游市场中各旅游经营者之间为了各自的利益相互争夺客源，从而影响旅游供求及旅游资源配置方向的运动过程。其核心内容是争夺客源。因为争夺到的旅游者越多，表明旅游产品的销售量越大，从而为旅游目的地国家和地区及旅游企业带来的收入越高，经济效益就会越好。同时，争夺旅游中间商即对从事旅游产品销售、具有法人资格的旅行社或旅游代理商的争夺，也是旅游竞争机制的重要内容。因为各种各样的旅行社和旅游代理商，是销售旅游产品的重要分销渠道，争夺到的中间商越多，得到的支持越大，旅游产品销售机会就越多。争夺旅游者和中间商的目标又集中表现为提高旅游市场占有率，因为旅游市场占有率的高低变化对旅游供求和旅游价格产生重要影响。因此，在市场经济条件下，旅游竞争机制是客观存在的，是同旅游供求机制和价格机制紧密结合并共同发生作用的。

(4)旅游风险机制。旅游市场检验评价功能发挥的一个最直接的结果是实现旅游企业的优胜劣汰，因此任何一个旅游企业都无法保证自身能在市场经济活动中始终处于“盈利”的状态，它们随时都面临着亏损、破产的经营风险。旅游风险机制就是旅游企业在旅游经营活动中参与竞争所面临的盈利与亏损两种可能性之间相互联系与制约的关系，及其在运动过程中体现的功能。旅游风险机制是一种无形的市场强制力量，它促使每个旅游企业承认市场竞争的权威，自觉对市场信号作出灵敏反应，形成适应旅游市场竞争的自我平衡能力。同时，旅游风险机制也利用市场利益动力和破产压力的双重作用，促使每个旅游经营者行为的合理化，并按照旅游市场需求不断提供适销对路、物美价廉的旅游产品。

3.旅游市场机制的特征

作为产生旅游市场功能的旅游市场机制，它既有一般市场机制的基本特征，又有适合旅游市场特点的特殊性，具体表现在以下几个方面：

(1)自动性。由于旅游市场机制的客观性，在具备一定条件时，旅游市场机制会自然发挥作用。当条件不具备时，则不发挥作用，即旅游市场机制具有自动性。例如，旅游价格能够围绕旅游产品价值上下波动，从而自动地调节旅游需求和旅游供给，使之趋于平衡。

(2)互动性。旅游市场机制的作用既受一定的环境条件影响，也与旅游市场机制的各种内在因素相联系，因而任何一种因素的变化都会引起其他方面的互动反应。例如，旅游供求状况的变化会引起旅游价格的涨落，而旅游价格的涨落则会加剧旅游市场竞争，进而引起旅游供求的变化。

(3)时滞性。旅游市场机制的作用过程和效果，有时迂回有时滞后，特别是在旅游市场体系不完善、信号系统不健全时，旅游市场机制的作用是滞后的。因此要充分发挥旅游市场机制的作用，就要进一步完善旅游市场体系，健全市场信号系统，为旅游市场机制的有效运行和灵敏的反应创造良好的条件。

(4)局限性。由于旅游市场机制作用具有一定的自发性，因此在旅游市场体系不完善、价格信号不健全时，旅游市场机制的作用会具有局限性，例如，旅游资源要素配置的盲目、浪费和破坏，会对旅游业发展造成消极影响，甚至危及社会经济的发展。

第二节 旅游市场中的供求关系

第三章和第四章从经济学的角度分析了价格对旅游需求量和旅游供给量的影响，但是没有说明旅游产品本身的价格是如何决定的。这里所说的价格指的是旅游产品的均衡价格。它是在旅游市场中的供给和需求两种相反的力量相互作用下形成的。而且供求关系是市场中最重要的关系。

一、旅游供给与旅游需求的关系

旅游市场的运行来自需求与供给的相互作用，这类似于两股方向相反的作用力，共同推动着市场价格的波动和产量的调整。第三章和第四章已经分析了旅游需求和旅游供给，现在分析旅游市场中二者之间的相互作用，即它们之间的矛盾—均衡—矛盾的运动。

一方面，由于旅游供求双方利益的不同，决定了二者之间经常处于不均衡的矛盾状态中。旅游供给者总是力图以较高的价格把旅游产品出售，而旅游产品购买者总是希望以较低的价格购买旅游产品。这就导致了旅游需求并不总能得到与之相适应的旅游供给，旅游供给也并不总能得到有支付能力的旅游需求，于是供给与需求就产生了矛盾。供求矛盾在旅游发展的不同阶段，双方的主导地位也不一样。一般来说，旅游供给源自旅游需求，因需求而产生、存在，但旅游业发展到一定程度后，旅游供给反过来又能刺激新的旅游需求的产生，使旅游需求的数量和层次不断得到扩大和提升。另一方面，旅游供给与旅游需求各自以对方的存在作为自身存在与实现的前提条件。供给的数量取决于需求，而需求的满足又依赖于供给，供给与需求都要求双方彼此适应。在旅游供求双方不停的矛盾运动中，如果旅游需求者愿意而且能够购买的旅游产品的数量正好与旅游供给者愿意而且能够出售的数量相平衡时，双方就处于了旅游市场上的均衡状态。此时，市场上每一个人都得到了满足：旅游者买到了他们想要的所有东西，旅游供给者出售了他们想卖的所有东西。

总而言之，旅游市场上供求矛盾的本质，就是供给与需求能否相互适应、相互协调的矛盾。如果供需之间大体上能够适应，矛盾不突出，可以称之为供求均衡；如果供需之间根本不能适应，矛盾突出，则被称为供求失衡。在旅游市场上，均衡是相对的，有条件的；不均衡是绝对的、无条件的。旅游供给与旅游需求彼此之间要求互相适应，并表现出供求从不均衡到均衡、再由均衡到不均衡的循环往复变化过程，称之为旅游供求矛盾运动规律。

二、旅游供求矛盾的表现形式

旅游市场上，旅游供给与旅游需求的矛盾错综复杂，但从总体上看，矛盾主要表现在数量、质量、结构、时间和空间方面。

1. 旅游供给与需求数量方面的矛盾

旅游供给与需求在数量方面的矛盾，主要表现在旅游供给或旅游接待能力与旅游总人次上的矛盾。旅游市场上，旅游需求是一个多变量，人们的收入水平、消费水平、时间、气候、社会环境、宣传舆论等的改变，都会使旅游需求产生较大的波动，使旅游总人次很快地增加或减少。但旅游供给却不同，一段时期内建设形成的旅游供给能力，相对而言是有限的、稳定的，不可能有快速的提高或降低。旅游供给的这种相对稳定性与旅游需求明显的波动性，必然使供给与需求难以适应，出现旅游供给总量与接待旅游者总人次上的不均衡，从而形成供不应求或供过于求的矛盾状况。

2. 旅游供给与需求质量方面的矛盾

旅游供给与需求在质量方面的矛盾，主要表现为旅游者的心理预期与实际旅游供给之间的差距。旅游市场上的产品是一种无形的产品，主要是以旅游服务的形式表现出来。旅游者对产品质量的判定不能像一般商品那样，可以用具体的尺度和指标去衡量。因此，旅游供给质量的高低主要是取决于旅游者自身的感受。由于这种感受带有很强的主观性，因此会使旅游者对旅游产品的心理预期与实际的旅游供给产生一定的差距。差距小，旅游者就认为旅游产品供给的质量高；差距大，旅游者就认为旅游产品供给的质量低。因此，旅游经营者在提供旅游产品时，一定要充分考虑不同旅游者的需要，提供有针对性的个性化或定制化的服务，提高服务水平，加快旅游设施建设和更新，尽量缓解旅游供需在质量方面的矛盾。

3. 旅游供给与需求结构方面的矛盾

旅游供给与需求的结构矛盾是指旅游供求在构成上不适应。这种不适应是多方面的，集中表现在：旅游供给的内容和项目与旅游需求不相适应；旅游供给的档次和级别与旅游需求不相适应；旅游供给的方式与旅游需求不相适应。造成不适应的原因在于，旅游供给在一定时期内是稳定的、固定的；而旅游需求却是复杂的、多样的、多变的。在旅游市场上供需结构矛盾所产生的直接影响，就是同一时期内某一旅游产品供不应求，另一旅游产品则供过于求。实际中，旅游热点地区与冷点地区的形成，某一地区宾馆档次偏高或偏低的现象，都与供需的结构矛盾有关。

4. 旅游供给与需求时间方面的矛盾

市场上旅游需求的发生是多变的、不稳定的，但在产生的时间上还是具有一定的指向性。在客源国或客源地区的节假日，旅游需求产生得多；在旅游资源，特别是自然旅游资源表现最好的季节，旅游需求也产生得多。旅游需求在时间上的指向性和集中性与旅游设施的常年性和均衡性形成了很大的反差，造成某一地区的旅游产品在一段时间内供不应求，而在另一段时间内则供过于求，形成所谓的旅游旺季和旅游淡季。

5. 旅游供给与需求空间方面的矛盾

旅游供给与需求的空间矛盾，主要表现为旅游供求在地域、空间上分布失衡，即有的旅游地供大于求，游人稀少，有的旅游地供不应求，游人如织，形成旅游的冷点、热点和温点地区。造成旅游供求在空间上产生矛盾的原因主要与两方面有关：一方面是旅游地旅游资源的类型、数量和质量等状况，决定了不同旅游地的旅游供给有先天性的差别。旅游资源品位高、名气大的地区，旅游吸引力强，旅游供给压力大。另一方面是旅游地旅游设施的完善程度不同，导致了不同旅游地的旅游供给能力在后天上的差别。旅游基础设施差、旅游综合接待能力弱、可进入性不强的地区，旅游者望而却步，旅游供给无从实现。

三、旅游供给与需求的均衡

正因为旅游供求不停地矛盾运动，使旅游供给者和旅游需求者不断地调整自己的行为，而这些行为自然而然地促进供求矛盾不断转化，推动旅游市场的供给与需求不断趋于均衡。供求均衡是指在市场交易行为中，供求达到平衡时的一种状态。旅游供求的均衡有静态均衡和动态均衡之分。下面对旅游供求的静态均衡和动态均衡展开探讨。

1. 旅游供求的静态均衡

旅游供求的静态均衡是指在同一时期内，旅游需求与旅游供给达到平衡的状态。

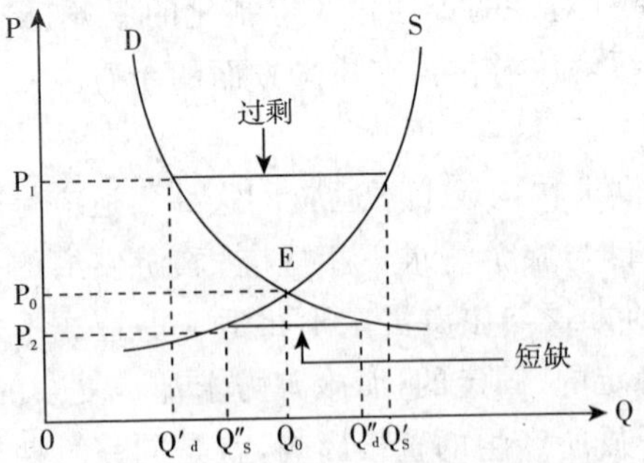

图 5—1　旅游供给和旅游需求的静态均衡

(1)旅游供求静态均衡的形成。在旅游市场上，当某种旅游产品供不应求时，旅游产品的价格就会上升，使旅游需求量减少，旅游供给量增加，直至供求大体相当；如果该种产品是供过于求，旅游产品的价格就会下跌，使旅游需求量增加，旅游供给量减少，直至供求大体相当。当旅游供给量与旅游需求量相等时，旅游供求就达到了均衡，此时的价格称为均衡价格。上述情况可用图 5—1 表示。

图 5—1 中，S 为供给曲线，D 为需求曲线。当供给曲线 S 与需求曲线 D 相交于 E 点时，所对应的供给量和需求量都为 Q_0，说明供求均衡，此时的价格 P_0 即为均衡价格。

如果旅游产品价格 P_1 高于均衡价格 P_0 时，旅游供给量 $Q'_s>$旅游需求量 Q'_d，市场上出现旅游产品供大于求的现象，这种状态又叫超额供给，旅游供给者会降低旅游产品的价格，反过来价格下降增加了旅游需求量，并减少了供给量，价格会持续下降，直到旅游市场达到均衡点 E 为止。如果旅游产品价格 P_2 低于均衡价格 P_0，旅游供给量 $Q''_s<Q''_d$ 市场上又会出现旅游产品供不应求的现象，这种状态又叫超额需求，旅游供给者会抬高价格，随着价格的上升，旅游需求量减少，旅游供给量增加，市场又一次向均衡点 E 变动。

(2)旅游供给静态均衡的变动。旅游供求静态均衡是容易变动的，旅游供给曲线或旅游需求曲线的移动会影响到均衡的变动，供给与需求两者同时移动也会影响均衡价格的变动。在变动的过程中，原有的均衡会消失，在新的供求关系中又会产生新的均衡。

1)旅游需求曲线的移动引起的供求均衡变动。在旅游产品价格保持不变的情况下，如果人们的消费意识改变，或者收入增加、工作日减少而闲暇时间增加，都会引起图 5—2 中旅游需求曲线 D_0 水平向右移到 D_1，在旅游产品供给不变的情况下，原来的供求均衡点 E_0 则会移到 E_1，使旅游供给量增加，使均衡产量由 Q_0 增加到

Q_1，均衡价格也由 P_0 上升到 P_1。

2)旅游供给曲线的移动引起的供求均衡变动。如果某一地区社会稳定、经济繁荣，旅游业发展前景看好，就会有大量资金投资于旅游业，造成旅游供给数量剧增。在这种情况下，图 5—3 中的旅游供给曲线 S_0 会水平向右移动到 S_1。在旅游需求水平不变的情况下，原来的供求均衡点 E_0 便会移动到 E_1，使旅游需求量增加，使均衡产量由 Q_0 增加到 Q_1，均衡价格则由 P_0 下降到 P_1。

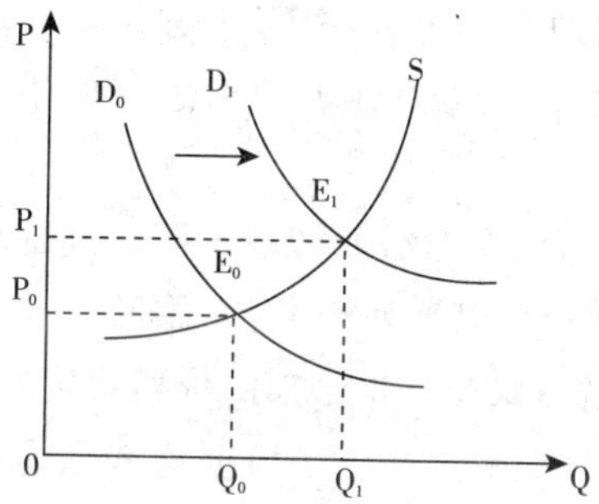

图 5—2 旅游需求移动引起的均衡变动

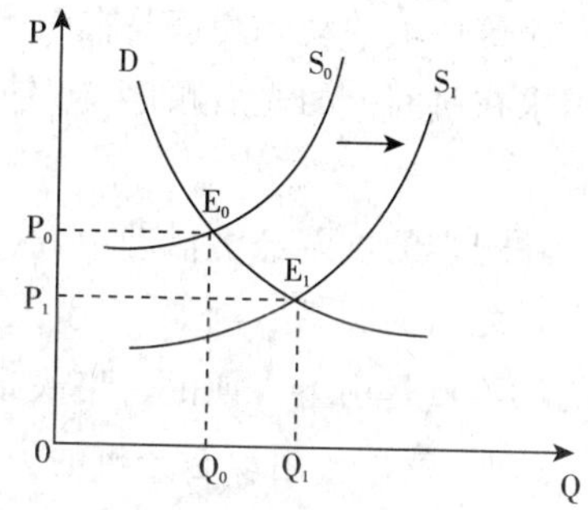

图 5—3 旅游供给移动引起的均衡变动

3)旅游供给曲线与旅游需求曲线同时变化引起的供求均衡变动。旅游供给曲线与旅游需求曲线同时发生移动时，它们变化的方向可以是相同的，也可以是相反的；变化的比例可以是相同的，也可以是不相同的。以旅游需求增加和旅游供给减少为例，旅游需求增加需求曲线水平向右移动，旅游供给减少供给曲线水平向左移动。

根据旅游供给和旅游需求变动幅度的相对大小，可能会出现两种情况。在这两种情况下，均衡价格都上升了。在图 5—4 中，旅游需求量大幅度增加，而旅游供给量减少很小，均衡数量增加了。与此相比，在图 5—5 中，旅游需求量小幅度增加，而旅游供给量减少很大，均衡数量减少了。因此，这两种情况，均衡价格肯定会提高，但是均衡价格的变动是不确定的。

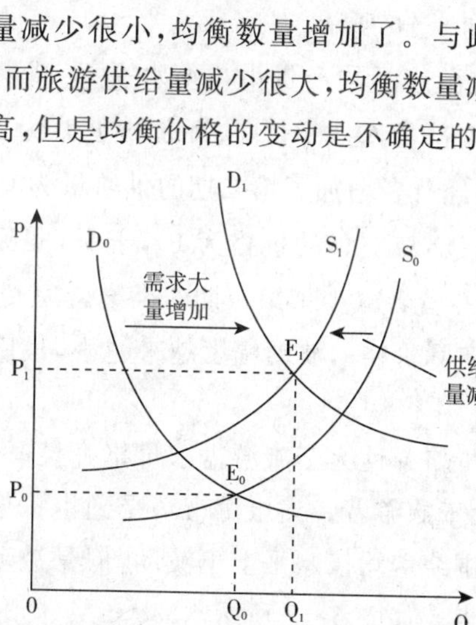

图 5—4 价格上升，数量增加

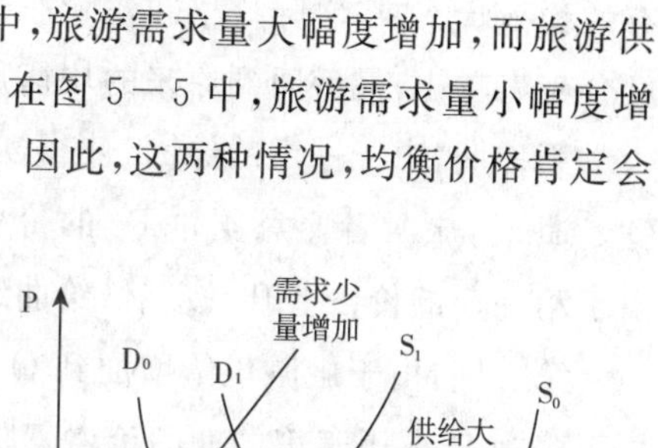

图 5—5 价格上升，数量减少

在关于旅游供给与需求均衡的论述中，值得注意的是：供求均衡的一个关键是均衡价格。事实上，均衡价格的形成需要若干限定条件，如每个交易者都能够及时获得准确、完整的信息；价格的升降是完全自由、灵活、迅速的；在达到均衡价格之前不进行交易等。因此，严格来说，均衡价格只是一种理论上的推断，交易价格才是实际存在的，只有在理想的市场条件下，均衡价格才会等于交易价格。

2.旅游供求的动态均衡

旅游供求的动态均衡是在引入时间变化序列的基础上，区分了旅游供给和旅游需求在时间上的先后顺序，研究不同时点上的旅游供给和旅游需求之间的平衡状态。

在现实的旅游经济活动中，旅游供给的周期较长，有时需要考虑不同时期的旅游变量之间的关系。例如，当引入时间因素，同时满足以下两个条件：旅游产品本期的供给量是由上一期的价格决定的；本期的旅游需求量是由本期的价格决定的。

此时，就需要用动态分析的方法研究旅游供求均衡。经济学根据均衡状态是否稳定，将均衡区分为稳定均衡和不稳定均衡。所谓的稳定均衡是指当一个均衡体系受外力的干扰而偏离均衡点时，如果在市场机制的作用下能回到原有的均衡点，则称这种均衡体系为稳定均衡。反之，如果无法回到原有的均衡点，则称这种均衡体系为不稳定均衡。

(1)旅游供求稳定均衡。当旅游供给价格弹性小于旅游需求价格弹性时，旅游经营者对旅游产品价格反映的敏感程度小于旅游者。当旅游市场受到干扰偏离原有的均衡状态时，实际价格和实际产量会围绕着均衡水平上下波动，但是波动的幅度会越来越小，最后回到原来的均衡点。如图 5－6 所示。

第一期，由于一定的原因，使得实际的旅游产品的产量由均衡水平 Q_e 减少到 Q_1。此时，旅游者愿意支付 P_1 的价格购买全部的 Q_1，于是，实际价格上升为 P_1。由于第一期的价格上升，按照供给曲线，旅游经营者增加了第二期的供给量为 Q_2。

第二期，由于旅游供给增加到 Q_2，旅游者愿意支付的价格为 P_2，于是，实际价格下降为 P_2。由于第二期的价格下降，旅游经营者减少了第三期的供给量为 Q_3。

如此循环下去，旅游产品的实际产量和实际价格的波动幅度越来越小，最后回复到原有均衡点所代表的水平。

(2)旅游供求不稳定均衡。当旅游供给价格弹性大于旅游需求价格弹性时，旅游经营者对旅游产品价格反映的敏感程度大于旅游者。当旅游市场受到干扰偏离原有的均衡状态时，实际价格和实际产量会围绕着均衡水平上下波动，但是波动的幅度会越来越大，最后无法回到原来的均衡点。如图 5－7 所示。

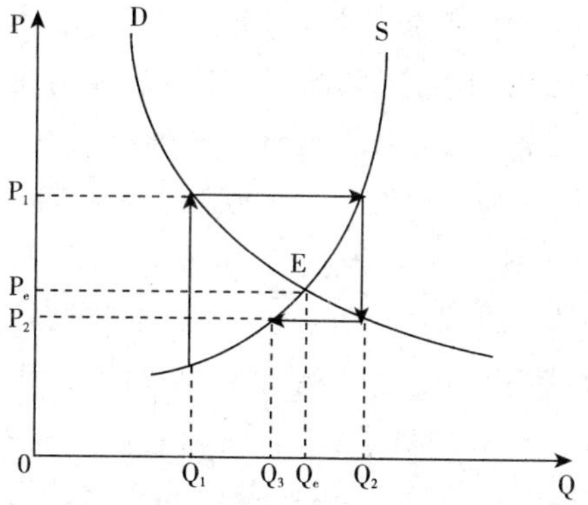

图 5—6 旅游供求稳定均衡

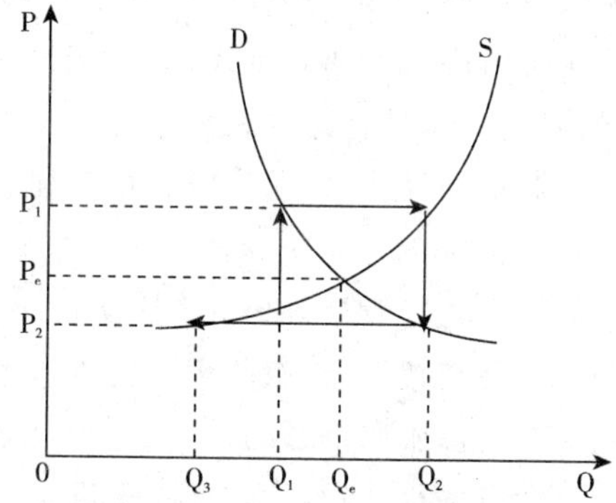

图 5—7 旅游供求不稳定均衡

第一期，由于一定的原因，使得实际的旅游产品的产量由均衡水平 Q_e 减少到 Q_1。此时，旅游者愿意支付 P_1 的价格购买全部的 Q_1，于是，实际价格上升为 P_1。由于第一期的价格上升，按照供给曲线，旅游经营者增加了第二期的供给量为 Q_2。

第二期，由于旅游供给增加到 Q_2，旅游者愿意支付的价格为 P_2，于是，实际价格下降为 P_2。由于第二期的价格下降，旅游经营者减少了第三期的供给量为 Q_3。

如此循环下去，旅游产品的实际产量和实际价格的波动幅度越来越大，偏离原有的均衡点 E 越来越远。

第三节 旅游市场的竞争

竞争是市场经济的产物，只要存在市场，就会存在竞争。旅游市场竞争既是价值规律得以全面实现的必要条件，又是价值规律的必然反映。

一、旅游市场竞争的必然性

旅游市场竞争的存在具有客观必然性。这种客观必然性既来自于市场经济运行一般规律的要求，也体现了旅游经济运行特殊规律的要求。

1. 竞争是价值规律的客观要求和必然结果

价值规律是商品生产的基本经济规律，它要求商品的价值由生产该商品所耗费的社会必要劳动时间决定，商品交换以价值为基础，实行等价交换。在价值规律的作用下，各企业为争取实现自己生产的商品价值的有利条件，必然会积极采用新技术，改善经营管理，提高工作效率和产品质量，降低成本，使商品的个别劳动时间低于社会劳动时间，从而争取更有利的竞争地位，促进商品价值尽快地顺利实现。

可见，在市场经济条件下，只有通过市场竞争，价值规律的要求才能得到实现，市场竞争是价值规律实现的形式，是市场经济内在机制的外部化。这是不以人的主观愿望为转移的，具有其客观必然性。正如马克思指出，他们不承认任何别的权威，只承认竞争的权威，只承认他们相互利益的压力加在他们身上的强制。

2.旅游市场的特性必然导致旅游企业之间的激烈竞争

旅游市场一般是一个供大于求的买方市场，旅游者在市场上占据主导地位，而且作为一种消费行为，旅游需求的变化性、可替代性是很高的。这些特性，使得旅游企业在把握旅游市场的动态、更好地适应旅游者的需求方面，面临着巨大挑战。谁对旅游市场行情看得准，谁能更好地满足旅游者需要，谁就能争取到更多的市场份额，因此，这必然激化旅游企业之间的竞争。另外，由于旅游产品的无形性和不可储存性等特点，使得旅游企业对市场的依赖性比其他行业更强，而这个市场又是比较脆弱的、易波动的，因此，企业必然要为抓住稍纵即逝的机会而展开激烈的竞争。

3.各国旅游业的发展必然加剧国际旅游市场的竞争

当今世界大多数国家或地区，都在为尽可能地吸引国外游客而展开竞争。国际旅游市场的竞争主要表现在两个方面：一是国内各旅游企业之间在国际市场上为招徕客源而展开竞争，各旅游企业在旅游产品、目标市场、服务质量、价格水平等各方面具有更大的相似点或共同点，他们之间是现实的、直接的竞争对手关系；二是与我国旅游企业拥有同一目标市场的其他国家或地区的旅游企业展开竞争，这些国家或地区的旅游企业虽然提供的旅游产品与我国不同，但可能选择的是同一个目标市场，为吸引更多客源，彼此间必然开展激烈竞争。这种竞争导致客源市场的重新分配。加之旅游者在选择目的地方面的自主性和不确定性，使这种竞争更加激烈。

二、旅游市场竞争的作用

适当的旅游市场竞争是旅游经济运行得以实现和向前发展的内在机制和根本动力，过度的旅游市场竞争也会阻碍旅游经济的健康发展。下面将对旅游市场竞争的积极作用和消极作用进行探讨。

1.旅游市场竞争的积极作用

由于现代科学技术普及程度和速度大大提升以及旅游市场的全球化发展，极少有旅游供给主体能在旅游市场上形成或者保持垄断地位，竞争成为现实市场发展进程的常态。从某种意义上讲，旅游市场竞争是旅游产业不断发展和进步的外部动力。

(1)旅游市场竞争可以改善企业经营管理和提高经济效益。在激烈的竞争中，以利润最大化为生存和发展前提的旅游供给者必须加强经营管理，提供优质产品，降低成本，改进技术，提高劳动生产率，充分调动企业职工的积极性，这样，才能在激烈的市场竞争中站稳脚跟，在旅游市场上取得一定份额。而这些措施的实施，有利于促进旅游企业优胜劣汰，从而促进旅游业持续健康发展。

(2)旅游市场竞争可以更好地满足旅游者的需求。旅游市场竞争的实质是争夺旅游者。旅游市场竞争迫使旅游产品生产者把旅游者的需要和满足放在首位。在竞争中，旅游产品供给者为了赢得消费者，就必须不断丰富旅游产品，提高旅游产品的质量，提升旅游服务水准，加强旅游产品的宣传，这些做法对于满足旅游者的需求具有非常重要的意义。

2.旅游市场竞争的消极作用

旅游市场的竞争也具有一定的消极作用。

(1)市场竞争主要集中于旅游供给者，面对普遍存在的供过于求的市场状况，为了实现自己的利益目标，不惜以自然资源和环境的破坏为代价，过度开发和利用稀缺资源，且对资源的开发和利用往往采取低技术、低成本的方式，以拥有低成本的或差异化的产品在竞争中占据较有利地位。

(2)在竞争中以不正当竞争手段争抢有限的客源和中间商。例如，以间接支付等不正当竞争手段争取中间商、拉拢或稳定客源，争取在某个区域或细分市场上形成垄断或占据有利地位。又例如，以“零团费”、“负团费”等不正当定价策略拉拢客源。不正当竞争不仅会损害竞争对手的利益，从长期来看，还会损害整个旅游产业的利益。

(3)在竞争中旅游者权益受到损害的事情屡见不鲜。例如，旅游活动服务质量未达到合同要求，旅游购物所购商品质次价高，甚至是假冒伪劣商品，既坑害了消费者，也损害了当地旅游业甚至是中国旅游业的形象。

三、旅游市场竞争的影响因素

研究旅游市场竞争，需要分析影响旅游市场竞争态势和竞争特性的主要因素。影响旅游市场竞争的因素较多，主要包括以下几个方面。

1.旅游需求量和旅游供给量的对比关系

从旅游市场的形成来看，旅游市场竞争主要是由旅游供给主体——旅游经营者对旅游需求主体——旅游者的竞争。在现实旅游市场的竞争中，旅游需求量和旅游供给量的对比关系显然是影响旅游市场竞争激烈程度的主要因素。对于那种旅游需求量远远小于旅游供给量的旅游市场来说，竞争显然是极其微弱甚至不存在的。而形成这种市场的先决条件要么是旅游供给者对资源的垄断，要么是这个旅游供给者规模足够大，要么是政府赋予了企业某种特殊的权利，使得这类产品的供给企业数较少，以使企业能避开激烈的竞争，形成局部垄断，甚至是完全垄断。如中国的长城、法国的卢浮宫都是少见的完全垄断旅游产品。而目前越来越多的专线旅行社也在国内或者区域旅游市场上形成越来越大的垄断竞争市场结构。对于旅游需求量小于旅游供给量的旅游市场来说，竞争显得较为激烈。

2.旅游产品的可替代性

从旅游市场交换的对象来看，旅游市场竞争主要是指旅游产品之间的竞争。旅游产品的可替代性越强，说明具有相似性的旅游产品越多，旅游市场的竞争也就越激烈。因而，旅游产品的可替代性是影响旅游市场竞争的又一个重要因素。所谓旅游产品的可替代性是指旅游市场上存在着两种或两种以上的同质或同类的旅游产品。其中一种产品与其他一种或几种旅游产品在使用价值和效用上是可以相互替代的。旅游者（或消费者）可以在这几种产品中自由选择，满足其物质和精神的需求。如旅游产品在投入要素、销售方式、价格、质量和服务标准的可替代性等。

3.旅游市场的进出壁垒

从旅游市场的发展进程来看，市场进出壁垒的高低是影响旅游市场竞争激烈与否的另一个重要因素。旅游市场的进出壁垒可能是由规模经济、产品差异、政府政策和策略性阻止等因素形成的。如果旅游市场进出壁垒相对较低，旅游市场的进出壁垒越低，旅游供给者进出的自由度越大，则旅游市场的竞争会更加激烈一些；如果旅游市场进出壁垒相对较高，旅游供给者不能自由进出，则旅游市场的竞争相对弱一些。

4.旅游信息的充分性

在网络经济背景下，旅游信息的充分性已经成为决定和影响旅游市场竞争的重要因素，所谓旅游信息的充分性是指旅游者和旅游经营者能否尽可能准确、快速、全面地获得市场上的旅游信息。谁在市场竞争中掌握的旅游信息充分，并利用了旅游信息的充分性，谁就可以抢占先机，谁就能掌握市场需求，谁就处于竞争的优势地位，谁在市场竞争中掌握的旅游信息不充分，谁就处于竞争的劣势地位。

四、旅游市场竞争的类型

与其他市场一样，可以根据参与竞争的厂商的多寡、产品差异、市场进入条件等因素，将旅游市场竞争分成四种类型，即完全竞争、完全垄断、垄断竞争、寡头垄断。在不同类型的竞争市场上，竞争的激烈程度和竞争行为、竞争方式都会存在一定的差异。

1.完全竞争旅游市场

完全竞争（Perfect Competition）旅游市场又称纯粹竞争（Pure Competition）旅游市场，它是指不受任何阻碍和干扰的市场竞争情况。完全竞争旅游市场必须具备以下四个条件：

第一，在旅游市场上存在大量的旅游者和旅游经营者。他们都是各自独立的，他们所买卖的旅游产品数量在整个市场上占有的份额都很小，以致任何个人或企业都不能支配整个市场的交换。

第二，各旅游经营者生产经营的旅游产品都是同质的、无差别的，因而旅游者不会对任何一个旅游经营者产生偏好，从而排除了旅游经营者的任何垄断因素。

第三，各种生产要素可以在各行业间完全自由地流动。旅游经营者可以及时地投向能获得最大利润的生产，并能及时地从亏损的生产中退出，即进入或退出完全竞争的旅游市场是自由的。因此，缺乏效率的企业将被市场淘汰。

第四，市场上每个旅游者和旅游经营者都拥有充分的市场信息，市场信息是畅通的，即市场上每一个旅游者和旅游经营者都掌握与自己的经济决策有关的一切信息。

只有具备以上条件，才能称为完全竞争旅游市场。完全竞争旅游市场是一个非个性化的市场，所有的旅游者都是相同的，所有的旅游经营者也都是相同的。显然，在现实生活中，它并不多见，仅具有理论意义。

2. 完全垄断旅游市场

完全垄断(Complete Monopoly)旅游市场指完全由一家旅游经营者单独控制旅游产品供给的旅游市场，是与完全竞争旅游市场相对应的另一种市场结构的极端状态。完全垄断旅游市场的主要特征是：

第一，某旅游企业完全控制了某种旅游产品的供给和销售市场，这种旅游产品没有任何替代品。

第二，旅游市场上旅游产品的价格和产量由该旅游经营者完全控制。

第三，旅游市场具有很强的壁垒，甚至是封闭的，其他任何旅游经营者进入该市场都极为困难或不可能。

形成完全垄断的主要原因是：旅游经营者对某种资源的独占；拥有某种旅游产品的专利权；政府特许的；自然垄断。完全垄断并不多见，只见于如公用事业、邮政业等某些国家特许的独占企业。再如中国的长城、埃及的金字塔、法国的凯旋门等景点都具有世界上独一无二的特色，从而形成完全垄断。

3. 垄断竞争旅游市场

垄断竞争(Monopolistic Competition)旅游市场是一种不完全竞争旅游市场，是一种介于完全竞争和完全垄断之间、既有竞争又有垄断的旅游市场结构。其条件是：

第一，同类旅游产品市场上拥有较多的旅游经营者，每一经营者的产量在市场总额中只占较小的比例，任一单独经营者都无法操纵市场。

第二，旅游经营者的规模较小，市场进入和退出比较方便，无太多市场壁垒。

第三，不同的旅游经营者生产和经营的同类旅游产品存在着一定的差异性，即同类产品在质量、服务、包装、商标、销售方式等方面独具特色，拥有稳定的偏好群体，从而产生有限的垄断。

垄断竞争旅游市场的垄断性主要表现在：一是每个国家或地区的旅游资源不可能是完全相同的，从而导致每一种旅游产品都有其个性，于是旅游产品间的差异性在一定程度上就形成了旅游产品的垄断性；二是政府的某些方针政策的限制，也会形成旅游产品的垄断；三是由于各种非经济因素的制约，使旅游者不能完全自由选择旅游产品而进入任何旅游目的地，从而使某些旅游产品形成一定的垄断性。例如，一些地方的旅行社规模小，创新能力差，一味地模仿其他企业的产品，造成同质化现象严重，竞争非常激烈，这就属于垄断竞争。

4. 寡头垄断旅游市场

寡头垄断(Oligopoly)旅游市场是由为数不多的旅游经营者控制了绝大部分旅游产品供给的市场，并且每个旅游经营者在行业中都占有相当大的份额，以致其中任何一家的产量或价格变动都会影响整个旅游产品的价格和其他旅游经营者的销售量。寡头垄断旅游市场是介于完全垄断旅游市场和完全竞争旅游市场之间，并偏于完全垄断旅游市场的一种市场结构。在现实市场经济中，寡头垄断旅游市场往往比完全垄断旅游市场更为普遍，尤其对于某些独特的或稀少的旅游资源，通过开发和建设容易形成寡头垄断的旅游产品和旅游市场。例如，全球邮轮旅游市场主要为三大著名邮轮公司嘉年华邮轮公司、皇家加勒比邮轮公司与丽星邮轮集团公司所控制，在全球邮轮旅游市场占80%以上的份额。其中，嘉年华和皇家加勒比均位于北美。

完全竞争和完全垄断是旅游经济市场竞争的两个极端的现象，在现实中极为少见。垄断竞争和寡头垄断是旅游市场上大量存在的竞争类型，其中最常见的是垄断竞争型的市场状态。

第四节　旅游市场的价格控制

旅游市场上的供给和需求决定了旅游产品的价格和销售数量，而且旅游供给和旅游需求的移动，改变了均衡价格和均衡数量。这种关系通常发生在没有政府管制的竞争市场上。也就是说，旅游产品的价格是由市场自发调整的。然而在现实的旅游市场中，并不是每个人都对这种自发市场调整过程的结果感到满意。一方面，有时旅游市场的竞争使旅游经营者竞相压低价格；另一方面，旅游者希望价格更低，而旅游经营者希望价格更高。旅游经营者之间和旅游经营者与旅游者之间就产生了利益冲突。那么，如何解决冲突呢？一般而言，政府会根据不同的经济形势采取不同的价格控制政策，其中包括最高限价和最低限价。

一、旅游产品的最高限价

在旅游目的地，地方政府为了抑制某些旅游产品的价格上涨，保持旅游市场的基本稳定，会制定一些旅游产品最高限制价格的价格政策。

1. 最高限价的两种情况

最高限价也称限制价格，是政府设定的法定最高价格，由于不允许价格上升到这个价格水平之上，所有又称为价格上限。最高限价有两种，如图 5－8(a)和图 5－8(b)所示。

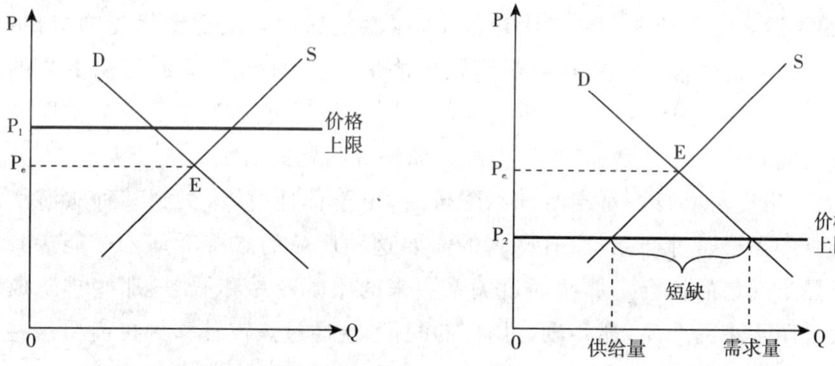

(a)没有限制作用的最高限价　　(b)有限制作用的最高限价

图 5－8　旅游产品的最高限价

图 5－8(a)中，政府实行旅游产品 P_1 的价格上限。在这种情况下，由于旅游市场上的均衡价格 P_e 低于价格上限 P_1，价格上限没有任何限制作用，政府的价格政策失效。市场力量自然而然地向均衡变动。

图 5－8(b)中，政府实行旅游产品 P_2 的价格上限。在这种情况下，由于旅游市场上的均衡价格 P_e 高于价格上限 P_2，所以价格上限对旅游市场有一种限制性约束。旅游供求力量的作用使价格向均衡变动，但当市场价格达到上限 P_2 时，就不能再上升了。

2. 实行最高限价的目的

政府实行最高限价的目的是为了抑制某些旅游产品的价格上涨，维护旅游者的合法权益。在旅游旺季的时候，旅游供不应求，此时旅游经营者总是希望价格能更高些。国家只能制定相应的政策，规定旅游产品价格上涨的幅度，从而保护了旅游者的利益。例如,近年来,我国实行了新的休假体制,使旅游者数量急剧增加,而旅游饭店数量有限,特别是在旅游旺季出现了供不应求的情况。很多饭店随意涨价。为此,国家有关部门制定相应的政策,对饭店业的价格进行干涉,如规定饭店涨价的浮动幅度等。

3.实行最高限价的不良影响

如果政府仅仅制定了最高限制价格而没有采取进一步的干预,可能会导致以下不良的结果。

(1)导致旅游产品短缺。在自由市场上,旅游供给量和旅游需求量相等,都等于均衡数量。当政府规定了这种旅游产品的价格不得超过最高限价时,根据旅游供给和需求规律,一方面,旅游需求量因价格下降而增加;另一方面,旅游供给量因价格下降而降低,至少不会增加。所以,有效的最高限价必定会导致供不应求,即短缺。

(2)旅游者排队抢购。在自由市场上,愿意出高价的旅游者优先购买,货币充当了配给商品的功能,但是,在有最高限价的情况下,不允许旅游者用更高的价格进行竞争,旅游者手中的货币不再决定谁优先买到,只能通过排队的方法购买。从而造成时间和精力的浪费,容易导致权力滥用等问题的出现。

(3)黑市交易盛行。对旅游产品限价后,由于种种原因,买到某种旅游产品的人未必真的需要这种产品,而有些真的需要这种产品的旅游者却未必能买到。这提供了黑市交易的机会。那些通过关系买来的旅游产品和服务、那些排队成本较低的人排队买来的产品、那些没有用掉的配额,会通过黑市转移到更需要这些产品的旅游者手中,但是黑市中旅游产品的价格更高,从而导致了变相涨价。

(4)造成更多歧视。所谓的歧视就是区别对待或另眼相看。在纯粹的市场中,旅游供给者仅仅按照出价的高低区分对待旅游者。在限价的情况下,能买到短缺产品的人最有可能是旅游供给者的亲戚、朋友、亲戚的亲戚、朋友的朋友、行贿的人、拿着领导字条的人等。在没有限价的情况下,旅游者可以用出更高的价格的办法弥补这些劣势,但是在有限价的情况下,就没有这样的机会了。

(5)导致旅游产品质量下降。在供不应求的情况下,即使质量降低一些,旅游产品和服务照样能卖出去。追求利润的旅游供给者,在不能提高价格的情况下,会为了降低成本而降低质量。

二、旅游产品的最低限价

在旅游目的地,地方政府为了防止某些产品进行降价的恶意竞争,保障旅游企业的正常收益,会制定一些旅游产品最低限制价格的价格政策。

1.最低限价的两种情况

所谓的最低限价也称支持价格，是政府设定的法定最低价格，由于不允许价格下降到这个价格水平之下，所有又称为价格下限。最低限价也有两种，如图 5—9(a)和图 5—9(b)所示。

图 5—9(a)中，政府实行旅游产品 P_1 的价格下限。在这种情况下，由于旅游市场上的均衡价格为 P_e 高于价格下限 P_1，价格下限没有任何限制作用，政府的价格政策失效。市场力量自然而然地向均衡变动。

图 5—9(b)中，政府实行旅游产品 P_2 的价格下限。在这种情况下，由于旅游市场上的均衡价格为 P_e 低于价格下限 P_2，所以价格下限对旅游市场有一种限制性约束。旅游供求力量的作用使价格向均衡变动，但当市场价格到达下限 P_2 时，就不能再下降了。

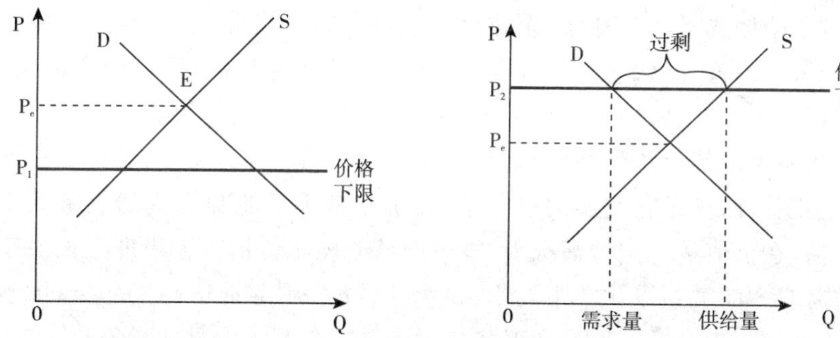

(a)没有限制作用的最低限价　　(b)有限制作用的最低限价

图 5—9 旅游产品的最低限价

2.实行最低限价的目的

政府实行最低限价的目的是为了遏制恶性竞争、维护市场秩序和保障企业经营活动的顺利进行。例如，近年来，随着旅游业的快速发展，我国许多地区的旅行社数量剧增，而且推出的旅游线路同质性明显，出现了供过于求的情况。为了争夺顾客，很多旅行社盲目削价，甚至出现了“零团费”、“负团费”现象，造成了市场的恶性竞争。为此，国家有关部门实施了最低限价政策，客观上保护了旅行社业的整体利益。

3.实行最低限价的不良影响

最低限价也可能会导致不良的影响：实行最低限价政策后，将会导致旅游供给方单位旅游产品利润增高，从而使得市场上旅游供给数量增加；与此同时，由于远高于市场价的最低价超出了部分旅游者能够支付的能力范围，很大一部分旅游者将不能够买到原本市场价时可以购得的旅游产品，整体而言旅游需求将比在市场价时有所减少；旅游供应增加而旅游需求减少，两者相加将会导致旅游产品过剩，大量资源被无效利用，资源不能有效分配，使得市场机制不能达到最有效化。

三、旅游产品价格的制定

除了政府使用限价政策对旅游产品的价格产生影响外，价值理论、供求关系、竞争状况同样也决定着旅游产品价格的制定。

1. 价值理论是制定旅游产品价格的基础

商品的价格是以价值为基础的，旅游产品也不例外。因此，旅游产品价格的高低取决于该产品价值量的大小，也就是生产该产品的社会必要劳动时间。生产率高的国家或地区，企业生产某一旅游产品的个别劳动时间往往低于社会必要劳动时间，而出售旅游产品的价格却等同于社会必要劳动时间所决定的价格，企业可以获得较高的利润。生产劳动率低的国家或地区，企业生产该种旅游产品的个别劳动时间往往高于社会必要劳动时间，但其产品仍须按照社会必要劳动时间决定的价格出售，劳动耗费得不到补偿，企业就无利润可言。因此，对于不同的旅游经营企业来说，努力改善经营管理水平，努力提高劳动效率，才能在竞争中占据主动。

2. 市场供求关系决定着旅游产品的现实价格

旅游产品无论其价值量的大小，都必须拿到市场上进行交换，其价值和使用价值才可能实现。而产品在交换的过程中，其价格就不可避免地受到供求关系的影响。可以说，在价值量一定的情况下，旅游产品的现实价格很大程度上取决于旅游市场上供需双方的关系变化。市场上，供大于求时，旅游价格趋于下降；供不应求时，旅游价格倾向于上升。上升和下降的幅度取决于市场的具体竞争状况。

3. 市场竞争状况决定着旅游产品的成交价格

旅游市场上的竞争，既有供给者之间的竞争，也有需求者之间的竞争，还有供给者与需求者之间的竞争。旅游供给者之间的竞争是卖主争夺买主的竞争，会使旅游产品的市场成交价实现在较低的价位上。例如，在旅游淡季，旅行社用销价竞争的方式争夺客源。旅游需求者之间的竞争是买主争夺产品的竞争，会使旅游产品的市场成交价实现在较高的价位上。例如，由于旅游产品的不可移动性和产地消费性，在旅游旺季，旅游产品的价格居高不下。总之，旅游市场的竞争状况决定着旅游产品的市场成交价格。只是，不同的市场时期，竞争中的主要矛盾并不相同，导致了旅游产品的成交价格，在不同的时期也会发生相应的变化。

综上所述，旅游价格的制定一般以旅游经营者所能接受的最低价格为下限，以旅游者所愿付出的最高价格为上限，旅游市场成交价居于上限和下限之间，并在市场竞争状况和政府经济政策的作用下，上下波动。当然，特殊情况下，旅游产品的成交价格甚至可能低于旅游经营者一般所能接受的价格下限。此原理如图 5－10 所示。

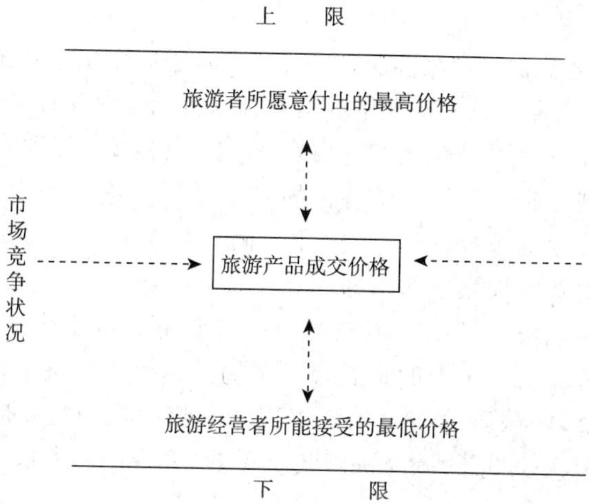

图 5－10 旅游产品价格的制定

四、旅游价格指数的建立

旅游价格直接影响目的地的旅游竞争力，旅游价格指数是城市或国家旅游竞争力的重要评价指标。编制和发布旅游价格指数，能够更全面地反映旅游业的运行情况，也可以为政府治理和规范旅游市场提供较为客观的决策参考依据。

1. 编制旅游价格指数的必要性

在旅游业发展上升为国家战略后，旅游消费已经成为促进消费结构升级的重要力量，随着消费物价指数不断攀升，旅游价格也成为旅游消费者普遍关心的热点问题，并直接影响着旅游者的消费选择和游客的满意度。价格虽然在表现形式上可以用货币量进行衡量，但非常抽象。

从整个旅游业运行来说，较为完整的旅游统计系统除包括对旅游人数、旅游收入、人均旅游消费、旅游就业、旅游投资等数据的统计外，尚需要对旅游价格的变动进行统计监测。因此，开展旅游价格指数编制的研究和发布中国旅游价格指数，有助于完善中国旅游统计体系，从而更全面地反映中国旅游业的运行情况。

鉴于获取系统连续的旅游价格指数难度较大，研究者在研究旅游需求时往往就用消费物价指数代替旅游价格指数，但由于旅游者花费与一般消费者花费具有较大差异，这种做法是否合理值得商榷。有研究者认为总的目的地旅游价格指数可能会非常复杂，用消费物价指数替代旅游价格指数可能不合适，因为它通常在全国范围内计算而且涉及并非旅游者消费的商品。也有研究者采用消费物价指数并作适当变通以得到一个通用的旅游价格指数，但发现这个指数不能用于通缩目的或作为组成旅游消费不同板块（国内、出境和入境）的周期性指标。因此在这类应用中，必须考虑每种形式旅游的特殊性，开发出特定的指数体系。

2.旅游价格指数的涵义

价格指数是反映不同时期商品和服务项目价格水平的变化方向、趋势和程度的经济指标,通常以报告期与基准期相对比的相对数值来表示。它是研究价格动态变化的一种工具,它为制定、调整和检查各项经济政策,特别是价格政策提供依据。

旅游价格指数则是旅行过程中所涉及的交通、住宿、餐饮、购物、娱乐及景区等众多消费项目价格指数的系统性指数,是用于测量一个时期在一个国家或地区旅游相关商品和服务消费的通胀率的指标。

旅游价格指数可以看作是城市和旅游目的地旅游成本变化的指示器,也是衡量城市和旅游目的地旅游竞争力的重要评价指标。掌握旅游价格指数变动对于了解旅游消费的成本变动、旅游价格对旅游需求的影响以及制定相应的旅游消费引导策略都具有重要意义,可以为政府决策提供重要、客观的参考依据。

3.国际旅游价格指数

目前世界上很多国家都定期发布旅游价格指数,如美国旅游产业协会、加拿大统计局、中国澳门特别行政区统计与普查局、美属萨摩亚、加拿大安大略省等国家或地区按月或季度发布旅游价格指数。此外,部分国家和机构还发布更为细分的行业价格指数,如美国劳工统计局每月发布入境旅游价格指数,美国交通统计局发布航空旅行价格指数。

各个国家和地区在编制旅游价格指数时,在旅游商品和服务类别的选择上,通常包括交通、住宿、食品和饮料、旅游纪念品、娱乐服务、其他杂项等几大类,但各国或地区又有其特殊性。

(1)中国澳门。中国澳门是根据旅客消费调查所取得的旅游消费结构,按项目占消费开支的比重挑选“一篮子”具有代表性的旅游商品及服务,用作反映旅游者购买的商品及服务在不同时期的价格变动,具体包括食品及烟酒类、衣服类、住宿类、餐饮类、交通及通信类、药物及个人物品类、娱乐及文化活动类、杂项物品类。

(2)美国。美国旅游协会发布的旅游价格指数的组成部分为娱乐服务类、食品和饮料类、其他住宿类(包括饭店和汽车旅馆)、交通类(航空交通、城市内部公共交通、机动车辆燃料、其他城际交通)。

(3)加拿大。加拿大统计局的旅游价格指数组成部分为城际交通、本地和通勤交通、机动车辆租赁、汽车运营、旅游者住宿、从商店购买的食品、从餐馆购买的食品、服务提供的酒精饮料、从商店购买的酒精饮料、观赏性娱乐、服装、鞋类。

(4)萨摩亚。萨摩亚旅游价格指数组成包括住宿类、膳食和饮料类、汽车租赁类、其他交通类、家庭义务类和杂项类。

4.编制我国旅游价格指数应注意的事项

鉴于旅游价格指数对旅游业发展的重要性,我国应加强对旅游商品和服务价格变动的监测,将旅游价格指数作为我国旅游统计体系的重要组成部分,同时也亟须研究编制和发布旅游价格指数。在编制中国旅游价格指数时需要解决以下问题。

(1)构建旅游价格指数指标体系。旅游价格指数指标体系应该包括基本类价格指数、大类价格指数(如饭店价格指数、旅游交通价格指数等)、总旅游价格指数、地区旅游价格指数及地区细分旅游价格指数等。鉴于旅游者在各国的消费项目会有一定差异,需要在参考其他国家和地区指标体系的基础上,通过旅游者消费调查,根据消费结构确定旅游商品和服务的大类、基本类型和代表性规格品。

(2)收集旅游价格数据。旅游商品及服务的价格收集方面,数据来源大致有两类,例如,美国的旅游价格指数数据来源于消费物价指数,而中国澳门的旅游价格指数数据来源于直接向调查点收集商品和服务的价格。也可以有多种数据来源,即部分取自消费物价指数,部分依靠直接调查。对于我国旅游价格指数数据来源,需要研究国家统计局的消费物价指数的大类、基类和规格品组成情况,看其能否与所选取的“一篮子”商品和服务类型对接,如差距过大就需要通过问卷调查或其他途径解决。有的还涉及价格调查地区和调查网点的抽选方法、数量及分布以及数据收集的数量、频度和途径等内容。

(3)确定各类旅游商品和服务的权重及旅游价格指数的计算方法。旅游价格指数的权数计算通常是根据旅游者消费支出调查数据得出的。各国最常用的价格指数编制公式主要有简单综合价格指数、简单平均价格指数、拉氏价格指数和帕氏价格指数。旅游价格指数的计算方法多采用拉氏价格指数。

中国旅游价格指数权重的确定需要研究国家旅游局历年出版的《旅游抽样调查资料》数据是否可用,否则需寻找其他途径解决。计算方法要确定是采用拉氏价格指数法还是其他方法。

此外,旅游价格指数编制还涉及消费物价指数发布周期、基期选择、代表规格品和权重系数调整等问题[①]。

章尾案例

凤凰古城客栈宾馆酒店客房将实行最高限价[②]

2012年五一前夕,湘西凤凰县物价局、旅游局、工商局联合出台了《关于重大节假日期间对宾馆酒店客房价格实行最高限价的通知》,规定在每年的元旦、春节、清明、五一、端午、中秋、国庆等重大节假日期间,对县城区内所有宾馆、酒店、旅社、招待所、家庭客栈的客房价格实行最高限价干预措施,以保持景区旅游价格基本稳定,防止价格暴涨,维护消费者的合法权益。

据了解,每逢重大节假日凤凰旅游均十分火爆,日均接待游客近三万人次,而住宿床位仅1.8万张,供求紧张导致客房价格暴涨。

---

①杨宏浩.建立旅游价格指数体系十分必要[N].中国旅游报,2011-6-6:2.

②滕周.凤凰古城客栈宾馆酒店客房将实行最高限价[N].团结报,2012-5-3.

《关于重大节假日期间对宾馆酒店客房价格实行最高限价的通知》规定的限价标准为:四星级酒店标准房最高限价为每天每间1000元;三星级酒店标准房及江边宾馆客房最高限价为每天每间600元;二星级酒店标准房最高限价为每天每间500元;其他宾馆、招待所、家庭客栈等客房最高限价为每天每间400元。各宾馆酒店要严格明码标价,标示的客房销售价格不得超过最高限价。

消费者如发现有违反上述规定的情况,保存好发票等相关证据,向县物价部门价格投诉电话"12358"进行举报。

案例分析 每逢重大节假日凤凰旅游十分火爆,日均接待游客近三万人次,而住宿床位仅1.8万张。旅游市场的供求关系决定着旅游产品的现实价格。旅游旺季,在湘西凤凰县旅游市场上呈现出了供不应求态势,使酒店的价格居高不下。

政府为了抑制价格上涨,维护消费者的合法利益,由湘西凤凰县物价局、旅游局、工商局联合出台了《关于重大节假日期间对宾馆酒店客房价格实行最高限价的通知》,规定在每年的元旦、春节、清明、五一、端午、中秋、国庆等重大节假日期间,对县城区内所有宾馆、酒店、旅社、招待所、家庭客栈的客房价格实行最高限价干预措施。

但是如果政府仅仅制定了最高限制价格而没有采取进一步的干预,可能会导致以下不良的结果:

(1)导致旅游产品短缺。有效的最高限价因为低于均衡价格,根据旅游供给规律,必定会导致供不应求,即短缺。但是,对于酒店这种旅游产品来说,因其供给具有持续性,所以短时期内,短缺现象不会发生。

(2)旅游者排队抢购。在有最高限价的情况下,不允许旅游者用更高的价格进行竞争,旅游者手中的货币不再决定谁优先买到,只能通过排队的方法购买。从而造成时间和精力的浪费,容易导致权力滥用等问题的出现。

(3)造成更多歧视。在有最高限价的情况下,能买到短缺产品的人最有可能是旅游供给者的亲戚、朋友、亲戚的亲戚、朋友的朋友、行贿的人、拿着领导字条的人等。

(4)导致酒店的服务质量下降。在供不应求的情况下,即使服务质量降低一些,旅游产品和服务照样能卖出去。追求利润的旅游供给者,在不能提高价格的情况下,会为了降低成本而降低服务质量,如酒店员工没有经过培训就上岗、酒店实施损害得不到及时维修、菜品的数量减少等。

思考题

1.什么是旅游市场?旅游市场是如何进行分类的?

2.旅游供求之间有何矛盾?如何实现旅游供求平衡?

3.旅游市场上的竞争有哪些作用?并举例说明我国旅游市场竞争的类型。

4.什么是最高限价?举例说明政府实施最高限价的目的和后果。

5.什么是最低限价?举例说明政府实施最低限价的目的和后果。

第六章　政府与旅游经济

本章提要

市场的作用是巨大和不可抗拒的，但是市场失灵也是客观存在的，为使市场最大限度地发挥其积极作用，就需要对市场失灵进行调节和干预。能担当起干预市场失灵职责的，只有政府。市场失灵与政府干预之间的内在逻辑联系是：市场失灵在于市场机制，市场失灵必然导致政府干预，政府干预经济只能是市场失灵的地方。本章主要从对“市场失灵”的分析入手，介绍了我国政府干预旅游经济的方法，即宏观调控中的旅游产业政策和微观规制。

章首案例

无票强闯风景区　合阳严处六干部①

2008年7月26日中午，陕西省渭南市合阳县洽川镇政府人员未购门票欲强行进入处女泉景区，景区工作人员予以拒绝后，双方发生殴斗。持续20多分钟的冲突造成多人受伤，数百名游客被堵在洽川景区处女泉景点门口进退不得。此事经媒体报道后，合阳县对相关人员进行了处理。

那么，处理几个乡镇干部就能保证企业合法经营吗？这场争斗的背后究竟意味着什么？

其实，在中国，政府把景区当作自家的“后花园”、“小金库”，当地村民把景区看成“唐僧肉”早已不是什么新闻。免票、招待、检查、摊派等现象普遍存在，总之，想尽一切办法，不想自己掏钱，白玩。

究其原因，主要是因为景区旅游资源的所有权、经营权、监督权不分，政企不分。具体表现如下：

(1)中国的旅游景区管理体制太复杂，国土、林业、环保、水利、建设、文物、旅游等不同国家部门，相互割据，矛盾重生。

(2)投资主体不明确，有国有、集体、私有等投资主体之分。

(3)旅游景区进入门槛低，没有建立一个科学“准入制”，圈一个门就能收门票，直至现在国家没有《旅游法》，旅游产业还是有一些环节无法可依，乱开发现象突出。

---

①王晓光. 无票强闯风景区　合阳严处六干部[N]. 西安晚报，2008－7－30(1).

问题思考

1. 旅游景区怎样保护自己的合法利益？怎样科学经营？
2. 政府应该在旅游发展中扮演什么角色？

第一节 旅游市场失灵

第五章我们分析了，在旅游市场上，旅游供求的力量（市场机制）可以让经济达到一般的均衡，即供求力量可以有效地配置资源，从而使市场有效率。但是，为了得出旅游市场有效率的结论，我们做了一系列的关于市场如何运行的假设。其中两个最主要的假设是：其一，旅游市场是完全竞争的。然而这样的旅游市场是不存在的。其二，市场结果只影响买方和卖方。但在现实世界中，买方和卖方的决策有时会影响那些根本不参与市场的人。如旅游活动造成的环境污染、交通拥挤、资源破坏等。显然，这两个假设都不成立，此时从整个社会的角度看，关于市场均衡有效率的结论可能就不再正确了。这种市场机制无法有效配置资源，市场无效率和不公平的现象被称为“市场失灵”（Market Failure）。

一、旅游市场失灵的定义

市场失灵有广义与狭义两层涵义。狭义的市场失灵主要表现在市场对外部负经济效果、垄断生产和经营、公共物品的生产、不对称信息情况下的商品交易以及社会分配不均等问题的调节上运作失灵。广义的市场失灵除了狭义市场失灵的内容外，还包括由宏观经济总量失衡导致的经济波动。市场失灵主要是由市场机制的自发性、盲目性和滞后性所引起的。

旅游市场失灵是市场失灵在旅游市场机制中的具体体现，它是指旅游市场机制本身不能有效地配置旅游资源的情况。本书对旅游市场失灵的研究主要是从效率的角度出发，即从现实的旅游市场对完全竞争的旅游市场的偏离，从而不能满足实现帕累托效率的条件进而不能使经济达到帕累托最优的角度来论述“旅游市场失灵”问题的，因而属于狭义的市场失灵范畴。

我国的旅游业自从 1978 年改革开放后真正步入市场轨道，也和其他国家市场经济条件下的旅游业一样，频频出现市场失灵现象。而且我国还是一个发展中国家，特有的市场经济体制使市场机制发育还很不完善。因而，我国的旅游市场失灵现象比旅游发达国家更为突出，既有体制内的原因，也有体制外的原因。

二、旅游市场失灵产生的原因

传统的市场失灵理论认为垄断、公共物品与外部性是市场失灵最典型、最主要的三种表现形式，随着市场失灵理论的发展，人们逐渐意识到信息不对称也是其重要的表现形式之一，并且在现实生活中普遍存在。下面就从这四个方面来分别谈谈旅游市场失灵产生的原因。

1. 旅游市场的公共性失灵

在《公共支出的纯理论》中，萨缪尔森给出了公共产品的经典定义。从经济学的观点来看，"产品"可以分为"私人产品"和"公共产品"。前者通常是指个人消费品，后者是指为满足共同需要的产品。与私人产品不同的是，公共产品具有"非竞争性"和"非排他性"。由于这两种属性，产生市场失灵的最主要原因是产权的缺乏或产权界定的不清晰、资源配置不当。

一是"非竞争性"造成的市场失灵。所谓的"非竞争性"是指如果某个人已经使用了某种产品，其他人也可以同时使用该产品，消费者之间就不再存在愿意出高价优先购买这样的竞争了。如果消费者认识到这一点，他们会尽量少支付给生产者以换取消费公共产品的权力，这样一来，公共产品的生产成本就无法得到弥补。

二是"非排他性"造成的市场失灵。所谓的"非排他性"是指产品不能为某个人或某些人所专有，要将一些人排斥在消费过程之外，不让他们使用是不可能的，所以即使没有支付费用也可以使用该产品。正因为如此，消费者低报或者隐瞒自己偏好，以便少支付或不支付，即"搭便车"。这样一来，公共产品的需求曲线是虚假的，供给者无法将消费者的个人需求加总得到公共产品的市场需求，进而确定公共产品的最优供给数量。尽管难以通过供求分析确定公共产品的最优供给数量，但是可以有把握地说，市场本身提供的公共产品通常是低于最优供给数量的，因此造成了"拥挤性"的现象。

旅游产品也可以分为"私人旅游产品"和"公共旅游产品"。"私人旅游产品"，例如，旅游者在旅游过程中购买的飞机上的座位和饭店的床位等；"公共旅游产品"，例如，市政设施、民俗文化、节日庆典、通用的语言表述、被限制权利而进入公共领域的知识产权等。① 因此，在旅游市场中同样存在着公共性失灵问题，"公共旅游产品"的消费也具有"非竞争性"和"非排他性"。一方面，"公共旅游产品"在承载范围内增加一个游客的消费并不影响其他游客同时从这些资源中获得享受，如一个游客在欣赏自然景观时不会影响他人对该景观的欣赏效果。另一方面，从产权角度来看，在我国，这部分旅游产品的产权应该属于国家所有公民，是一种公共产权，具有非排他性。

①河金.公共资源和私有权利在旅游产业中的规范利用(上)[N].中国旅游报，2011－4－8(11).

因此，在旅游市场上，所有人包括旅游者、地方政府、旅游开发及经营部门、旅游目的地居民都希望别人生产公共产品，让别人为公共产品的生产付出代价，自己能不付代价而消费。例如，旅游景区（点）属于公共产品具有非排他性，旅游者期望以较低的成本进入公共景区（点）。作为游览活动基础的景区维护和公共道路也具有公共品的特点，由于与旅游经营者的盈利目标相矛盾，因此旅游经营者缺乏自发维护旅游资源的动机，结果导致旅游经营者只追求短期利益，对资源进行破坏性、掠夺性的开发和使用，造成公共资源的过度损耗。景区经营权包含巨大经济利益，各地政府纷纷将拍卖景区经营权视为生财之道。旅游经营者对景区的开发经营影响了当地居民的生产生活，当地居民则期望在旅游开发中获得相应的利益。在这些动机的驱使下，旅游市场对具有“公共性”的旅游产品进行资源配置时会出现市场失灵。

2. 旅游市场的垄断性失灵

萨缪尔森认为这种市场失灵是在市场上出现了不完全竞争的条件下产生的。如上所述，市场机制的优点只在完全竞争的平衡和抑制作用下存在，市场上没有垄断者，任何人对市场所占份额很小，对价格无法施加影响，此时的企业是价格的接受者。但一旦市场上出现垄断，垄断企业就成为了价格的制定者，为获得超额利润，垄断者使生产的产量过低而售价过高，最终导致效率与公平的丧失。垄断源于市场，但是完全依靠市场机制又无法消除垄断。因此，市场均衡作用失灵，资源不能得到合理配置。垄断产生的基本原因是进入壁垒，而进入壁垒又有三个主要形成原因：关键资源由单个企业所有——垄断资源；政府给予单个企业排他性地生产某种物品或劳务的权力——政府创造的垄断；生产成本使单个生产者比大量生产者更有效率——自然垄断。①

在现实经济生活中，完全竞争的旅游市场是不存在的，而垄断现象却普遍存在。首先，某些旅游资源具有的独一无二性和不可替代性，是旅游业中垄断现象层出不穷的另一主要原因。例如，故宫等更是独一无二，举世无双，这种垄断是由自然禀赋的优越造成的。其次，依照《中华人民共和国物权法》规定，自然资源属于国家所有，但由于自然资源实行属地管理，地方政府为了获取经济利益，把旅游当作一个新的经济增长点，将本来属于国家所有也就是全民所有的自然资源圈占起来，将自然资源变成政府垄断经营或者政府授权企业垄断经营的资产。再次，实行计划经济体制时，我国为保护国内旅行社曾严格禁止外资旅行社进入本国市场（现在这一限制渐渐有所放宽）；20 世纪 80 年代我国旅游业刚刚起步，为防止客源流失、尽快繁荣国内旅游市场，我国实行了对本国居民出境旅游严加管制的众多举措，这些都人为地限制了旅游市场的正常发展，易于在旅游市场中形成垄断。最后，对于

①曼昆著，梁小民译. 经济学原理——微观经济学分册[M]. 北京：北京大学出版社，2006.

那些竞争性比较强的旅游企业而言，为获得“经济租金”会竞相创新，从而使厂商面对的需求曲线变陡、市场力量增强，当创新突出的个别旅游企业的市场力量增强到一定程度、有了左右市场的能力时，就会形成垄断或寡占。垄断者就会为获得其“垄断的超额利润”来损害旅游者的利益，最终导致效率与公平的丧失。这些垄断都会造成旅游市场的垄断性失灵。

3.旅游市场的外部性失灵

著名经济大师马歇尔1890年首次在其巨著《经济学原理》中提出外部性（Externality）概念。所谓外部性，也称为外在效应或溢出效应，是指社会经济活动中，一个经济主体（国家、企业或个人）的行为直接影响到旁观者的福利，而对这种影响既不付报酬又得不到报酬。通俗地说，就是指私人收益与社会收益、私人成本与社会成本不一致的现象。

外部性具有三个特征：①外部性是经济活动中的一种溢出效应，在旁观者看来，这种溢出效应不是自愿接受的，对方也不是故意的。②买卖双方的经济活动对旁观者的影响并不反映在市场机制的运行过程中，而是在市场运行机制之外。市场机制的基本特征是，如果经济主体的活动引起了其他经济主体收益的增减变化，这一经济主体必须以价格形式向对方索要或支付货币。但如果发生了外部性，那么就不会有表现为价格形式的货币支付了。③外部性主要有两类：如果买卖双方的经济行为对旁观者的影响是不利的称为外部不经济；如果是有利的称为外部经济。由于买方与卖方在决定需求或供给多少时并没有考虑他们行为的外部性，所以，存在外部性时，从整个社会角度来看，市场均衡不是有效率的，导致整个社会的总利益不能实现最大化，而资源配置也不可能达到帕累托最优。“看不见的手”在外部影响面前失去了作用，因而称市场处于失灵状态。

旅游市场上存在显著的外部性现象。表现为：①外部经济。旅游业有较强关联性，旅游活动涉及食、住、行、游、购、娱等多个环节，需要有多个企业、多个地区参与到生产过程当中，才能满足一个旅游者的全部需要。这就意味着旅游经营者的经营成果（如推动旅游目的地经济发展、改善旅游目的地环境质量等）无法由旅游经营者独享。②外部性不经济。旅游活动造成了环境污染、交通拥挤、资源破坏；旅游者的不良示范对旅游目的地文化的干涉；某一景区所接待的旅游者人数已超过环境承载力之后再增加旅游者人数就会减少全体旅游者的旅游感受。

但是，市场机制却无法消除旅游市场上的外部性。例如，在没有政府干预的情况下，旅游者实际支付的货币不包括旅游活动引起的污染、拥挤、文化干涉等社会成本；对于旅游经营者没有因为他的经营活动得到报酬，也没有为他的分享而付出报酬；对于旅游目的地居民而言，没有因为旅游活动带来的损失而得到补偿。因此，从整个社会来看，私人利益小于社会利益，私人成本小于社会成本。旅游市场的资源配置难以实现帕累托最优，从而导致旅游市场产生了失灵现象。

4. 旅游市场信息不对称性失灵

信息不对称是指有些人比其他人拥有更多的相关信息。完全竞争市场中所假定的“信息是完全的,并且获得完全信息不需要支付成本”的条件在现实生活中并不存在,因而信息不对称是经济生活中的一种普遍现象。在信息不对称的情况下,市场机制有时就不能很好地起作用。例如,当消费者掌握的市场信息不完全时,他们对商品的需求量就会随价格的下降而减少;当生产者掌握的市场信息不完全时,他们对商品的供给量也可能随着价格的上升而减少,就出现了所谓的“逆向选择”问题。一般来说,当价格下降的时候,生产者首先要减少优质品的供给量,因为在较低价格下生产高质量产品是不划算的,从而产生了“劣胜优汰”的问题。同时如果信息不对称,委托人不能完全监督代理人的行为,代理人就不会像委托人期望的那样努力,这种现象被称为“败德行为”。这样一来,资源就不能在市场机制的作用下得到很好的配置,市场就失灵了。

旅游产品具有无形性、异地性、生产与消费的不可分割性以及所有权的不可转移性等特点,这些特点使得旅游者和旅游经营者之间的信息不对称现象非常突出。通常情况下,旅游经营者拥有多方面的旅游信息,而旅游者却常处于弱势地位,获取的旅游信息比较有限。为此,在旅游市场上旅游经营者往往会利用信息优势,通过虚假宣传、改变行程、降低交通或住宿档次、诱导或者强制购物等方式去牟取不正当利益,使旅游者的权益最终受到严重侵害,进而使旅游市场无法实现资源的优化配置,导致旅游市场失灵。此外,即便旅游经营者和旅游者因为现在信息技术的快速发展有能力获取全面的相关旅游信息,但是由于旅游法规的完备性和执行性都欠完善,我国当前旅游市场败德行为普遍存在,如“转团、卖团”现象在许多旅行社都不同程度地存在着。

正如前面所述,旅游市场失灵是客观存在的,市场机制本身并不能解决这种“失灵”,必须依靠市场以外的力量,如政府这只“看得见的手”来弥补,使“看不见的手”与“看得见的手”共同调节资源配置和经济运行,这就为旅游市场经济中政府干预提供了必要性,成为“政府介入的原动力”。

第二节　政府干预与旅游产业政策

市场失灵需要政府干预。政府对经济的干预一般包括宏观调控和微观规制两方面。宏观调控是国家运用计划、法规、政策等手段,对经济运行状态和经济关系进行干预和调整,如旅游产业政策。微观规制则是指政府直接对微观主体的经济活动作出限制性的规定。本节主要是对政府宏观调控中的一个方面——旅游产业政策进行分析。

一、宏观调控与政府规制的比较

虽然宏观调控和微观规制均是为了纠正市场失灵，都是政府经济职能的内在组成部分，但是它们两者在调节的具体目标、调节的对象和视角、实现的途径、调节经济的手段以及调节经济的特征等方面都存在着明显的不同。

第一，实现途径不同。宏观调控是间接的，它借助于财政、货币、税收等政策工具作用于市场，通过市场参数的改变，间接影响企业行为；微观规制是直接的，它借助于有关法律和规章直接作用于企业，规范、约束和限制企业行为。

第二，调节经济的特征不同。宏观调控政策有易变性、相机决策性，微观规制政策有相对稳定性、规制性和强制性。宏观调控政策可以经常变动；而微观规制政策不能频繁地变动，如产品的质量标准和技术标准不能朝令夕改。如果微观规制也像宏观调控政策那样一年多次变动，那么，微观规制不仅令市场经济主体无所适从，也令政府部门难以操作，还会导致微观规制的随意性和不规范性，从而干扰了市场机制的作用，影响市场公平竞争机制正常发挥作用，扰乱市场经济秩序。

二、制定旅游产业政策的必要性和原则

旅游产业政策是指导旅游产业发展和结构优化的基本方针、政策和措施的总称，是各国政府宏观调控的政策之一，是国家调整旅游经济结构的基本手段。同时，也是各国政府干预、调节市场失灵的手段之一。

旅游产业是"永远的朝阳"产业，现正处于新兴的发展阶段。旅游产业是第三产业的龙头产业，是国民经济的支柱产业。旅游业的发展涉及许多部门和行业，要加快发展"大旅游"，开创全国性的发展新局面，单靠旅游部门、某一级政府是力所不能及的，亟须有一个国家层次的产业政策来引导。国家有关部门联合制定旅游产业政策势在必行。

目前，中国有二十多个省（区、市）制定了《加快旅游业发展的决定》或《加快旅游业发展的意见》，确定了省（区、市）区域内的旅游产业政策。这一方面，为国家旅游产业政策的出台打下了良好的基础条件；另一方面，由于各地市场经济和旅游业发育程度不同，在规定的内容、政策的优惠、发展的导向、贯彻实施的情况等方面都有较多差异，个别的还存在与国家政策导向相抵触的问题，从长远发展和整体发展看，潜在的不利因素在逐步滋长和显现。这也亟须制定产业政策用以指导和规范。

制定产业政策是国家加强和改善宏观调控，有效调整和优化产业结构，提高产业素质，促进国民经济持续、快速、健康发展的重要手段。因此，产业政策要有较强的针对性、相对的稳定性和适当的前瞻性。制定旅游产业政策要符合以下原则：

1.现实性

要符合我国旅游业的发展现状。各国旅游产业发展的规律是大体一致的，但由于国情不同、社会经济环境不同、旅游业发展阶段不同，产业政策的具体内容也有所区别。当前，旅游产业政策的制定应予考虑的问题是，我国是一个发展中国家，虽然正在加速向市场经济方向迈进，但旅游业发展所依赖的基础条件、配套设施、综合环境等，与市场经济比较发达的国家相比还有相当大的差距。在此情况下，尤其要处理好政府主导作用与市场对资源配置的基础性作用，也就是如何搞好市场经济条件下的政府主导型发展的问题。

2.前瞻性

研究产业政策尤其要注意适度的预见性和超前性，既要立足当前的旅游业发展实际，更要考虑21世纪旅游业的发展走势和世界旅游业的发展潮流。要努力使所制定的产业政策，不仅对于旅游业当前的发展具有指导意义，而且对于未来的发展应有一定的趋势性导向。

3.整体性

国民经济是一个复杂的系统，因此，产业政策必须具有较强的整体性、系统性和配套性。产业政策是一整套综合性的政策体系，一个完整的旅游产业政策必须同国家总体产业政策相融合。总体产业政策是旅游产业政策的基础，另外，旅游产业政策又要结合旅游经济运行的特殊性，体现出自身的规律。

4.保障性

产业政策的贯彻实施，必须要有一定的经济手段、法律手段和行政手段加以保障。对旅游业这个依托性较强的产业来说，这一点显得尤为重要。因此，产业政策的某些规定，不仅要有一些是原则性的，而且还应有一些相对明确的硬性规定，例如，对旅游业的投入要列入国民经济计划，对旅游创汇企业要实施奖励，加强旅游法制建设等内容。只有将发展方向与保障措施紧密结合，才能使产业政策真正发挥导向和指针的作用。

三、旅游产业政策分类

旅游产业政策作为一个政策体系，按照产业经营活动的特点可以分为以下几个方面：

1.旅游产业结构政策

旅游产业结构是旅游中各行业结构的合理化，即食、住、行、游、购、娱六大要素的合理配套。旅游产业结构政策首光应考虑旅游业在整个国民经济中的地位，其次考虑旅游业与国民经济其他行业的协调发展关系，此外还应包括国内旅游业与国际旅游业的关系和政策协调。

2.旅游产业地区政策

中国幅员广阔，旅游资源分布和社会经济发展存在着较大的不平衡，这种不平衡引起了旅游供给结构中地区的差异性。因此旅游业的发展应结合旅游资源的区位特点，在布局上不应遍地开发，在投资上要有重点、有层次。因此，旅游产业的地区政策具有相对的特殊性。

3.旅游产业组织政策

这方面的政策是对旅游企业实际运行的深层次的制约，涉及旅游企业与政府的外部组织结构及旅游企业内部经济规模、国内外产业组织的对接等一系列问题，其核心是旅游企业的集团化问题。

4.旅游产业导向政策

旅游业发展所应坚持的原则和方向，是产业政策应明确解决的问题。从各地发展旅游业的实践看，应该注意的方向性问题是旅游资源的科学保护与合理开发，防止旅游资源的破坏和掠夺性开发；旅游业的可持续发展，防止粗放性开发，走集约化的发展通路。

5.旅游产业布局政策

旅游产业受资源分布、交通条件、旅游行程等因素的影响，产业的布局与其他产业有所区别，既有产业分布的区域性问题，也有产业分布的点线结合、点面结合的问题。因此，应根据旅游发展程度的区域性差异，在发展好东部沿海地区旅游业的同时，应强调加快中西部地区旅游业的发展；应根据旅游资源分布的独特性，强调形成旅游区域的专业化分工，如海南的海滨度假、黑龙江的冰雪旅游、云南的生态旅游和民俗旅游、四川的大熊猫故乡之旅、青藏高原风情旅、内蒙古草原风光旅、西北沙漠探险旅等；应根据各地具备的优势，如沿海、沿江、沿路、沿边等，形成有相对优势的旅游产品分布；根据资源互补、产品相关和交通便利等条件，加强旅游产品的点线、点面之间的联系，形成独具优势和竞争力强的产品系列。

6.旅游产业配套政策

旅游业是综合性产业，其持续、快速、健康的发展，离不开各环节的配套，离不开各部门的配合和支持。旅游产业配套政策，一是鼓励旅游基础设施的建设，促进相关部门对旅游业的支持和配合，如社会治安、市场秩序、环境卫生等；二是要求旅游六要素的协调发展，要防止各要素之间此少彼多、重复过剩或缺乏不足，例如，饭店、旅行社过剩就可能削价竞争，娱乐设施不足就会使游程单调。

7.旅游产业技术政策

旅游业是高新技术应用和推广的前沿区域，电子预定、电子信函、卫星通讯、先进交通工具、高新建材等，都率先在旅游业得到应用，这也是提高旅游产业素质的重要条件。国家应要求加快改进标准化工作的进程，提倡采用国际标准和国外先进标准；应支持引进和消化国外的先进技术，提高我国旅游设施的技术性能，提高产业技术水平:应鼓励产学研相结合,支持对引进先进技术的消化吸收和创新,促进应用技术的开发,加速科技成果的推广;应以法规形式定期公布淘汰落后的材料设备和科技含量低的人造景点。

8.旅游市场开发政策

旅游业的外向性决定了旅游业的发展不仅要面向国内,更要面向国外,参与世界旅游市场的竞争,这是旅游产业政策不可缺少的内容。旅游市场开发政策包括促销经费的筹集、促销方案与措施、市场竞争的策略等。

9.旅游政策的实施保障政策

旅游业是否能健康发展还有赖于其实施过程中是否能有相应的保障和体制政策与之相配套,实施保障政策应是综合的、成体系的,更要求其内部的一致性及与各方面政策的协调。为保障旅游产业政策的贯彻实施,应采取经济的、行政的、法律的以及其他多种手段。

总而言之,产业政策是国家的产业发展纲领,为保证其科学性、权威性和实施的可操作性,国家规定了比较严格的制定程序。一般要经历立项、制定、审议、报批、监督、检查、评价等阶段。

四、旅游产业政策的作用

任何产业的发展、结构的调整,不能一切都通过市场机制自发的调节来实现,而应借助各种产业政策手段进行干预、引导和影响,以实现其产业均衡、高速、高效的发展。制定和实施正确的旅游产业政策,对旅游业的发展将有巨大的推动作用。

1.规范企业的生产经营活动

产业政策作为国家宏观经济政策的重要组成部分,其基本职能之一,是使国家乃至地区的产业发展具有明确的整体方向性。产业政策还能为企业平等竞争、优胜劣汰、技术进步、提高效益提供重要的外部条件。能够为旅游企业提供良好的发展环境,有利于旅游业健康、稳定、协调发展。它既有限制企业不合理发展的一面,又有鼓励、扶持企业合理发展的一面。能够缓解削价竞销的矛盾,促进合理有效的竞争和促进旅游业市场机制和市场结构的完善。

2.推动社会资源的优化配置

旅游产业政策能推动社会资源的优化配置,促进优势的充分发挥,有利于国民经济整体效益的提高和社会总供求的基本平衡。社会资源的优化配置,是最大限度地发挥资源优势的前提,是提高国民经济整体效益的保证。实行正确的产业政策,可以为资源的优化配置创造有利条件。有旅游产业政策的支持,能够促进重点旅游产业、旅游产品、重点旅游地区的迅速发展。

3.加强旅游经济管理

旅游产业政策是一种新型的、有前途的经济管理形式。产业政策自身的特点,决定了它既能实现国家宏观经济管理的要求，又能使企业充分发挥自主能动性。通过制定旅游产业政策，还可以扶持旅游企业运用国际先进管理经验和先进技术，使旅游企业达到国际先进水平。

从以上分析可以看出，产业政策将在今后国家产业发展的管理中，日益发挥重要作用，具有广阔的前景。

第三节 政府干预与规制行为

正如第二节所说的那样，微观规制在纠正市场失灵方面具有间接性、稳定性的特征，因此，在我国由计划经济向市场经济转型的大背景下，从政府微观规制的角度来讨论旅游市场失灵的政府干预行为更具现实意义。以下将展开对政府规制的深入讨论。

一、政府规制的定义及分类

政府规制理论的产生是市场经济演进的结果，是在市场失灵，竞争引起生产、资本集中而导致垄断的出现，以及存在外部性等情况下逐渐发展形成的。

1. 政府规制的定义

规制主要起源于公共利益理论(Public Interest Theory of Regulation)和政府管制俘虏理论(Capture Theory of Regulation)。前者认为，市场失灵是广泛存在的，需要国家干预来改善资源配置效率，促进公共利益。后者认为，规制的本质，是国家应利益集团的要求运用强权以维护、实现其利益①，规制机构并非代表公共利益而是代表某些利益集团的利益。然而规制俘虏理论最大的贡献，并不是完全否定政府的作用，而是为政府科学地执行与实施规制政策敲响了警钟②，也为我国旅游规制的改进提供了借鉴。

对政府规制(又称为政府管制)的概念存在不同理解，大多数学者把规制看成是政府对微观经济的干预，因此可将规制表述为：政府根据相应规则对微观经济主体行为实行的一种干预，其目标是克服市场失灵，实现社会福利的最大化。③ 政府微观规制是对市场失灵现象的最通常的反映，是现代市场经济不可或缺的一种制度安排。而旅游规制作为政府规制在旅游业中的体现，是政府利用行政性手段，从

①George J. Stigler. The Theory of Economic Regulation[J]. Journal of Economics and Management Science，1971，2(1).

②廖进球，陈富良. 政府规制俘虏理论与对规制者的规制[J]. 江西财经大学学报，2001，(5)：10—12.

③马云泽. 规制经济学[M]. 北京：经济管理出版社，2008.

维护旅游者的公共利益和国家的整体利益出发，来纠正或缓解旅游市场失灵所带来的低效率和不公平，从而维护旅游市场秩序的稳定，增进所有旅游者的福利水平。

2.政府规制的分类

政府规制一般有两种分类法：一种分类法是按政策目的和手段的不同，把其分为直接规制和间接规制两大类。直接规制是以防止发生与自然垄断、信息不对称、外部不经济等有关的在社会经济中不期望出现的市场结果为目的，并且具有依据政府认可和许可的法律手段直接介入经济主体决策的根本特点，它由政府有关行政部门直接实施。间接规制则是以有效地发挥市场机制职能、建立完善的制度为目的，不直接介入经济主体的决策，而仅仅制约那些阻碍市场机制发挥作用的行为，它一般由司法部门通过司法程序来实施。

另一种分类法是按政府向社会提供纯公共产品的属性，分为社会性规制和经济性规制。社会性规制主要是为了实现安全、健康、环保和公众的福利。经济性规制则主要是为了提高资源配置效率，包括对价格、质量、进入等方面的规制①。

政府规制的实现途径主要有三种：一是司法机关依据民法、刑法等法律进行的规制；二是行政机关依据行政法规、公共事业法、公司法、劳动法、反垄断法及其他产业法等进行的规制；三是立法机关对行政机关、企事业单位的行为进行的规制。

3.政府微观规制的主要内容

一般而言，目前市场经济中所实施的各项政府微观规制措施，基本均是针对市场失灵现象提出的。它主要通过以下几种基本形式来实施。

(1)市场进入规制。市场进入规制是指在一些市场失灵产业中，为了防止资源配置低效或过度竞争，确保规模经济效益和范围经济效益，政府机构通过批准和认可手段，对企业的市场进入(包括数量、质量、期限以及经营范围等)进行限制。其目的主要是克服自然垄断、信息不对称等带来的弊病。

(2)价格(收费)规制。价格收费规制主要指在自然垄断产业中，政府从资源有效配置和服务的公平供给观点出发，以限制垄断企业确定垄断价格为目的，对价格水平和价格体系进行规制。

(3)数量、质量规制。数量规制主要包括政府对企业生产和供应的产品数量加以规制、对进出口的商品数量加以规制等。而质量规制是政府为了保护消费者(包括生产资料消费者和消费资料消费者)利益而实行的规制。

(4)资源、环境规制。资源规制是政府依据资源、土地、森林等方面的法规及国土整治规划，对自然资源的开发利用实行规制。环境规制是政府依据环境保护方面的法律法规，对工厂排放废水、废气等有害物质造成的环境污染进行的规制。资

①植草益.微观规制经济学[M].北京：中国发展出版社，1992.

源、环境规制主要都是为了克服当代市场经济中存在资源浪费、环境污染、生态破坏等负的外部效应而进行的。

二、中国政府实行旅游规制的原因

建立各种旅游规制是解决旅游经济市场失灵的一个有效方法。因此，我国政府实行旅游规制是我国发展旅游经济的必然结果。

1.政府规制是经济系统中的内生变量

政府的微观规制与宏观调控是一个既相互联系又相互补充的统一体。整个市场经济是一个非常复杂、处于不断变化发展过程的体系。政府要对这样一个体系进行管理，单独进行宏观调控，没有必要的微观规制是不可能实现的。例如，对某些进口商品实行数量规制，是实现总供给与总需求平衡的保证。因此，政府规制是经济系统中的内生变量，市场经济的有效运行离不开政府规制。

2.旅游规制是对市场失灵的最通常的反映

加入世界贸易组织(WTO)后旅游业市场化进程日趋加快，但旅游市场由于其生产要素及产品的特殊性，市场失灵现象仍将普遍存在，而且在短期内不会轻易消失。因此，通过旅游规制进行适度的政府干预，是弥补旅游市场失灵不足、提高我国旅游业国际竞争力的现实需求。

(1)旅游市场的垄断现象需要政府规制。垄断必然会带来内部非效率性和价格、供求关系及服务质量的失衡。当前我国旅游市场中地区封锁和部门行业垄断现象突出；而且我国的市场垄断并非是在充分竞争的基础上形成的，而是从计划经济体制中直接过渡而来的，具有明显的计划经济的烙印。因此我国的垄断问题既突出又复杂，政府对旅游市场垄断的规制就显得尤为重要。

(2)政府规制能有效地应付旅游活动中的“公共产品”和“外部性”问题。很多旅游产品、服务及基础设施具有“公共物品”的属性，即在生产和消费上具有“非竞争性”、“非排他性”。这一特性使旅游活动中的“外部性”大量存在，尤其是外部不经济性十分突出。旅游业外部不经济性的实质是旅游供应者及消费者把自己的一部分成本强加于社会，使私人成本社会化，从而导致旅游开发经营的社会成本远远大于旅游企业本身的私人成本。而市场机制的自发调节不能解决旅游业的外部不经济性，因而要实现旅游业的可持续发展，必须借助政府干预及其他非市场手段来解决旅游活动中的外部不经济性问题。

(3)旅游市场的非对称信息问题需要政府规制。旅游市场中，旅游者和经营者处于严重的信息不对等地位。受自身能力和获取信息的成本限制，旅游者掌握的相关信息一般都十分有限，从而常出现“逆向选择”现象，导致市场无法实现资源的有效配置。面对由信息不对称所引致的旅游市场失灵，其最有效的途径是依靠政府的适度规制来缓解这一不对称现象。

3.旅游市场的"过度竞争"需要政府进行适度规制

我国旅游市场在发展过程中所呈现的市场失灵现象不仅具有一般市场失灵的共性,即表现为垄断、公共产品、外部性和信息不对称;而且由于受我国特殊国情的影响,当前其市场失灵还表现出一个特殊性,即在旅游市场垄断存在的同时还在局部领域表现出"旅游市场的竞争过度"。

这里所谓的"旅游市场的过度竞争"是指这样一种状态:在集中度较低的竞争性行业即旅游业中,尽管有很多旅游企业的利润率很低甚至出现普遍亏损,但这些旅游企业却不能从相应的市场中退出,从而使这种低利润和亏损的局面长期保持。在我国旅游市场这种过度竞争的态势下,市场机制的功能发挥将受到限制,将无法通过竞争机制顺利完成向有效竞争的过渡。因此,我国政府有责任通过旅游规制等手段对旅游市场进行干预,从而为旅游市场的有效竞争创造良好条件,不断提高我国旅游业在国际市场的竞争力。

三、中国政府采取的旅游规制措施

就旅游业而言,为了进一步增强我国旅游产业的国际竞争力,政府除在宏观调控领域要继续加快相关旅游法规、政策的制定外,针对旅游市场目前普遍存在的市场失灵现象,更应加强相应的微观规制。具体做法如下:

1.经济手段

经济手段是指政府利用经济杠杆和经济政策对旅游经济进行调节。经济杠杆主要是价格、税收、信贷、外汇、财政补贴、利率等,经济政策主要是财政政策、金融政策和产业政策等。

(1)税收方面。国家通过制定税种、规定税率和征收税金来调节旅游经济的发展。为促进旅游经济的发展,很多国家对旅游业给予税收方面的优惠。在一定期限内给旅游企业减免经营税、收入税、部分旅游设备进口关税的优惠等。例如,西班牙对旅游业免建设税,加速折旧,免关税95%,葡萄牙、希腊和土耳其免关税100%。埃及政府规定,凡是为建筑、设计、更新旅游设施所需要进口的物资,国家给予免税优待,对于新建的旅馆和旅游设施,自开业之日起5年内免征商业税、工业利润税、有价证券税和这些税的附加税。一些发展中国家旅游业刚刚起步,在国内外因素影响旅游企业发展时,它们多从税收上给予优惠。为了促进旅游购物,很多国家实行海外游客购物退税制度。

(2)财政方面。国家主要通过财政补贴和财政投资来支持旅游业的发展。旅游产品涉及公共性产品,并非各个旅游企业所愿承担。为了能吸引国内外旅游者,政府应加强国际间及国内的交通运输建设与管理,完善交通设施设备,确保旅游者旅行的安全、便利、快捷、舒适、经济,国家还应作为诱导性投资,建设各种基础设施,创造良好的企业投资环境。多年来,我国在国家财力有限的情况下,通过基本建设投资，中央和地方财政专项旅游发展资金的安排，支持了度假区、风景名胜区、森林公园等一大批建设项目；同时，采取“国家、集体、地方、部门和个人一起上”的方针，按照“谁投资、谁受益”原则，投入了大量的建设资金。为旅游业的发展创造了良好的硬件环境。

(3)金融方面。国家可以通过贷款的方向、规模、期限，来影响资金的投放，调节旅游经济的发展，例如，向旅游企业提供低息或无息贷款，帮助企业解决筹措资金问题。外汇政策上，国家实施创汇奖励政策，鼓励国际旅行社积极组织境外客源招徕工作，国家对国际旅行社按实际结汇额进行奖励。这样一方面可提高其积极性，另一方面又方便旅游企业对外进行联络工作、技术引进。

2. 行政手段

行政手段是指国家通过行政命令、指示等方式对旅游经济活动进行管理。通过行政手段调节旅游经济发展，主要表现在以下几个方面。

(1)宣传促销。通过各种新闻媒介，如制作专题，借助一些热点新闻来向世界展示本国的旅游资源。政府还可通过组织开展市场调研尤其是国际市场的调研，及时、准确地掌握国际旅游的新趋势、新动态，向国外介绍国内的旅游资源。

当前，在国际旅游业出现白热化竞争态势下，谁能将旅游产品的信息更准确、迅速地传递给中间商和旅游者，谁就有机会争取到更大的市场份额。多数国家的海外旅游促销费用基本呈逐年上升趋势。

自进入 20 世纪 90 年代来，我国也多次成功地进行海外旅游促销活动。自 1992 年国家旅游局与中国民用航空总局合作，成功地举办了 1992 年中国友好观光年以来，每年我国都按照国际惯例，推出积极参与国际旅游市场竞争的系列主题促销活动，详见表 6－1。但从总体上，我国的促销经费较发达国家而言，还有很大的差距，这与我国丰富的旅游资源不适应，与我国的市场潜力和旅游业的目标不适应。

表 6－1　1992～2012 年中国旅游活动主题集

年份	宣传主题	宣传口号
1992	中国友好观光年	游中国，交朋友
1993	中国山水风光游	锦绣山河遍中华，名山圣水任君游
1994	中国文物古迹游	五千年的风采，伴你中国之旅；游东方的圣殿：中国
1995	中国民俗风情游	中国：56 个民族的家；众多的民族，各异的风情
1996	中国度假休闲游	96 中国：崭新的度假天地
1997	中国旅游年	12 亿人喜迎 97 旅游年；游中国：全新的感觉
1998	中国华夏城乡游	现代城乡，多彩生活

续表

年份	宣传主题	宣传口号
1999	中国生态环境游	返璞归真，怡然自得
2000	中国神州世纪游	文明古国，世纪风采
2001	中国体育健身游	体育健身游，新世纪的选择；遍游山川，强健体魄等
2002	中国民间艺术游	民间艺术，华夏瑰宝；体验民间艺术，丰富旅游生活等
2003	中国烹饪王国游	游历中华胜境，品尝天堂美食等
2004	中国百姓生活游	游览名山大川、名胜古迹，体验百姓生活、民风民俗等
2005	中国旅游年	2008 北京——中国欢迎你；红色旅游年
2006	中国乡村游	新农村、新旅游、新体验、新风尚
2007	中国和谐城乡游	走进乡村，走进城市，促城乡交流
2008	中国奥运旅游年	北京奥运，相约中国
2009	中国生态旅游年	走进绿色旅游，感受生态文明
2010	中国乡村游	回归自然，休闲度假
2011	中国文化游	游中华，品文化；中国文化，魅力之旅
2012	中国欢乐健康游	旅游、欢乐、健康；欢乐旅游、尽享健康；欢乐中国游、健康伴你行

随着国际互联网络的发展，旅游业的海外促销更为便利。许多国家和地区都积极地在网络上宣传旅游产品。由国家科委和国家旅游局投资，北京英特信息网络中心(集团)开发运营的国家火炬项目——“英特中国旅游预定网络”，向海内外开通。这是对我国旅游服务手段现代化、国际化和网络化的重大贡献。

(2)简化手续。为吸引境外旅游者，各国都在逐步削减繁琐的入境审批手续。这样才能便利旅游者。例如，当前随欧洲经济一体化，人员实现可自由流动，许多去欧洲的旅游者基本都会选择在这些邻国观光。显然，如果每一国都设立重重关卡，必定会使许多旅游者望而却步。

(3)旅游规划。发达国家在旅游规划上做得很早。英、法、爱尔兰 3 国从 20 世纪 60 年代起就开始制订旅游规划。美国总统克林顿上台执政后，召集 1500 人专题召开“白宫旅游会议”。我国的旅游业发展较为落后，旅游规划的意识也很薄弱。直到 1986 年，旅游业第一次纳入国民经济和社会发展计划，才开始制订较系统的全国性和地区性规划。随着 20 世纪 90 年代国内旅游业的蓬勃发展，旅游规划也越来越规范。为克服旅游开发中“小、散、全”状况，限制低水平重复建设和破坏旅游资源的项目，四川省率先编制《四川省旅游业发展总体规划》，加强旅游业发展的大环境建设，并根据自己的资源和开发建设，制定具有前瞻性、科学性、高起点的旅游发展蓝图。目前,各省、市、自治区基本上都制订了本地的旅游规划。旅游业今后将进一步强化旅游规划工作,把旅游资源与产品开发纳入行业管理范围,逐步建立起适应市场经济体制的旅游基本建设宏观管理体系。

当前,建立这一管理体系主要突出三个重点:①丰富、提高和完善自然风光、文化历史古迹等传统旅游产品,使其更加贴近市场的要求和变化;②规划适应市场需求的新产品,通过高水平的规划开发出一批新的产品组合;③合理引导社会资金的流向。通过规划旅游的发展目标、发展重点、发展时序等,合理引导并充分利用社会力量,建设更加合理的旅游产品。

(4)信息服务。对旅游企业进行经营指导,向其提供准确的旅游市场需求信息,以及提供各方面的旅游市场咨询。

3. 法律手段

法律手段是利用经济立法和经济司法对旅游经济活动进行调节。利用法律手段调节经济运行是市场经济的要求。特别是旅游业的行业性质和特点客观上需要一个权威性、法律性的管理手段以维护和保证旅游市场的秩序。发达国家基本上都具有较为完备的旅游法规。从 1985 年到现在,我国已颁布了几十个旅游业法律文件,其速度之快不但在我国其他行业的立法活动中少见,在全世界也是少有的,目前,我国旅游活动的绝大部分环节都可以做到有法可依。我国旅游管理中已颁布的法规主要有:由国务院颁布的《风景名胜区管理暂行条例》、《导游人员管理条例》、《旅行社管理条例》;由国家旅游局颁布的《中华人民共和国评定旅游涉外饭店星级的规定》、《旅行社质量保证金暂行规定》、《旅游投诉暂行规定》等;由各省、市人民代表大会常务委员会颁布的地方性法规如《海南省旅游管理条例》、《青岛市旅游管理条例》等。法律手段适用内容主要包括如下几个方面:

(1)旅游涉外饭店的星级管理。涉外饭店实行的星级管理制度是我国旅游管理改革中的重大举措。星级评定工作按《中华人民共和国旅游涉外饭店星级标准》进行。评定管理的最高权力机构是国家旅游局。

(2)旅行社质量保证金制度。旅行社作为旅游业龙头企业一直是各级旅游行政管理部门的工作重点。1995 年 1 月 1 日,国家旅游局发布《旅行社质量保证金制度暂行规定》和《旅行社质量保证金暂行规定实施细则》,开始在全国推行旅行社质量保证金制度。1996 年《旅行社管理条例》正式出台。质量保证金制度通过规定上缴不同的保证金,使一批不具备能力的旅行社被淘汰;按照保证金"统一制度,统一标准,分级管理"的原则,对造成旅游赔偿的,可用保证金加以扣除,以进一步督促旅游企业改进服务质量。

(3)旅游服务质量等级管理。我国旅游服务质量管理起步较晚。1993 年 9 月国家技术监督局批准发布《旅游涉外饭店星级的划分及评定》为国家标准,旅游产业真正拥有了第一个国家标准之后,我国才开始行业质量标准制订工作。1995 年出版了《中国旅游服务质量等级管理全书》，对中国旅游服务质量不同类型旅游企业规定了三类标准，并对此进行了统一的标准化规定，为各旅游企业依据这些标准提供评比依据。

(4)旅游区(点)质量等级的划分与评定。从 2001 年全国 187 家首批 4A 级景区挂牌开始。A 级景区的评定内容涉及旅游交通、游览、旅游安全、通讯、邮电服务、卫生、旅游购物、经营管理、接待中外游客数量、旅游资源吸引力、旅游市场吸引力、游客抽样调查满意率、旅游资源环境的保护等 12 个方面。这对我国旅游区的吸引力方面提出了更高的要求。

在加强立法的同时，我国也加强了执法工作，广泛开展了立法宣传，加强了旅游行政执法队伍的建设，对旅游业中存在的违法行为依法坚决予以惩处。规范了旅游市场秩序，净化了旅游市场。

4. 计划手段

政府对旅游经济的计划调节就是制订旅游经济的发展计划，并确保计划的实现。旅游经济计划是社会经济发展计划中的一个重要组成部分，制订旅游经济计划的依据是国民经济发展状况及旅游经济市场供求状况。旅游经济计划对旅游经济发展具有指导性作用，这一计划具有宏观性、战略性和政策性特点，制订旅游经济计划的主要任务是合理确定旅游经济发展战略、宏观经济目标和相应的产业政策、搞好旅游经济预测和分析、规划旅游经济结构和旅游经济布局，安排组织新的建设项目。

旅游经济计划有长期计划、中期计划和短期计划，有国家计划、地方计划和地区计划。旅游经济计划指标主要有旅游入境人数、旅游外汇收入、就业人数等。如我国制订了中国旅游业发展“十五”计划和 2015 年、2020 年远景目标纲要。

四、中国政府改进旅游规制的方向

前面已经讨论了我国政府采取旅游规制的原因和措施，为更好地发挥政府的干预作用，解决旅游经济市场失灵，应从以下几个方面改进旅游规制。

1. 改变政府在旅游业中的职能

在计划经济时期，政府在旅游业发展中的主要职能是“政府主导”。“政府主导”意味着政府在产业发展中起重要甚至是主要作用。这种职能已经不再适应今天的市场机制。过分强调政府主导，只会对市场机制产生妨害。片面强调政府主导，会导致不适当的权力介入。事实上，我国旅游业发展的实践表明，地方政府“误导”的事例并不少见。虽然中央对旅游业发展的经济利益与社会利益、短期利益与长期利益有一个较好的考量，但落实到具体的执行者——地方政府或主管部门时，在地方与部门经济利益的驱使下，政策很容易被曲解，这也是当前我国“诸侯经济”的通病。另一方面，发展旅游业也不应仅仅着眼于创收，应该在获得经济利益的同时，还应保障人民享有公共资源的权利、保证环境的安全、资源的可持续利用、传统文化的继承发扬、维护社会公共利益等社会效应。因此，政府在旅游产业中的职能，应由“政府主导”向“市场主导，政府规制”过渡。[①]

2. 进一步完善旅游立法

规制中最为重要的无疑是法律，规制本身也必须以法律为依据。只有完善旅游立法，以法律体系的判断代替决策者个人的判断，使规制权受到体系约束，才能减少权力行使过程中的恣意妄为与设租“寻租”，这也是“依法治国”的基本要求。同时，立法的完善有助于市场主体明确预期，按法律体系的要求调整自己的行为，降低规制成本。完善旅游立法有四个重点：一是制定旅游基本法，以之作为旅游立法体系的基础，使旅游立法系统化，破除地方与部门立法制造的壁垒。二是在完善行政法的基础上，明确旅游规制机构、规制权限和运用，使规制实施做到有法可依。三是完善旅游业质量标准体系建设和执行力度，既要补缺，又要根据社会环境的变化适时修订已有的标准。四是加强调整旅游市场主体横向关系的立法，维护消费者利益和市场竞争秩序，在解决旅游质量纠纷时采取举证责任倒置的制度，即由旅游企业负举证责任。

3. 通过制定竞争规制来促使旅游市场有效竞争格局的形成

旅游市场竞争规制有两种基本形式：一是价格竞争规制；二是非价格竞争规制。对旅游市场实行价格规制，目的是避免旅游企业间的恶性价格竞争，保护行业的整体利益，其主要的表现为制定行业最低保护价。非价格竞争规制则包括旅游市场的进退规制和旅游市场的组织规制等。其中，旅游市场进退规制实际上是对某个旅游市场主体或某种旅游产品能否进入或退出旅游市场进行评判。它需要合理确定旅游市场的企业数量，而这又是由旅游市场的容量和旅游企业的经济规模决定的。旅游市场组织规制主要涉及旅游企业的专业化分工、旅游市场的核心企业的组建、不同规模与作用的旅游企业之间的长期交易关系等内容予以明确规定。

4. 政府加强规划和法制建设

政府可以通过科学地进行旅游开发的总体规划、加强旅游环保监督管理及制定法律界定和维护资源产权来克服旅游资源开发利用中的外部性；并通过提供财政资助来加快旅游基础设施的建设，解决旅游开发中的“公共产品”问题。

5. 加强信息化建设，完善旅游目的地营销系统

政府可以在已有的基础上，进一步完善旅游目的地营销系统。以更低的成本向旅游者提供各种相关的旅游信息，实施旅游管理职能。从而规范旅游市场，提高旅游市场的透明度，缓解甚至解决旅游市场中的信息不对称问题。

①②郑亚章. 我国旅游规制存在的主要问题及改进对策[J]. 企业经济，2010(6)：160－162.

6.对规制者的规制

为避免旅游规制主体滥用职权、设租寻租，或沦为利益集团的工具，需要确立并强化规制者的制度。首先，要依法行政，任何规制都应做到有法可依。其次，要做到规制程序的公开与公正，规制应受到社会各方如企业、消费者、行业协会、民间团体的监督。在制定规则时应通过听证等方式使利益相关方知悉政策实施的目的、原因、影响，参与听证的利益相关者代表的选拔必须要客观透明，规制者应广泛接纳各方的意见，谨慎权衡得失，务必要改变当前听证如旅游景区价格"逢涨就听，一听必涨"的形式主义。在规制实施过程中，社会各方应有权对政策执行者与执行的效果进行监督，实现在政府领导下社会共同治理。[①]

章尾案例

"西湖免费"舍得之间方显智慧人生[②]

自2002年起，杭州市开始"还湖于民"的西湖综合保护工程，西湖的门槛开始慢慢消失。

2002年国庆节到来前，老年公园、柳浪闻莺公园、少儿公园和长桥公园的围栏被拆除，几个独立的小公园在打通后成为环湖大公园，向游客24小时免费开放。2003年，花港观鱼、曲院风荷公园免费开放，同时免票的还有杭州花圃、中山公园。2004年，西湖综合保护工程整治后的15个景点中的13个景点免费开放。2009年3月，太子湾公园免费开放。此后的10年间，西湖相继取消了一百三十多个景点的门票，占景点总数的70%以上。免费开放的景区面积，达到了两千多公顷。

2011年6月，西湖成功申报了世界文化遗产。此前，杭州方面曾表示，申遗成功后西湖仍然会免费开放。申遗之后的第一时间，杭州市作出"六个不"承诺，第一个就是"还湖于民"目标不改变，并承诺因文物保护需限制客流的灵隐、岳庙、六和塔等景点，门票不涨价。

2011年，《杭州西湖文化景观保护管理条例》列入了杭州市的立法计划。

随之而来的问题是：问题一：免费开放后景区门票收入减少，"景区会不会不高兴"？"免费+周边消费"的商业运作模式解决了这一问题。每年仅免去西湖门票一项，大约损失门票收入2600万元，10年间门票少收入2个亿。但是，"免票"后仅景区内商铺使用权的拍卖收入一年就能产生5000多万元的收益。2006年"五一"黄金周期间，杭州实现旅游收入达20.06亿元人民币，同比增长了28.3%，宾馆饭店客房平均出租率近九成，餐饮、商贸均呈两位数增长。10年间，西湖风景名胜区

---

①郑亚章.我国旅游规制存在的主要问题及改进对策[J].企业经济，2010(6)：160—162.

②吉祥.西湖免费十年名利双收：挣了票子，撑了面子[N].齐鲁晚报，2012—6—25(B05).

管委会职工的待遇并未降低，反而有所提升。10年间，旅游总人数从2002年的2757.98万人次旅游总人数达到2011年的7487.27万人次，旅游总收入为1191亿元，是2002年的四倍。有人将杭州实施西湖免费开放的10年概括为名利双收，“挣了票子，撑了面子”。

问题二：涌进这么多人，会不会对景观造成破坏？2001～2011年，杭州市连续10年实施西湖综保工程。拆除了影响西湖景观的60万平方米建筑；搬迁了景区265家单位、2791户居民；恢复了0.9平方千米西湖湖面；恢复建设了100万平方米公共绿地；完成了西湖疏浚工程以及引配水工程；恢复、重建、修复了180余处人文景观。而2011年6月西湖的成功申遗，是对第二个问题最好的回答。

问题三：收益好坏不均又如何解决？这就需要政府进行利益协调。在西湖免费开放过程中，西湖风景名胜区管委会属于吃亏的一方，杭州市旅游委员会则从中得利，杭州市政府通过对西湖的体制性拨款等措施，保证了西湖风景名胜区管委会的利益不受损。同样利益的协调在西湖风景名胜区内部同样存在，各景点之间效益有好坏之分。杭州市政府同样从财政上进行协调。

问题四：管理职责如何划分？这依赖于西湖风景名胜区管委会的独特管理体制。西湖风景名胜区管委会属于杭州市政府派出机构，与杭州市园文局实行“两块牌子、一套班子”的管理体制，整个西湖景区60平方公里范围内的保护、利用、规划、建设职能都由其负责。类似区一级政府，有公安、工商、行政执法等多个部门。这种管理体制减少了多部门协调的不便。

西湖免费模式的成功归结于：通过免费开放牺牲自己的利益，带动整个杭州旅游发展，又通过杭州市对旅游收益的再分配，保证了正常的运营。“西湖免费模式提供了一种经营景区的新理念。”

案例分析 从经济学角度讲，西湖这类公共性旅游资源属于“公共产品”。在市场运作过程中，“公共产品”由于“非竞争性”和“非排他性”这两个属性，使得产权界定不清晰、资源配置不当，从而产生了市场失灵。市场机制本身并不能解决这种“失灵”，这就为政府干预提供了必要性。西湖景区免费模式的成功运行，既源于市场化经营管理，又在于政府的干预。

(1)西湖景区利用“免费＋周边消费”的商业运作模式，通过拍卖、出租或承包景区商业网点经营权等市场化手段，用市场运作而来的收入抵补了损失的门票收入。

(2)利用行政手段成立了西湖风景名胜区管委会。实行了西湖风景名胜区管委会与杭州市园林文物局“两块牌子、一套班子”的管理体制，实现了公安、工商、行政执法等多个部门之间关系的有效协调。同样利用行政手段，实施西湖综保工程，保护了生态环境，改善了当地居民的生活环境，从而保障了当地居民的利益，有效地防止了旅游负外部性的产生。

(3)利用财政政策解决了企业之间利益分配不均的问题。杭州市政府通过对西湖的体制性拨款等措施，保证了“吃亏一方”的利益不受损，从而合理引导了社会资金的流向。

(4)2011年《杭州西湖文化景观保护管理条例》列入了杭州市的立法计划。利用法律手段调节旅游经济运行，保障了景区保护和管理的权威性、法律性，从而保证旅游市场的秩序。

西湖免费开放的成功模式，为国内其他景区的免费开放提供了丰富的经验。在诸多因素和条件相似的情况下，西湖免费开放的示范效应，可以帮助其他景区在免费开放中少走弯路。但是，每个景区都有各自的特点和地区实际，在借鉴西湖景区免费模式时，一定要因地制宜、因势利导，避免机械复制行事。①

思考题

1. 什么是旅游市场失灵？旅游市场失灵产生的原因是什么？
2. 为什么要进行政府干预？政府干预的途径有哪些？
3. 宏观政策与微观规制有哪些区别？
4. 如何看待我国的旅游产业政策？
5. 如何看待我国旅游市场政府规制？

①刘思敏，刘民英. 杭州西湖景区免费模式的实质及可复制性分析[J]. 旅游学刊，2011(10).

第七章　旅游收入与分配

本章提要

旅游收入是旅游经济活动的重要内容，是旅游业经营的目标之一，也是反映一个国家旅游业发展状况的重要指标。旅游收入是旅游分配的前提，而旅游分配是旅游经济运行的前提。旅游经济活动的中心就是围绕增加旅游收入而展开的。本章从旅游收入和分配两方面入手，介绍了旅游收入和旅游收入的分配和再分配过程；阐述了旅游收入的乘数效应理论及旅游外汇漏损，旅游卫星账户（TSA）等问题。

章首案例

澳门旅游收入乘数①

中国澳门地区是著名的旅游胜地，旅游业保持着良好的发展势头。相关统计数据显示，2004 年澳门全年入境旅客达 10667 万人次，创历史新高。随着入境旅客人数的增加，旅游业占 GDP 的比重亦不断上升，从过去的第二位、第三位跃居至现在的首位。

澳门旅游业具有非常强大的经济推动力，旅游业能使澳门的就业机会、外汇、居民收入及税收等得以提高。这个巨大的推动力就来自访澳的旅客——他们的消费及其旅游收入乘数（Tourism Income Multiplier，TIM）。旅游收入进入一个旅游经济个体或企业，包括酒店业、饮食业、手工业、珠宝金饰业、古玩业、旅运业、娱乐业、商业服务业等，然后再连锁性地流入其他一个又一个相关及辅助的企业，继而推动了区域内的基础设施和市政建设，促进了交通运输业的发展，并进一步加强了各行各业乃至整个澳门社会的经济发展。所以特区政府早已确立旅游博彩业为龙头产业，以此来带动整个地区的社会经济。

旅游经济的发展中会存在漏损，在国际旅游中，流失通常在初次分配中是最高的，而在往后再分配过程中其流失率则不断减少，所以应采用不同程度的流失率来估算 TIM。一个正统的特定凯恩斯乘数模型可表达为：TIM＝(1－MPM)/leakages。式中，MPM 为在旅客消费初次分配中所含的进口比例或旅客的边际进口倾向；leakages 为整个社会经济领域内的流失率。

---

①谭佩琴. 澳门旅游收入乘数研究[J]. 华侨大学学报（哲学社会科学版），2006(1)：66－71.

与一般的西方发达国家不同，个人所得税并不是澳门特区政府的主要财政来源，其仅占政府的经常及资本收入的约3%，因此MPS可简化为(1－MPC)。所以流失可简单表达成：1/leakages＝1/(MPS＋MPM)，MPS为边际储蓄倾向，MPC为边际消费倾向，1/leakages则为澳门经济体系的基本乘数。

根据澳门《2004年本地生产总值》的1982～2004年的年度数据，以数量经济学的时间序列方法进行分析，所采用的区内生产总值、私人消费(c)及进口(M)等数值均先用平减物价指数(GDP Deflator)作调整，并以2002年不变价格来表示实质数值(Real Value)，然后再分别求出MPS及MPM的估计统计值。估计得出MPS＝0.4，MPM＝0.43，所以：

1/leakages＝1/(MPS＋MPM)＝1/(0.4＋0.43)＝1.20

根据澳门统计暨普查局的《2003年酒店业调查》以及《2003年饮食业调查》，2003年酒店业的总收益为105500916万元，伙食业为108350108万元，合计303860024万元；两行业直接支付给外地的费用，金额分别为200360万元及610330万元，合计810690万元。由此可计算出进口与收益的比例为2.41%。说明了旅客在本地每消费1元，便有0.9759元留在澳门，仅有0.024元以直接进口形式流失了，即估计MPM为2.41%。代入上式可得澳门的旅游收入乘数为1.17。

在澳门特区，旅游业在本地区经济中扮演着一个尤为重要的角色，其发展与博彩业息息相关。作为特区政府的主要税收来源，旅游博彩业已展现出良好的发展前景。在过去10年里，旅客收益的平均升幅是澳门本地生产总值增长率的两倍多，而龙头产业的兴衰会通过乘数效应的发挥影响相关行业的发展，因此，更值得我们去作深入探讨。

问题思考

1. 为什么澳门旅游业对当地经济具有非常强大的推动力？
2. 澳门的旅游收入乘数是怎样计算出来的？

第一节　旅游收入类型和主要指标

旅游收入是旅游业经营的目标之一，也是反映一个国家或地区旅游业发展状况的重要指标。伴随着国内旅游与国际旅游的不断发展，旅游收入也在不断增长。协调旅游活动中各方利益关系，增加旅游收入，对旅游活动的健康持续发展具有重要意义。

一、旅游收入的涵义和地位

旅游收入是指某一国家或地区在一定时间内(以年度、季度、月度为单位),通过旅游产品的销售所得到的全部货币收入的总和。旅游收入直接反映了某一国家或地区旅游经济的运行状况,是衡量旅游经济活动及其效果的综合性指标,也是某一国家或地区旅游业发达与否的重要标志。旅游收入的地位具体表现如下:

1. 体现旅游业对国民经济的贡献

旅游收入的多少,一方面体现出旅游接待量的增减、旅游服务质量的高低、旅游产品的畅销程度和旅游者对旅游需求的满足程度;另一方面也体现出旅游业对国家作出贡献的大小,以及对国民经济的促进和影响作用。在旅游产品生产或经营成本不变的情况下,旅游收入与旅游利润成正比例关系。旅游收入越多,旅游利润就越大;反之,旅游收入越少,旅游利润就越小。由此可见,旅游收入的增长对旅游企业的发展起着决定性作用;同时对国民经济和旅游业的发展也起着举足轻重的作用。

2. 反映货币回笼和创汇的状况

旅游经营活动包括国内旅游业务和国际旅游业务两部分。通过开展国内旅游业务活动,企业可引导人们进行合理消费,同时通过销售旅游产品,完成货币回笼的任务。通过开展国际旅游业务活动,努力销售本国各类旅游产品,可以取得旅游外汇收入,为减少国家外贸逆差、平衡外汇收支、增强国家外汇支付能力以及增加国家外汇储备作出贡献。

3. 表现旅游经济活动的成果

旅游收入体现了旅游经济活动的成果,旅游收入的增加标志着流动资金周转的加速。每一次旅游收入的取得,都标志着在一定时期内一定量的流动资金所完成的一次周转。因此,在一定时期内,旅游收入取得得越快越多,就意味着流动资金周转次数越多、速度越快,而占用的流动资金越少,旅游企业的经济效益就会越好。

二、旅游收入的分类

为了更清楚地认识旅游收入的内涵,更好地分析旅游经营活动过程,指导旅游企业的经营决策,可以按照不同的标准对旅游收入进行分类。

1. 按旅游经营业务分类

旅游经营业务可以分为国内旅游和国际旅游。旅游收入按照旅游经营业务可以划分为国内旅游收入和国际旅游收入。

(1)国内旅游收入。国内旅游收入主要是指旅游目的地国家或地区的旅游经营部门和企业,因经营国内旅游业务,向国内旅游者提供产品而取得的本国货币收入。国内旅游收入来源于本国居民在本国境内的旅游消费支出，是本国物质生产部门劳动者所创造财富的转移和国民收入再分配的结果，它体现着一个国家或地区内经济发展的状况以及国家与企业、企业与企业、企业与居民之间的经济关系。国内旅游收入的增加一般不会导致一国财富总量的增加。

(2)国际旅游收入。国际旅游收入主要是旅游目的地国家或地区的旅游经营部门和企业，因经营国际旅游业务，向外国旅游者提供旅游产品所取得的外国货币收入总和，通常被称为旅游外汇收入。国际旅游收入来源于国际旅游者在旅游目的地国家或地区的入境旅游消费支出，也是旅游目的地国家或地区向外出口旅游产品所取得的收入，是另一种形式的对外贸易，它意味着旅游目的地国家或地区国民收入的增长，体现着旅游客源国与旅游接待国之间所形成的国际经济关系。

在理解国内旅游收入和国际旅游收入时，还应注意以下几个问题。

第一，国内旅游收入与本国居民的国内旅游消费支出在数量上是相等的。而国际旅游收入与国际旅游者在旅游过程中的消费支出在数量上是不相等的。旅游目的地国家或地区的收入，只是旅游者旅游开支的一部分，只包括国际旅游者入境后在旅游目的地国家或地区内的吃、住、行、游、购、娱等方面的花费。国际旅游者旅游消费支出的相当一部分是用于支付由旅游客源国或地区至旅游目的地国家或地区的国际交通费，以及国外旅游经营商、零售商、代理商的佣金。

第二，国内旅游收入以本国货币计算，国际旅游收入以外汇计算。由于不同时期内各国和地区货币兑换率的变化，同量的旅游外汇收入在不同时期用不同货币单位衡量，旅游收入的数量会产生较大的差别。因此，在衡量一国旅游收入时，采用不同的货币单位具有不同的涵义，尤其是对不同时期的旅游收入进行比较时，要注意其可比性。

第三，国内旅游收入作为旅游目的地国家或地区国内生产总值(GDP)的组成部分，国际旅游收入作为旅游目的地国家或地区国民生产总值(GNP)的组成部分，在衡量旅游目的地国家或地区的旅游业对本国国民经济的贡献时，要考察由旅游业创造的收入占整个国民生产总值的比例，以此证明旅游业在该国的地位和影响作用。

2.按旅游需求弹性分类

不同类型的旅游收入的需求弹性不同。旅游收入按旅游需求弹性可以分为基本旅游收入和非基本旅游收入。

(1)基本旅游收入。基本旅游收入通常是指在旅游过程中，旅游目的地国家或地区的旅游部门和企业通过向旅游者提供食宿、旅游交通、游览景点等旅游产品所获得的货币收入，是每个旅游者在旅游过程中必须支出的费用。尽管每个旅游者由于支付能力不同，需求层次不同，花费的标准不同，支付货币额的多少不同，但这些都是必须支出的，是一种固定性的支出。因此，企业所获得的基本旅游收入是缺乏弹性的。基本旅游收入与旅游者人次数、旅游者的停留时间和旅游者的消费水平成正比例变化，它们之间的关系可用下面公式表示：

$$R=N\cdot Q\cdot T \tag{7-1}$$

其中，R 为基本旅游收入；N 为旅游者人次数；Q 为旅游者人均消费支出；T 为旅游者逗留时间。

在其他条件不变的情况下，旅游者人数越多，旅游者的人均消费支出水平越高，旅游者停留天数越长，旅游目的地国家或地区获得的基本旅游收入就越多。

(2)非基本旅游收入。非基本旅游收入通常是指在旅游活动中，旅游目的地国家或地区的旅游相关部门和企业，通过向旅游者提供娱乐、购物、医疗、电信、美容、银行、保险、修理、体育等旅游设施和服务所获得的货币收入，是旅游者在旅游过程中的选择性支出。由于旅游者的需求不同、支付能力不同、兴趣爱好不同、消费习惯不同，使旅游者在这一方面的支出具有较强的选择性和灵活性，也就是说，这些支出并非是每一个旅游者在旅游活动中都必须花费的，每个旅游者的消费额也有很大差异。它是一种可变的支出。因此，非基本旅游收入的弹性较大，具有不稳定的特点。对旅游目的地国家或地区来说，非基本旅游收入的增减，虽然也受旅游者人数、旅游者人均消费水平、旅游者停留天数的影响，但不像基本旅游收入那样成明显的正比例变化。在旅游业较发达的国家和地区中，非基本旅游收入在旅游总收入中所占比重较大，是旅游收入的一个重要组成部分。

可见，基本旅游收入相对刚性，非基本旅游收入有较大的弹性。二者在旅游收入总量中所占比重的大小，已经成为衡量一个国家或地区旅游业发展水平的重要参考指标。某一旅游目的地的非基本旅游收入所占的比重越大，表明该地区旅游业的发展水平越高，旅游收入的增长潜力越大；若某一旅游目的地的非基本旅游收入在旅游收入总量中所占比重较小，则说明该地区的旅游业仅处于初创和发展阶段，在产品结构、旅游项目开发、经营方式等方面都有待于进一步提高和发展。

三、衡量旅游收入的主要指标

旅游收入是补偿劳动消耗、实现旅游业再生产的先决条件，是旅游经营成果的重要表现。旅游收入指标是反映旅游经济现象数量方面的指标，也是旅游目的地国家或地区的旅游企业和有关部门分析旅游经济活动的重要工具、评价经营成果的重要指标。旅游收入指标主要有以下几类：

1. 旅游收入总量指标

旅游收入总量指标，是指旅游目的地国家或地区的旅游经营部门和企业，在一定时期内，向国内外旅游者销售旅游产品所获得的货币收入的总额。这一经济指标综合反映了该国家或地区旅游经济的总体规模状况和旅游业的总体经营成果。

2.人均旅游收入指标

人均旅游收入指标，是指旅游目的地国家或地区，在一定时间内，平均从每一个旅游者消费中所获得的收入额，也是旅游者在旅游目的地国家或地区旅游活动过程中的平均货币支出额，它反映了旅游者的平均消费水平和旅游目的地国家或地区提供旅游产品和其他劳务的平均价值量。人均旅游收入指标是某一时期内旅游收入总量与旅游者人次的比值。

3.旅游外汇收入指标

旅游外汇收入指标，是指在一定时期内旅游目的地国家或地区向海外旅游者销售旅游产品所获得的外国货币收入的总额，也是外国旅游者入境后的全部消费总额。旅游外汇收入指标是衡量一国国际旅游业发展水平的重要标志之一，又是反映该国旅游创汇能力的一项综合性指标。在国际旅游业中，它常被用于同外贸商品出口收入和其他非贸易外汇收入进行比较，以说明一国国际旅游业在全部外汇收入中的地位和对弥补国家外贸逆差所作的贡献。表7—1列出了1978～2010年中国入境旅游人数和旅游(外汇)收入的世界排名。

表7—1　1978～2010年中国入境旅游人数和旅游(外汇)收入的世界排名

年份	过夜旅游者人数(万人次)	世界排名	旅游(外汇)收入(亿美元)	世界排名
1978	71.60	—	2.63	—
1979	152.90	—	4.49	—
1980	350.00	18	6.17	34
1981	376.70	17	7.85	34
1982	392.40	16	8.43	29
1983	379.10	16	9.41	26
1984	514.10	14	11.31	21
1985	713.30	13	12.50	21
1986	900.10	12	15.31	22
1987	1076.00	12	18.62	26
1988	1236.10	10	22.47	26
1989	936.10	12	18.60	27
1990	1048.40	11	22.18	25
1991	1246.40	12	28.45	21
1992	1651.20	9	39.47	17

续表

年份	过夜旅游者人数(万人次)	世界排名	旅游(外汇)收入(亿美元)	世界排名
1993	1898.20	7	46.83	15
1994	2107.00	6	73.23	10
1995	2003.40	8	87.33	10
1996	2276.50	6	102.00	9
1997	2877.00	6	120.74	8
1998	2507.29	6	126.02	7
1999	2704.66	5	140.99	7
2000	3122.88	5	162.24	7
2001	3316.67	5	177.92	5
2002	3680.26	5	203.85	5
2003	3297.05	5	174.06	7
2004	4176.14	4	257.39	7
2005	4680.90	4	292.96	6
2006	4991.34	4	339.49	5
2007	5471.98	4	419.19	5
2008	5304.92	4	408.43	5
2009	5087.52	*	396.75	*
2010	5566.45	*	458.14	*

注：* 表示数据未能找到。

资料来源：根据中华人民共和国国家旅游局网站提供的资料整理。

4.人均旅游外汇收入指标

人均旅游外汇收入指标，是指在一定时期内，旅游目的地国家或地区平均每接待一个海外旅游者所取得的旅游外汇收入额，同时它也是每一个海外旅游者在旅游目的地国家或地区境内的人均外币支出额。这一指标是在一定时期内该国家或地区旅游外汇收入总额与该国或地区接待的海外旅游者人次的比值。该指标主要用于分析比较不同时期接待海外旅游者的外汇收入情况。人均旅游外汇收入指标数值的高低与入境旅游者的构成、支付能力、在境内停留时间以及旅游目的地国家或地区的旅游接待能力有密切的关系。

5.旅游换汇率指标

旅游换汇率指标，是指旅游目的地国家或地区向国际旅游者提供单位本国货币的旅游产品所能换取外国货币的数量比例。通常,旅游换汇率与该国家或地区同期的外汇汇率是一致的。在不同的时期,外汇比价不同,旅游换汇的数值也就不同。在国际经济交往中,旅游外汇收入属于非贸易外汇,换汇成本低于贸易外汇,即以一定数量货币表示的出售给国际旅游者的旅游产品,要比同量货币表示的出口一般商品能换取到较多的外汇收入。旅游换汇率指标反映了旅游外汇收入对一个国家或地区国际收支平衡作用的大小,其越来越引起各个国家和地区,特别是发展中国家和地区的高度重视。

6.旅游创汇率指标

旅游创汇率指标,是指在一定时期内,旅游目的地国家或地区经营国际旅游业务所取得的非基本旅游收入与基本旅游收入的比率。国际旅游者来到旅游目的地国家或地区购买基本旅游产品,同时引起对非基本旅游产品的购买,使旅游目的地国家和地区增加了外汇收入。旅游创汇率与非基本旅游收入成正比,与基本旅游收入成反比。非基本旅游收入越多,旅游创汇率就越高。这一指标数值的高低,既反映了旅游目的地国家或地区产业结构、经济体系的完善程度,也反映了该国家或地区旅游业的发达程度和创汇的能力与潜力。因此,要不断扩大旅游者对非基本旅游商品的消费支出,就要不断挖掘潜力,发挥本国或本地区的旅游资源特色优势,推出各种有特色的旅游产品,吸引旅游者,扩大旅游者的消费,才能不断提高非基本旅游收入在旅游收入中的比重,进而提高旅游创汇率。

7.旅游外汇净收入率指标

旅游外汇净收入率指标,是指在一定的时期内,旅游目的地国家或地区经营国际旅游业务所取得的全部外汇收入扣除了旅游业经营中必要的外汇支出后的差额,并与全部旅游外汇收入的比值。在旅游业发展过程中,既要通过销售旅游产品获取外汇,也要从所获取的外汇收入中,支出一部分用于购买旅游业发展所必需的国内短缺物资以及其他支出。这些外汇支出包括以下几个方面内容:从国外进口必要的旅游设施、设备、原材料等;境外旅游宣传和驻外机构费用支出等;偿付外商投资利息、利润分红和国外管理人员费用;为适应海外来华旅游者的需求,从国外进口各种日用消费品的支出等。上述这些方面的支出都会造成旅游外汇收入中的一部分再流向国外。因此,在最大限度地满足旅游者需要的前提下,在旅游外汇总收入既定的条件下,用于经营旅游业务所支出的外汇越少,旅游外汇净收入率就越高。这一指标既反映了旅游目的地国家或地区增收节支、尽量减少外汇流失的情况,又是衡量该国家或地区社会经济发展总体水平和完善程度的重要标志之一。

通过上述指标,结合一定时期内接待旅游者的数量、构成、消费水平等指标,可以为旅游经营者掌握旅游发展的规模、速度、结构和水平,制订旅游发展规划,选择最佳旅游市场提供依据和信息,从而不断提高旅游业的经营管理水平和旅游企业的经济效益。

四、影响旅游收入的因素

旅游业是一个关联性、依赖性较强的行业，旅游目的地国家或地区的旅游收入受到各种社会经济因素的影响，呈现出不同程度、不同倾向的变化。影响旅游收入的具体因素主要有以下几个方面：

1. 接待旅游者人数

旅游目的地国家或地区接待旅游者人数的多少，是影响旅游目的地国家或地区旅游收入高低的基本因素。在正常情况下，旅游收入与接待的旅游者人数成正比例关系变化。虽然旅游者的个人消费水平由于其收入水平和支付能力的不同会产生较大差异，但接待旅游者人数增加，会使旅游收入的绝对数增加，接待旅游者人数减少，旅游收入也随之减少。

2. 旅游者支付能力与平均消费水平

在旅游接待人数既定的条件下，旅游者的支付能力和人均消费水平是旅游目的地国家或地区旅游收入增减变化的另一决定因素。旅游者的平均消费水平和支付能力与旅游目的地国家或地区的旅游收入成正比例关系。旅游者的支付能力强，平均消费水平高，旅游目的地国家或地区的旅游收入就必然增加。反之，旅游者的支付能力和平均消费水平低，则旅游目的地国家或地区的旅游收入就减少。旅游者的支付能力和平均消费水平的高低与旅游者的年龄、社会阶层、家庭状况、职业、个人可自由支配的收入以及消费偏好等因素也有着密切的联系。

3. 旅游产品质量和旅游资源的吸引力

旅游产品的质量和旅游资源的吸引力及开发程度是影响旅游收入的重要因素之一。旅游目的地国家或地区旅游资源的丰富程度、开发程度及旅游产品特色，是吸引旅游者的重要方面。而旅游产品的质量和品位高低，又是吸引旅游者进行购买的重要原因。所以要充分利用旅游目的地国家或地区的旅游资源及其吸引物，不断对旅游产品进行深层次的开发，调整产品结构，提高产品质量，从而提高旅游者的消费支出，增加旅游收入。

4. 旅游者在旅游目的地的停留时间

在旅游者人次数、旅游消费水平既定的条件下，旅游者在旅游目的地停留时间的长短对旅游收入的增减有着直接的影响。旅游者人均停留时间与旅游收入之间存在着正比例关系，旅游者在旅游目的地停留时间越长，其支出就越大，旅游目的地的旅游收入就会随之增长；反之，旅游者在旅游目的地的停留时间越短，旅游花费就越少，旅游目的地的旅游收入就越少。旅游者停留时间的长短与旅游者个人的闲暇时间、旅游目的地对旅游活动的组织安排、所提供的旅游产品的吸引力以及其他消费品和服务的多样性、丰富程度等因素有着密切的联系。

5.旅游目的地的旅游价格

旅游价格是影响旅游收入的一个最直接的因素,它们两者之间存在着密切的依存关系,旅游收入等于旅游产品价格与出售的旅游产品数量的乘积。根据旅游需求规律,在其他条件不变的情况下,不论旅游产品的价格是上涨还是下降,旅游需求量都会出现相应的减少和增加。为了测量旅游需求量随旅游产品价格的变化而相应变化的程度,就必须正确计算旅游需求价格弹性系数。并根据旅游产品需求价格弹性大小,正确地计算旅游收入。

6.外汇汇率

外汇汇率是各个国家不同种类货币之间的相互比价。外汇汇率对旅游目的地国家或地区旅游收入的变化产生一定的影响。如果旅游目的地国家相对旅游客源国的货币贬值,即汇率降低,在旅游目的地国家价格未提高的条件下,会刺激该旅游客源国的旅游需求,导致旅游目的地国家或地区的入境旅游人数增加,从而使旅游外汇总收入增加。反之,如果旅游目的地国家相对旅游客源国的货币升值,即汇率提高,则会抑制旅游客源国的旅游需求,导致旅游目的地国家或地区入境旅游者人数减少,从而使该国旅游外汇总收入降低。因此,在衡量旅游目的地国家或地区的旅游收入时,应注意分析因汇率因素变动而形成的差异,这样,才能使旅游目的地国家或地区在不同时期内所取得的旅游收入更具真实性和可比性。

7.旅游统计因素

由于受众多因素的影响,旅游统计部门所统计出来的旅游收入并不能真实地反映旅游目的地国家或地区所取得的旅游收入。主要表现在:一是旅游部门之间、旅游部门与非旅游部门之间对旅游收入常常会出现遗漏或重复统计的现象;二是旅游者在旅游活动中所支出的有些费用,如小费,无法统计到旅游目的地国家或地区的旅游收入中,致使该旅游目的地国家或地区的旅游收入统计出现遗漏;三是在探亲旅游过程中,某些旅游者以馈赠礼品、土特产品等方式来换取亲朋好友所提供的免费食宿,这种交换方式所产生的旅游收入也是无法进行统计的;四是由于"地下旅游经济活动"的存在,即旅游者与旅游从业人员以私下交易方式,将购买旅游服务和产品的钱直接交给餐厅服务员、导游员、出租汽车司机等,致使旅游收入减少和政府税收减少等,也增加了旅游统计中的收入遗漏。

第二节　旅游收入分配和再分配

旅游收入和其他部门的收入一样,都要经过分配和再分配过程,最终形成社会各个部门、各个阶层的收入。第一节介绍了旅游收入,下面我们对旅游收入的分配和再分配进行分析。

一、旅游收入分配的涵义

旅游收入的分配是指旅游营业收入在直接经营旅游业务的部门、企业以及全社会范围内的分配。旅游收入是一国国民生产总值(GDP)的组成部分。旅游部门的经济收入以分配与再分配的形式参与国民经济的再生产过程。

旅游收入的分配与国民收入分配一样,通常是经过初次分配和再分配两个过程来进行和完成的。旅游收入是旅游目的地国家或地区各旅游部门和企业经营收入的总和。旅游收入的初次分配是在直接经营旅游业务的旅游部门和企业内部进行的。初次分配的内容是旅游营业总收入中扣除了当年旅游产品生产中所消耗掉的生产资料价值后的旅游净收入。旅游净收入又是旅游从业人员所创造的新增价值,旅游净收入在初次分配中最后可分解为职工的工资、企业的盈利以及政府的税收。

旅游收入进行初次分配后还必须进行再分配。再分配是在旅游业的外部,在全社会经济范围中进行的。其分配的内容和渠道主要是:旅游部门和企业为扩大再生产,向有关行业的企业购买各种物质和服务,从而使旅游部门和企业的盈利转换为相关行业部门的收入;旅游部门和企业的职工,把所得工资的一部分用于购买他们所需要的物质和劳务,使相关部门企业获得了收入;旅游部门和企业把旅游收入中的一部分用于支付各种税金等,从而使其转化为政府的财政预算,用于发展国家或地区的经济建设、公共福利事业和旅游产业的发展等。

二、旅游收入的初次分配

旅游部门和企业在取得旅游收入以后,首先应该在直接经营旅游业务的部门和企业中进行分配。这些部门和企业包括饭店、旅行社、交通部门、餐饮部门、旅游景点、旅游用品和纪念品商店等。在一定时期内,旅游部门和企业付出了物化劳动和活劳动,向旅游者提供满足他们需要的旅游产品,从而获得营业收入。但需要强调的是,旅游部门和企业所获得的营业收入并不是全部参与初次分配,而是首先从中扣除当期为生产旅游产品而消耗的物质生产资料部分,如设备和设施的折旧、原材料和物料的消耗、建筑物的折旧等,使它们从价值上得到补偿,从实物形态上得到替换。这部分价值的补偿属于当期旅游部门和企业的净收入,其价值通过营业成本核算转移到经营成本中去,从出售旅游产品的收入中直接补偿。所以,它不能用于扩大再生产和职工的消费,故不存在分配的问题。

1.旅游收入初次分配的流向

参与初次分配的是旅游营业收入中扣除了上述物化劳动消耗价值补偿之后的剩余部分,即旅游净收入(见图7—1)。旅游净收入经过初次分配后,分解为职工工资、政府税收和企业留利三大部分。

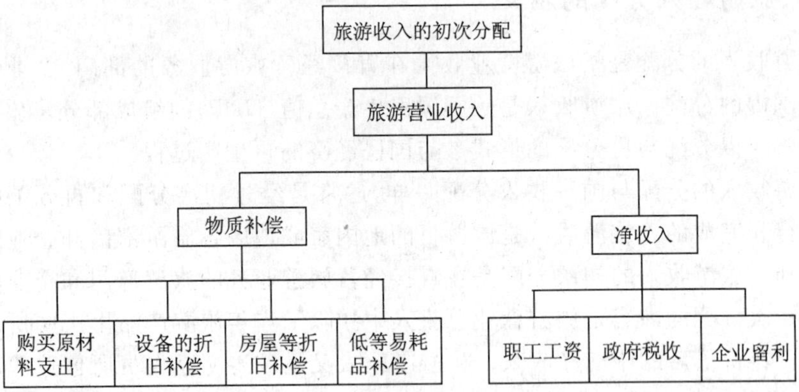

图 7—1　旅游收入的初次分配

(1)职工工资。职工工资是指旅游部门和企业根据合理的分配原则，向旅游从业人员支付的工资，作为他们提供劳务的报酬，满足他们自己和家庭生活的需要。

(2)政府税收。旅游部门和企业按照国家税收政策的规定向政府纳税，成为国家财政预算收入的一部分，由国家统筹安排和使用，从 1994 年开始，我国实行了新税制，规定旅游经营中的劳务性收入上缴营业税的税率为营业收入的 5%；旅游经营中的商品性收入上缴增值税，基本税率为营业收入的 17%，低税率为营业收入的 13%。在扣除了营业成本、营业费用、租金、利息、营业税之后，旅游部门和企业经营所得纯利润上缴所得税的税率为纯利润额的 33%。

(3)企业留利。旅游部门和企业的自留利润是企业从净利润中留下来，自行安排分配和使用的利润。在我国旅游部门和企业中，企业净利润又可分为企业公积金和公益金两部分，公积金主要用于旅游部门和企业扩大再生产的追加投资，购买新的设备和设施、新产品的研制、技术更新改造、开辟新的市场以及弥补企业亏损等方面。公益金主要用于旅游部门和企业职工与集体的福利，作为职工住房、医疗、教育、文体等活动的投资。

2. 包价旅游收入的初次分配

旅游收入的初次分配是在各旅游部门和企业中进行的。旅行社是旅游业赖以生存和发展的“龙头”部门，由于旅行社的特殊职能和地位，使它在旅游收入的初次分配中起着特殊的作用。其中，包价旅游收入的初次分配出现了与前述分配过程不同的分配形式。

旅游业是一项跨地区的综合性产业，是由各经济部门和非经济部门遵循旅游市场的引导而构成的综合性经济行业，如饭店、交通、购物商店、观赏景点、娱乐活动等，都是构成旅游业的基本要素。它们在向旅游者提供产品时，必须协调一致，才能获得各自应得的利益。旅行社作为旅游业的"龙头"部门，是组织、规划旅游产品，开展宣传促销，招徕和接待旅游者的经济组织。旅行社根据市场的需求，首先向住宿、餐饮、交通、游览、娱乐等部门和企业预订单项旅游产品，经过加工、组合，形成不同的综合性旅游产品（即包价旅游），出售给旅游者，由此获得包价旅游收入。这种包价旅游收入首先表现为旅行社的营业总收入，在扣除了旅行社的经营费用和应得利润后，旅行社根据其他各旅游企业提供产品和服务的数量和质量，按照预定的收费标准、签订的经济合同中列定的支付时间、支付方式和其他有关规定，分配给这些旅游部门和企业应得的旅游收入。这些部门和企业获得营业收入后，才按照前述的分配方式进行旅游收入的初次分配。包价旅游收入初次分配流向见图7—2。

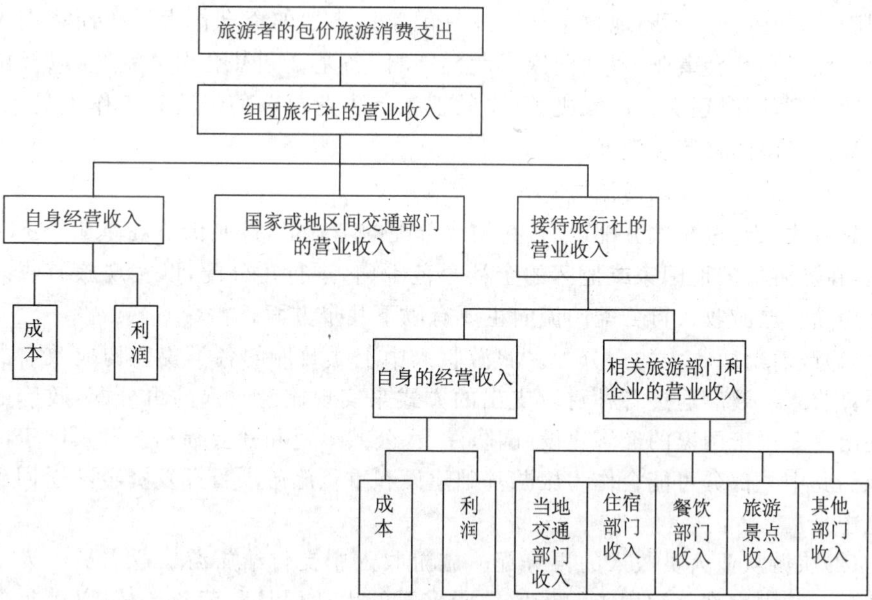

图7—2 包价旅游收入的初次分配

由图7—2可见，旅游收入的初次分配体现为旅行社的营业总收入转为各旅游部门和企业的营业收入。由于包价旅游收入是旅游收入的重要组成部分，以及旅行社在旅游收入分配中所起的先导作用，旅游目的地国家或地区旅游总收入的很大部分是通过旅行社的经营所取得，又通过旅行社分配出去的。所以，旅行社的经营活动既是旅游营业收入的来源，又决定了旅游营业收入的分配，从而具有双重职能。旅游营业总收入数量的多少，旅游部门和企业营业收入的多少，在某种程度上往往取决于旅行社经营活动的强弱程度，因此，提高旅行社经营管理水平和市场竞争能力，对增加旅游营业收入是十分重要的。

三、旅游收入的再分配

旅游收入经过初次分配后，在初次分配的基础上，按照价值规律和经济利益原则，在旅游目的地国家或地区的全社会范围内进行再次分配，以实现旅游收入的最终用途。

1.旅游收入再分配的主要原因

旅游收入的再分配，是指在旅游收入初次分配的基础上，在旅游业外部进一步分配的过程。旅游收入进行再分配的主要原因在于：一是为了使旅游业能不断扩大再生产，满足其自我发展和自我完善所必需的物质条件的需要，使消耗掉的原材料和设备等能得到补偿。二是满足旅游业从业人员的物质文化生活需求，以恢复和增强其体力和智力，继续为旅游提供优质服务；同时，劳动者的家庭需要也能够得到满足，使劳动力不断地再生产。三是国家把集中的资金作为财政预算用于发展国民经济和社会事业，建立国家、社会各项储备基金和社会保障基金，以及国防建设费用等，同时还支付国家机关、文教卫生等事业单位的经费和工作人员工资，推动社会经济的繁荣和发展。

2.旅游收入再分配的流向

旅游收入经过初次分配以后，在初次分配的基础上，按照价值规律和经济利益原则，在旅游目的地国家或地区的全社会范围内，进行再分配，以实现旅游收入的最终用途。旅游收入再分配的流向主要有以下几个方面。

(1)政府财政收入的再分配。旅游收入中上缴政府的各类税金构成政府的财政预算收入。政府通过各种财政支出的方式来实现旅游收入的再分配，政府的财政支出主要用于国家的经济建设、国防建设、公共事业和社会福利投资及国家的储备金。其中一部分可能会作为旅游基础建设和重点旅游项目开发资金又返回到旅游业中来。

(2)旅游从业人员收入的再分配。旅游收入中支付给旅游从业人员个人的报酬部分。其中大部分被用于购买他们所需要的生活用品和劳务产品，以满足旅游从业人员自己和家庭成员物质生活和文化生活的需要，保证劳动力的再生产。这部分支出构成了社会经济中相关的提供生活资料和提供劳务的行业的营业收入。旅游从业人员个人收入消费之后所剩下的另一部分则存入银行、购买保险、购买国债等，又形成了国家金融建设资金和保险部门的收入等。

(3)旅游企业自留利润再分配。旅游收入中的企业自留利润分为公积金和公益金两部分。企业将公积金和公益金用于扩大再生产以及改善职工福利，使企业自留利润转化为其他相关部门的营业收入。

此外，旅游收入中还有一部分流向其他部门。例如，支付贷款利息而构成金融部门的收入，支付保险金而构成保险部门的收入，支付房租或购买住宅而形成房地产部门的收入，租赁设施设备而形成租赁单位的收入等。从图7—3旅游收入的再分配可以看出,旅游收入的再分配是旅游经济活动的重要一环。旅游经济活动与其他经济活动一样,也是一个不断重复和扩大的运动过程。在这个过程中,旅游产品再生产所消耗掉的劳动力与物质资料在价值上要不断得到补偿,在实物上要不断得到替换。即一方面表现为旅游产品再生产的不间断进行,另一方面又表现为旅游收入的不断再分配。通过旅游收入的再分配,把旅游业收入的大部分集中在国家手中,有计划地投放在国家重点项目和急待开发的地区,加速这些地区社会经济和旅游事业的发展,以保证与其他经济、社会部门的协调。

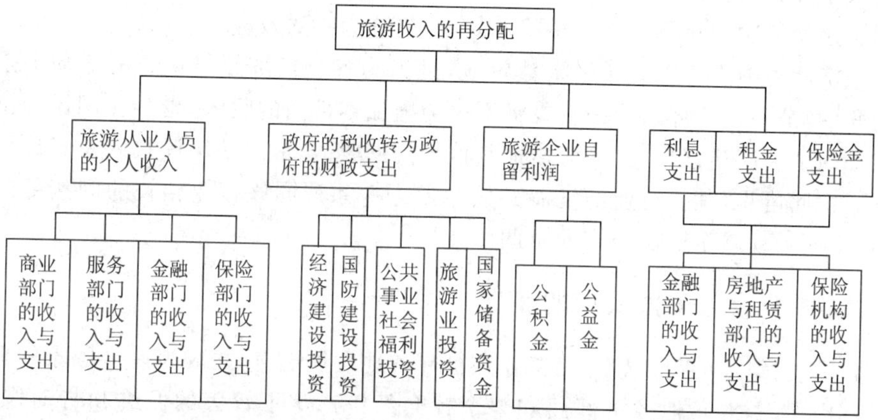

图 7—3　旅游收入的再分配

旅游收入经过初次分配和再分配的运动过程,实现了其最终用途并形成两大部分,一部分形成消费基金,其余大部分形成积累基金。在旅游收入的分配过程中,每个旅游部门和企业都有自身的利益,在旅游收入分配时应给予兼顾。但每个旅游部门和企业自身的利益,同整个国家旅游业的利益和发展又是密不可分的。没有整个国家的利益,没有整个旅游业的利益,就没有旅游部门和企业的利益。所以,旅游收入的分配应把国家利益、旅游业整体利益摆在第一位,将国家利益、旅游部门和企业的利益,以及旅游业职工的个人利益有机结合起来,正确处理好三者之间的关系,正确处理好眼前利益与长远利益的关系,这是旅游收入分配时必须遵循的基本原则。

第三节　旅游业收入乘数

通过第一节和第二节的介绍,我们了解到旅游收入是国民收入的重要组成部分,它对整个国民经济具有较强的推动作用,在国民经济中占有重要地位。下面将要介绍一种衡量旅游经济对国民经济影响的工具——旅游收入乘数。

一、乘数的概念

乘数(Multiplier)又可译做倍数,是现代经济学中用于分析经济活动中某一变量的增减所引起的经济总量变化的连锁反应程度。在经济运行过程中,常会出现这样的现象,一种经济量的变化,可以导致其他经济量相应的变化。这种变化不是一次发生,而是一次又一次地连续发生并发展的。例如,一笔原始花费进入某一经济领域系统后,会流通再流通,经过多次循环,使原来那笔货币基数发挥若干倍的作用。这种多次变化所产生的最终总效应,就称为乘数效应。

经济活动中之所以会产生乘数效应,是因为各个经济部门在经济活动中是互相关联的,某一经济部门的一笔投资不仅会增加本部门的收入,也会在国民经济的各个部门中引起连锁反应,从而增加其他部门的收入,最终使国民收入总量成倍地增加。由此可见,某一行业的发展必然会促进一系列同该行业相关的间接部门的发展,从而带动整个国民经济的协调发展。

二、旅游收入乘数效应的涵义

自 20 世纪 60 年代以来,旅游业在世界各地发展迅速,并成为许多国家的重要经济部门之一,对其他经济部门和整个社会经济产生了较大的促进和带动作用。因此,旅游经济学家把乘数效应概念引入到旅游经济活动的分析之中,从而产生了旅游收入乘数效应的概念。

通常,旅游者的一笔消费支出进入旅游经济运行系统中之后,经过多个环节,可以使原来的货币基数发挥若干倍的作用,在国民经济各部门中引起连锁反应,从而增加其他部门的收入,并最终使国民总收入成倍增加。例如,旅游者在饭店里食宿,饭店职工从旅游者花费中获得工资,工资的一部分用于饭店职工的生活支出,其生活支出又注入本地经济;而餐厅对食品饮料的进货,又会使农民的收入增加,农民收入的增加则又会促进社会消费品销售量的增加。这种通过旅游者的花费对某一地区的旅游业的货币注入所反映出来的国民收入的变化和经济影响,就是旅游收入乘数效应。表 7-2 列举了世界上一些国家(地区)的旅游收入乘数。

表 7-2 世界上一些国家(地区)的旅游收入乘数

国家(地区)	收入乘数	国家(地区)	收入乘数
加拿大	1.7～2.0	毛里求斯	0.96
英国	1.7～2.0	安提瓜	0.88
斯里兰卡	1.59	中国香港	0.87

续表

国家(地区)	收入乘数	国家(地区)	收入乘数
牙买加	1.27	菲律宾	0.82
多美尼亚	1.20	巴哈马	0.78
塞浦路斯	1.14	斐济	0.72
百慕大	1.09	西萨摩亚	0.66
塞舌尔	1.03	巴巴多斯	0.60
马耳他	1.00	维尔京群岛[英]	0.58

注:这里仅指国际旅游。时间分布:70年代中期至80年代中期。

资料来源:邹树海.现代旅游经济学[M].青岛出版社,1998.

三、旅游收入乘数效应的发挥机制

根据旅游学者阿切尔(B. Archer)教授的观点,发挥旅游乘数效应的具体机制为:外源性旅游消费“注入”旅游目的地经济后,有一部分将漏损出旅游目的地经济系统的循环,余额则在旅游目的地经济系统中渐次渗透,依次发挥直接效应(Direct Effects)、间接效应(Indirect Effects)和诱导效应(Induced Effects),刺激旅游目的地经济活动的扩张和整体经济水平的提高。

1.直接效应

旅游者在旅游目的地国家或地区的旅游消费形成了该国或地区的旅游收入增量。这些旅游收入增量最初注入那些为旅游者直接提供商品或服务的旅行社业、餐饮业、旅游饭店、景区(点)、交通部门等,并对这些企业或部门的产出、收入、就业等造成影响,这被称为旅游消费的直接效应。

2.间接效应

为旅游者直接提供商品或服务的企业或部门需要相关行业的商品或服务的投入。旅游收入增量最初注入的那些企业或部门在再生产过程中要向有关企业或部门购进原材料、物料、设备等,从而使这些企业或部门的营业收入得以增加,生产规模得以扩大。而各级政府则把旅游税金投资于其他企事业、福利事业等,使这些企业或部门在不断的经济运转中获利。这样的过程不断进行下去,就形成了旅游消费的间接效应,即由旅游消费所形成的旅游收入增量在旅游目的地经济系统中不断流转,对当地相关企业或部门的产出、收入、就业等所造成的影响和发挥的效应。

3.诱导性效应

所有直接或间接为旅游者提供商品或服务的企业或部门的职工,把获得的工资、奖金用于购置生活用品或服务性消费,可促进相关企业或部门的发展。这样,旅游收入增量通过一次又一次的分配与再分配，最终在国民经济系统中发生连锁反应。这被称为旅游消费的诱导性效应。

四、旅游收入乘数的计算

旅游收入乘数效应，可通过计算旅游收入乘数来判定，通常用K表示旅游收入乘数。根据一定的投入增量和收入增量，即可计算旅游收入乘数，计算公式如下：

$$K=\frac{\Delta Y}{\Delta I} \tag{7-2}$$

其中，K为旅游收入乘数；ΔY为收入增量；ΔI为投入增量。

旅游收入乘数表明了旅游目的地对旅游产业的投入所带来的本地区综合经济效益最终量的增加程度。但应该指出，乘数效应的形成必须以一定的边际消费倾向为前提。因为无论是海外游客还是国内游客在某旅游目的地的消费都是对旅游产业的投入，当这笔资金流入旅游目的地国家或地区的经济运行中时，就会对生产资料和生活资料生产部门以及其他服务性企事业单位产生直接或间接的影响，进而通过社会经济活动的连锁反应，带来社会经济效益的增加。如果把这笔资金的一部分储蓄起来或用于购买进口物资，使资金离开经济运行过程或流失到国外，就会减少其对本地区经济发展的注入作用，也就是说，边际储蓄倾向和边际进口物资倾向愈大，对本地区的经济发展的乘数效应就愈小。根据以上乘数原理，计算乘数的公式可进一步表述为：

$$K=\frac{1}{1-MPC}\text{或}\frac{1}{MPS}\text{或}\frac{1}{MPS+MPM} \tag{7-3}$$

其中，MPC为边际消费倾向；MPS为边际储蓄倾向；MPM为边际进口物资倾向。

上述公式表明：乘数与边际消费倾向成正比，与边际储蓄倾向成反比。边际消费倾向越大，乘数效应就越大；边际消费倾向越小，乘数效应就越小。边际储蓄倾向越大，乘数效应就越小；边际储蓄倾向越小，乘数效应就越大。

例如，某旅游目的地旅游边际消费倾向为70%，即表示在这个地区的旅游收入中，70%的资金在本地区的经济运行系统中运转，而余下30%的资金用于储蓄或购买进口物资，或是离开了本地区的经济运行。则：

$$K=\frac{1}{1-MPC}=\frac{1}{1-0.7}=3.3$$

$$\text{或 } K=\frac{1}{MPS}=\frac{1}{0.3}=3.3$$

即旅游收入经过初次分配和再分配获得了3.3倍于原始收入量的经济效果。如果把80%的资金投入经济运行中，仅有10%的资金用于储蓄，10%的资金用于购买进口物资。则：

$$K=\frac{1}{1-MPC}=\frac{1}{1-0.8}=5$$

或 $$K=\frac{1}{MPS+MPM}=\frac{1}{0.1+0.1}=5$$

说明该笔资金经过初次分配和再分配，可获得5倍于原始收入量的经济效果。

五、旅游收入乘数的种类

旅游收入的乘数效应，使一个国家或地区增加旅游投入就会相应引起该地区经济的增长，使国民收入总量增加，并反映出国民收入的变化和对经济的影响。这种影响作用，主要通过以下几种常用的乘数模式，从不同侧面对国民经济产生相应的经济影响。

1. 营业收入乘数

营业收入乘数，是指增加单位旅游营业收入额与由此导致的其他产品营业总收入增加额之间的比率关系，该乘数表明一地区旅游业的发展对整个地区营业总收入的作用和影响。

2. 就业乘数

就业乘数，是指增加单位旅游收入所创造的直接与间接就业人数之间的比率关系。该乘数表明某一地区通过一定量的旅游收入，对本地区就业所产生的连锁反应，以及对最终就业岗位和就业机会所产生的作用和影响。

3. 居民收入乘数

居民收入乘数，是指增加单位旅游收入额与由此带来的该地区居民收入增加额之间的比率关系。该乘数表明了这一地区旅游业的发展给整个地区居民收入的增加带来的作用和影响。

4. 政府收入乘数

政府收入乘数，是指增加一单位旅游收入对旅游目的地国家或地区政府净收入所带来的影响。该乘数用来测定旅游目的地国家和地区政府通过税金从旅游经济活动中得到的效益，即旅游收入对政府税金增加所产生的作用和影响。

5. 消费乘数

消费乘数，是指每增加一单位旅游收入所带来的对生产资料和生活资料消费的影响。该乘数用来测定旅游目的地国家和地区旅游收入增加对社会再生产过程的促进作用，即对社会消费扩大的作用和影响。

6. 进口额乘数

进口额乘数，是指每增加一个单位旅游收入与最终带来的旅游目的地国家总进口额增加量之间的比率关系。该乘数表明了旅游目的地国家随着旅游经济活动的发展，旅游部门和企业以及向这些部门、企业提供产品和服务的其他相关单位，从国外进口设施、设备、生活消费品的增加量与旅游收入增量之间的关系。

六、旅游收入乘数理论的局限性

旅游收入乘数理论虽然已被广泛地用来衡量旅游对旅游目的地国家或地区的经济影响，但这一工具也不是尽善尽美的，其不足之处主要表现在以下几个方面：

第一，旅游收入乘数是一个宏观的概念，用来计算它的边际消费倾向、边际储蓄倾向以及边际进口物资倾向等具体数据的可获得性较差。

第二，旅游收入乘数理论的假设前提，如随着旅游需求的增长旅游目的地国家或地区的旅游供给无论从数量还是质量方面都能相应增长，生产和消费函数是线性的并且各个产业部门之间的经济联系是固定不变的，相对价格维持不变等，都与现实旅游经济状况存在较大的差距。

第三，旅游收入乘数是指旅游消费增量或旅游收入增量和由其引起的其他经济量变化的最终量之间的倍数关系。由此可知，旅游收入乘数理论关注的是变化的最初原因和最终结果的关系，而变化的中间过程并不在它的研究视野内。要补充的一点是，研究变化中间过程的工作是由后来的投入—产出模型和旅游卫星账户模型实现的。

第四节　旅游外汇收入漏损

第三节指出各个经济部门在经济活动中是互相关联的，旅游收入增加最终使国民收入总量成倍地增加。而旅游外汇收入是旅游业收入组成中重要的部分，但是，在一些国家特别是旅游业不很发达的国家还存在着大量的旅游外汇的流失，这些外汇的流失是这些国家的损失。防止损失是每个国家都要考虑的问题。

一、旅游外汇收入漏损的概念和形式

旅游外汇收入能够反映一个国家或地区国际旅游的发展水平，但是，在一些国家或地区的旅游业中，由于多种原因造成旅游外汇的大量流失，也称为旅游外汇收入漏损。要实现国民经济的可持续发展，必须对外汇收入漏损进行研究，尽量减少和避免外汇收入漏损。

1. 旅游外汇收入漏损的概念

旅游外汇收入漏损是指旅游目的地国家或地区的旅游部门和企业，由于购买进口商品和劳务、在国外进行旅游宣传、支付国外贷款利息等原因所导致的外汇收入的减少。对任何一个国家或地区来说，旅游外汇的收入和支出通常都是同步发生的。在经营国际旅游业务的时候，必然要将旅游外汇收入的一部分用于正常的

经营支出，此外也有一些其他的原因会导致外汇收入的外流，这样就出现了旅游外汇收入的漏损。

通过表7—3和表7—4我们可以了解世界各地尤其是我国的旅游漏损情况。表7—3为20世纪60年代中期以来部分国家和地区旅游外汇漏损率情况。从表中可以看出：旅游漏损率较高的多是小型的发展中岛国，这主要同这些国家的经济发展程度、经济规模和资源不足有关；发达国家及一些制造业基础较好的、资源较丰富的国家漏损率则明显较低。据世界银行估计，各发展中国家及以外贸为国民经济支柱的一些发达国家的旅游外汇漏损率一般在55%左右。我国的旅游漏损自1978年以来也比较严重。表7—4为1978～1990年中国旅游进口漏损和旅游总漏损情况。由此表可知，1990年前中国旅游外汇收入黑市漏损在旅游总漏损中占据很大比例，最高达1/3左右，最低占1/5左右。

表7—3　1965～1990年部分国家或地区旅游漏损率

国家或地区	年份	总漏损率(%)
毛里求斯	1965	90
塞舌尔	1973	60
斐济	1979	56
库克群库	1979	50
圣卢西亚	1978	44.8
阿鲁巴	1980	41.4
中国香港	1973	41
牙买加	1991	40
英属维尔京群岛	1979	35.9
斯里兰卡	1979	26.6
安提瓜	1978	25.2
塞浦路斯	1991	25.0
肯尼亚	1969	22.0
韩国	1978	19.7
新西兰	1976/1977	12.0
南斯拉夫	1972	11.0
菲律宾	1978	10.8

注：表中漏损率不包括各国国民出境旅游造成的外汇支出，因表中数字来源不同，相互之间不宜进行严格比较。

资料来源：EIU. 旅行分析家[J]. 1992(3).

表 7—4 中国旅游外汇进口漏损与总漏损情况

年份	进口漏损	总漏损	总漏损率(%)
1978	1.18	3.69	71.75
1979	2.02	8.14	76.70
1980	2.78	11.32	76.97
1981	3.53	15.32	78.00
1982	3.79	15.91	77.42
1983	4.42	19.01	78.62
1984	5.09	26.17	80.78
1985	8.38	39.79	90.61
1986	10.26	43.53	89.61
1987	12.47	51.02	89.25
1988	15.05	58.39	88.73
1989	12.47	45.05	88.01
1990	15.71	51.76	88.86

注:总漏损为进口漏损与黑市漏损之和,总漏损率指总漏损值与名义旅游外汇收入的比率。1989 年和 1990 年进口漏损数取估计的中间值。

资料来源:楚义芳.旅游的空间经济分析[M].陕西人民出版社,1992:176.

2.旅游外汇收入漏损的主要形式

在旅游经济运行过程中,旅游外汇收入漏损是客观存在的。旅游外汇漏损的主要形式如下:

(1)直接漏损。直接漏损是指购买旅游开发建设与经营运转所需要的各种进口物资而发生的外汇支出。这些进口物资包括各种原材料、各种建筑和装饰材料、机械设备、食品饮料、高档消费品、燃料、各种办公设备、车辆及其他运输工具、陈设用品等;为发展旅游业而向国外筹借的外债和贷款的利息及合资或独资旅游企业中外国投资者所获利润的外流;旅游业雇用外国雇员的薪金和其他外籍人员的劳务费用;政府旅游管理部门、各个旅游团体组织或旅游企业在国外进行旅游推销宣传所支付的各种费用成本。

(2)间接漏损。间接漏损是指向旅游业供应各种物资和服务的各有关企业或其他机构为满足旅游业需要而从国外进口各种商品或劳务所造成的外汇流失。

(3)无形漏损。旅游者增多会使旅游目的地的道路交通、桥梁、机场设施、排污系统等各种公共设施的磨损加剧,引起各种人造和自然旅游资源损坏和自然环境污染。旅游目的地为此而进行修复、弥补和清除时,有时可能也需要从国外进口某些物资或人力，从而造成外汇流失，这被称为无形漏损。对斯里兰卡旅游漏损情况的一项研究报告指出：1979 年因旅游业使用该国一般旅游基础设施和各类公共设施而形成的磨损，使该国损失了约 2400 万斯里兰卡卢比，约占当年该国 12.05 亿斯里兰卡卢比旅游总收入的 2%。

(4)黑市漏损。外国旅游者在旅游目的地国购买旅游产品和服务，并非全部用其所携带的外币或用通过正式渠道汇兑得到的当地货币来支付，一部分是用通过在当地外汇黑市非法套汇而得到的当地货币来支付的。这样，从旅游目的地国家或地区官方的角度来看，便造成了部分外汇流失，形成了黑市漏损。

二、旅游外汇收入漏损原因及其防范

1.旅游外汇收入漏损原因

旅游外汇收入的漏损，表现为旅游外汇的流失，从国民经济和旅游经济运行的角度看，旅游外汇的流失主要有以下几个原因：

(1)由于本国经济体系和生产结构不完善，对经营国际旅游所需要的物资数量、质量、品种和功能都不能给予保证，必须支付外汇从国外进口某些设施、设备、原料、物料和消费品，才能保证旅游业所需的物资和设备等。

(2)在引进大量外资进行旅游基本建设和旅游项目开发的同时，每年又必须拿出大量外汇用于还本付息、支付投资者红利等。

(3)为提高经营管理水平，需引进管理技术和管理人才，但又必须拿出相当数量的外汇支付外方的管理费用和外籍管理人员的工资、福利等；还有在经营国际旅游业务中，支付给海外旅游代理商的佣金、回扣等。

(4)为了开拓国际旅游市场，争取更多的国际旅游客源，需要直接在海外进行旅游宣传促销，这就要用外汇支付海外促销费用。除此之外，还要用外汇支付海外常驻旅游机构活动费用和其人员的工资等。

(5)本国居民的出境旅游也会使一定数量的外汇流向外国。

(6)外汇管理不力，会使黑市交易猖獗，造成国家外汇实现量减少。或者由于企业间盲目削价竞争而导致旅游部门和企业外汇收入减少，也会使国家旅游外汇收入隐性流失。

2.旅游外汇收入漏损的控制

为保证一个国家旅游外汇收入的稳定和增长，有必要对旅游外汇的流失进行严格控制。目前世界上许多国家，特别是把旅游业作为国民经济重要支柱产业的国家，都制定了一系列的政策，并采取相应措施，对旅游外汇的流失问题进行控制，以减少和避免旅游外汇收入的漏损。主要的措施有以下几个方面：

(1)积极调整本国生产结构和产品结构不断提高本国产品的质量，努力改进和提高生产技术，生产出满足旅游经营活动需要的各种产品，尽量减少进口产品的数量。

(2)加强对引进外资、外来项目的审批工作。对引进项目的收益、成本、风险及先进性、急需性、可行性要认真分析评估，避免盲目引进、肥水外流，使国家和旅游企业外债负担过重。

(3)努力培养通晓国际管理方法、掌握现代管理技术、具有现代市场经营观念的旅游管理专门人才，逐步减少对外方管理人员的引进，从而减少相应的外汇支出。

(4)制定合理的价格，引导本国居民多参与国内旅游，用国内旅游替代国际旅游，适当控制出境旅游的数量。在外汇缺乏或外汇收支逆差的情况下，也可采取相应政策来限制本国居民出境旅游，以减少旅游外汇收支逆差。

(5)制定完善的经济法规和外汇管理制度、方法，对违反国家政策法规、扰乱金融秩序和市场环境的不法行为给予严厉的法律、经济制裁，以建立良好的外汇市场秩序。

第五节　旅游卫星账户

为了获得旅游业对国民经济影响更准确、详细的数据，人们开发了两种衡量工具——旅游收入乘数和旅游卫星账户。经济学上运用旅游收入乘数理论来分析和衡量旅游经济影响相对来说还是比较粗略的，加之其必须与旅游漏损分析结合起来才能比较有效，所以它的应用受到很大的限制。而旅游卫星账户作为一种新型、权威、有效的衡量工具，已基本突破旅游收入乘数理论的局限性，并受到了各国和地区政府的极大重视。

一、旅游卫星账户概述

旅游卫星账户(Tourism Satellite Accounts，TSA)，是指按照国际统一国民账户的概念和分类要求，将因旅游消费而引致的产出部分从各个涉及旅游消费的部门中分离出来，在国民账户之外单独设立一个虚拟账户，以准确衡量旅游经济影响。

1.旅游卫星账户的开发回顾

在最近三十多年里，旅游活动在全球范围内大幅度增长。与之相比，旅游统计工作显得跟不上形势的发展，难以系统地对旅游活动性质、进展和经济影响提出较完整的统计数据，对有关旅游活动在国民经济中所起作用、旅游业规模和重要性的数据更是匮乏。法国的经济学家和统计学家首先觉察到这种落后现象，并于20世纪70年代末开始尝试创建基于国民收入核算体系(SNA)基本原则但更强调旅游活动特殊性的子系统——旅游卫星账户。进入80年代之后,各国的经济学家和统计学家逐渐认识到旅游与其他经济社会活动互相依赖的重要性。1983年,世界旅游组织在新德里举行了第五届全体会议,设想创建具有通用性的旅游卫星账户理论框架,通过这个旅游卫星账户与国民经济核算中心框架之间的有机关联,实现在国民核算体系之内描述旅游经济现象的目标。从1985年以来,欧洲共同体(简称欧共体,OECD)开始致力于将旅游纳入到SNA这个更宽泛的统计工具中去,并于1991年开发了"旅游经济账户"手册。1991年,世界旅游组织在渥太华举行了"旅游统计国际会议"。在这次会议上,广泛交流了从20世纪70年代后半期,特别是从20世纪80年代以来的研究成果,极大地促进了研究和开发旅游卫星账户方法的进程。从那以后,探索创建国际性旅游卫星账户理论框架及各国具体化实践的成果之丰茂、影响之广大、进展之迅速,都十分令人鼓舞。1994年,应联合国统计委员会的要求,联合国和世界旅游组织联合出版了一份关于旅游统计定义与分类的报告,并得到广泛传播。之后,世界旅游组织对1994年报告中的某些定义和分类不断完善调整,使之能够与旅游卫星账户理论框架的原则相一致。1994年7月,加拿大统计局与加拿大旅游委员会联合发布了旅游卫星账户开发的第一批成果。另外一些国家,如多米尼加(见表7—5)、挪威(见表7—6)和美国(见表7—7)相继发表了它们的国家旅游卫星账户。1999年6月,国际旅游组织在法国尼斯召开了"关于旅游对经济影响度量方法"的国际会议,会上共同讨论了在世界范围内建立和推广旅游卫星账户的问题。2000年3月1日,联合国统计署正式批准了世界旅游组织提交的《旅游卫星账户:建议的方法框架》(以下简称为《建议的方法框架》,其英文缩写为RMF,后文将使用英文缩写)及所确定的国际标准。这样,旅游业成为全球第一个拥有获得联合国首肯的国际性标准来测度产业经济影响的产业。

表7—5 多米尼加共和国旅游业基本情况

项目	数量
旅游产出	2380亿多米尼加元
旅游花费占GDP比重	20.5%
旅游业税收	560亿多米尼加元
旅游占出口比重	58.5%

注:多米尼加共和国于1993年开发出一个专门用于小岛国的旅游卫星账户。在此之前,当地仅把饭店业和餐馆业收入作为旅游收入,占全国GDP的比重仅为4%。在引入新方法对旅游业的经济影响进行全面研究之后,多米尼加政府可以此为依据进行更科学的决策。

表 7—6 挪威旅游业基本情况

项目 、	数量
旅游业占 GDP 比重	3%
旅游就业占就业量	3%
旅游占出口比重	5%

注:1995 年,挪威根据联合国推荐的标准对国民账户进行了一次大调整,因而成为 OECD 成员国中第一个完成此项工作的国家,以此为基础,挪威建立起 1988～1995 年的旅游卫星账户。

表 7—7 美国旅游业基本情况

项目	数量
旅游业占 GDP 比重	4.6%～5.3%
旅游就业占就业量	3.3%～3.7%
直接就业	370 万～440 万人
旅游花费	2840 亿～3330 亿美元

注:英国商务部于 1998 年提出了旅游卫星账户,以 1992 年的国民收入账户为基础,这套账户尝试以几种不同的方法计算出如上的结果。

2. 旅游卫星账户的特点和内容

旅游卫星账户的特点是将所有由旅游者消费引致的产出部分分离出来并列入这一虚拟账户。该账户相应包括以下三个主要方面的内容。

(1)旅游业消费的详细数据。旅游业消费的详细数据从旅游消费的角度出发,说明旅游业是直接为旅游者旅行和旅游消费而生产和提供各种物质产品和服务的,其内容包括个人消费支出、商务旅游支出、政府支出(为个人)、资本投资以及游客出口等部分的消费支出。

个人消费支出既包括本地居民出游的个人服务消费和国内外旅游者对服务产品(包括住宿、餐饮、交通、娱乐、金融服务等)的购买和消费,也包括当地居民为提供旅游服务而对耐用品和非耐用品的购买,以及用于国内外旅游者消费的各种旅游商品(如工艺品、当地产品、礼品等)。

商务旅游支出是指企业经营人员和政府官员在进行各种商务或公务活动之余所进行的,具有上述个人性质的各种旅行和旅游消费支出,包括交通、住宿、餐饮、娱乐、购物和其他产品和服务消费支出等。

政府支出(为个人)是指政府的各种机构和部门为保障国内旅游者的合法权益所进行的各种消费支出,如用于各种文化场馆(博物馆、美术馆等)、国家或地方公园、旅游景区(点)、海关、移民局等方面的消费支出。

旅游投资是指为旅游者提供各种旅游设施的厂商(私人部门)和政府代理机构(公共部门)的投资,其不仅构成旅游需求的重要组成部分,也是保持旅游经济持续发展的必不可少的投入。

旅游出口是指国际旅游者在旅游接待国或地区购买各种旅游产品和旅游服务的消费支出,其形成旅游接待国或地区的旅游外汇收入。

(2)旅游业的详细生产账户。旅游业的详细生产账户从旅游需求的角度出发,明确了旅游业不仅需要直接为旅游者消费提供的各种物质产品和服务(即上述旅游业的内容);同时也需要间接为旅游业发展提供的各种物质产品和服务,其内容具体包括以下几个方面:

政府支出(集体)是指与旅游活动相关的各级政府部门和机构的消费支出,其绝大部分都是为了整个国家或地区的利益而发生的消费支出,如用于旅游促销、航空管理、旅游安全和医疗卫生设施及服务等方面的消费支出。

资本投资是指为间接旅游者提供各种旅游设施、设备和基础设施的厂商(私人部门)和政府代理机构(公共部门)的投资,其不仅构成旅游需求的重要组成部分,也是保持旅游经济持续发展的必不可少的投入。

出口(非旅游)是指包括为旅游者提供的其他最终消费品(如服装、电器、汽油等)的出口和向旅游业服务的厂商所提供的各种资本品(如飞机和轮船)的出口等。

按照投入产出分析,对应于旅游总消费和旅游总需求,旅游卫星账户还能区分出"旅游业"产值,甚至区分出旅游业进口和旅游经济进口。最后,旅游卫星账户从旅游总供给方面着手,即可分析旅游业的直接和间接的经济作用和影响力,旅游增加值(GDP)机器组成部分,包括工资和薪金、税收、利润、折旧和积累的有关情况等。

(3)旅游经济总量指标。通过旅游卫星账户,还可以明确地对旅游经济总量指标进行分析和计算。其具体包括旅游消费总额、旅游消费所产生的旅游业增加值、旅游就业情况。

旅游者消费总额是指一定时期内旅游者在旅游目的地国家或地区进行旅游活动过程中所支出的货币总额。它从价值形态上反映了旅游者对旅游目的地的旅游产品消费的总量。

按照《旅游卫星账户:建议的方法框架》中的定义,旅游消费所产生的旅游业增加值是指"由旅游业和经济体的其他产业为响应境内旅游消费而产生的增加值"。它不包括向非旅游者提供的服务中所产生的那部分增加值。

旅游直接就业,通常包括直接面对旅游者提供各种服务的人员,如航空公司、旅游宾馆、出租车、餐馆、零售商店和娱乐场所等方面的服务工作人员等。

旅游间接就业,通常包括提供与旅游相关的辅助性服务工作的人员,如航空食品供应、洗涤服务、食品原料供应、批发销售、医疗卫生和金融保险等方面的服务工作人员等。

旅游业供给者的直接就业，通常包括政府代理机构、资本品制造业、建筑业和出口旅游商品等行业的就业人员。

旅游业供给者的间接就业通常包括为旅游业供给者提供各种如钢材、木材和石油化工产品等生产资料行业的就业人员。

3.旅游卫星账户核算方法

旅游卫星账户核算方法是参照国民账户方法进行的，其难点在于面对旅游业涉及众多经济行业的实际情况，如何正确地确定旅游需求和旅游供给的内容。因此，世界旅游组织在其提供的《基本旅游卫星账户体系》中，分别对旅游卫星账户的旅游需求和旅游供给的统计度量和分类标准做出了具体的规定。

(1)旅游需求方法。由于国民账户中没有对旅游消费的明确划分，因此必须定义旅游消费的概念和范围，具体包括以下几个方面内容：首先，明确将旅游经济划分为入境旅游、出境旅游和国内旅游三种类型；其次，明确定义旅游者概念和范围，并将旅游者划分为入境旅游者、出境旅游者和国内旅游者，其中又进一步区分为过夜旅游者和一日游旅游者；再次，定义旅游消费的概念和范围，包括细化入境旅游消费、出境旅游消费和国内旅游消费的具体内容和范围；最后，按照国民账户核算方法统计旅游总消费(或总需求)。

(2)旅游供给方法。由于国民账户中未单独列出旅游业和旅游产品内容，因此就需要对旅游业的组成和旅游产品的范围进行统计标准定义，具体包括以下几个方面内容：首先，确定旅游业所提供的旅游产品。按照世界旅游组织规定，旅游产品是由两方面所组成：一是具有旅游性质的商品与服务，即如果没有旅游消费则对这类商品和服务的供给将明显减少；二是与旅游相关的商品和服务，即旅游者对这类商品和服务的消费占旅游者消费总支出的较大比例。其次，参照国民账户标准产业分类方法确定旅游业。尽管有许多行业都可以生产和提供旅游产品，但只有那些真正在旅游中起重要作用的行业才能够纳入旅游业的范围，即纳入旅游业的行业必须是若没有旅游消费则其将停业，或者是其生产规模将大幅度缩小。最后，按照上述界定及国民账户核算方法统计旅游业的增加值和就业人数。

4.建立旅游卫星账户面临的困难以及对它的拓展

虽然旅游卫星账户受到了广泛的关注，但是建立旅游卫星账户存在许多的困难，并需要不断调整、完善和拓展旅游卫星账户。

(1)建立旅游卫星账户存在的困难。外国学者 Smith 认为旅游卫星账户在理论上是可行的，对旅游区域经济影响的分析和解释能力是强大的，但是他也总结了旅游卫星账户在付诸应用方面可能会面临的五大困难：①建立一个 TSA 成本高昂，收集旅游供需有关的详细数据任务艰巨。②旅游卫星账户所依赖的国民经济 I/Q 分析并不能经常更新，原因也在于成本高昂，大量耗费人力、物力和财力。

③旅游卫星账户一般只适用于对国民经济层次进行旅游经济影响分析。④旅游卫星账户所采用产业分类体系可能无法提供旅游决策者和分析者所需要的细节信息。⑤旅游卫星账户所采用的一些定义和结论形式与旅游者传统上所采用的并不一致，这就有可能造成一些误解和无用，或者是无法理解和无法使用。

虽然应用旅游卫星账户方法会遇到这样或那样的障碍，但是 Smith 坚持认为从长远看旅游卫星账户所具有的价值终将超越这些困难。正是由于旅游卫星账户的巨大作用和它所面临的困难，各个采用旅游卫星账户的国家都在根据本国的实际情况，把旅游卫星账户同本国实情相结合，不断调整、完善和拓展旅游卫星账户。

(2)加拿大对旅游卫星账户所作的拓展。加拿大是最早开发出系统旅游卫星账户的国家，它对旅游卫星账户所作的拓展具有一定的代表性。下面我们以加拿大对旅游卫星账户所作的拓展为例进行说明。

1)建立多层次的时间序列。旅游卫星账户的一个局限性在于其核算结果缺乏及时性。旅游产业决策部门需要及时地、经常性地核算数据，了解加拿大旅游业的发展状况，以便分析市场行情，制订营销计划、采取促销措施和强化内部管理。行业分析家也需要了解这种情况，以便针对变化的外部条件采取相应对策。但是，编制旅游卫星账户所需的大量数据需要较长时间准备和计算。一套旅游卫星账户至少需要在基准年 4～5 年时间才能完成。为了改变这种状况，加拿大统计局在加拿大旅游委员会的财力支持下构想并开发了对旅游卫星账户的主要拓展——一套新的时间序列估计量，即国家旅游指标体系。1996 年 6 月，加拿大统计局和加拿大旅游委员会共同出版了国家旅游指标体系，并提供 1986 年以来的季度数据和年度资料，这些指标大多是旅游卫星账户的构成要素，它们构成了 300 多个时间序列数据，涉及加拿大旅游需求(包括国内需求和外国游客的出口需求)、旅游商品的供给以及由旅游业提供的就业。

2)建立辅助模块。旅游卫星账户的核心账户除了建立国家旅游指标体系之外，还开发了一个辅助模块来估计政府收入和其他税收总额中由旅游业直接创造的价值。结果表明，旅游业对政府收入的贡献率非常高。由于旅游业在经济中的作用越来越重要，1996 年加拿大联邦政府在削减对其他行业的拨款以减少政府赤字的同时，却增加了对旅游业的拨款。

3)建立旅游经济影响模块。加拿大旅游卫星账户发展到目前为止仍然刚刚起步，还需要进一步完善和拓展。在未来的某个时候，加拿大将公布旅游卫星账户的一个最终版本以及一个与该卫星账户相联系的旅游经济影响模型。该模型既能测量与旅游业有关的直接经济影响，又能保持与旅游卫星账户相同的核算框架，还可以表现该产业与供方相关的误差遗漏项。在产业决策中，旅游经济影响模型主要用于进行政策性市场规划和目标群的敏感性分析。

4)建立次级旅游卫星账户。随着全国性旅游卫星账户的建立和完善，要进一步分析旅游业对各省、区级经济发展的影响情况，还应建立省和地区级旅游卫星账户。

二、中国旅游卫星账户的建立及创新①

旅游卫星账户是由一些逻辑严密、协调一致的账户式表组成，并能够较为准确地衡量旅游经济影响，其建立的过程中存在着许多困难，但是随着中国旅游经济的不断发展，旅游卫星账户的建立成为一种必然的选择。

1. 我国创建旅游卫星账户的有利条件

中国创建旅游卫星账户具备以下优势：一是有国际旅游卫星账户理论和实践的丰富经验可供借鉴。国际成功的旅游卫星账户理论与实践，显示了旅游统计与旅游核算国际化和科学化的最高水平。旅游卫星账户为进行旅游经济宏观经济分析和决策提供了有力的工具。建立以国际化标准为基点的旅游统计与核算体系，不仅是政府制定宏观经济政策、有效规划和管理旅游业服务的重要手段，更是跻身国际旅游产业的重要前提。二是我国政府的高度重视。我国多次参与世界旅游组织会议之后，国家旅游局在我国部分省市进行了研究编制旅游卫星账户的试点工作。在此基础上，国家旅游局和国家统计局研究商定，于 2006 年正式开展了“中国国家级旅游卫星账户”研究编制工作。三是我国旅游统计国际化初见成效。国民经济核算是统计体系的框架和参照点。旅游卫星账户提供了建立科学的旅游统计体系的规范：在旅游卫星账户框架下选取指标、定义概念和构建指标体系，统计过程应覆盖更宽的信息范围，提供具有国际可比性、高可信度和一致性的数据。1991 年 6 月，世界旅游组织颁布了《关于旅游统计的建议草案》，并以《世界旅游组织和联合国关于旅游统计的建议草案》形式作为一种国际标准在世界范围内推广。

2. 我国建立旅游卫星账户的尝试

我国先后在厦门、秦皇岛、桂林、江苏等地区，开始建立区域旅游卫星账户进行试点。这主要是因为我国旅游卫星账户在建立过程中还存在以下几点问题：一是成本高昂，搜集旅游相关的详细数据任务艰巨。尤其是在数据收集方面存在数据不够全面和数据落后等问题，极大影响我国旅游卫星账户的建立和账户数据的准确性。二是旅游卫星账户所依赖的统计数据并不能经常更新，原因也在于成本高昂。三是旅游卫星账户所采用的一些定义和结论形式与旅游传统上所采用的并不一致，这就可能造成一些误用和无用，或者无法理解和无法使用。四是我国在旅游卫星账户的建立上面虽然有外国的经验可以借鉴，但是我国旅游卫星账户的建立也要从本国的实际出发。

2002 年 9 月江苏省旅游卫星账户编制试点工作组完成了《江苏旅游卫星账户

①朱乾涵.浅析我国旅游卫星账户的建立及创新[J].当代经济，2009(9)：60－61.

体系构建》，较系统地提出了江苏区域旅游卫星账户的构想。2006 年国家旅游局和国家统计局联合组成工作组，正式启动国家级旅游卫星账户研究编制工作。2007 年 3 月 1 日"中国国家级旅游卫星账户"项目工作组召开的汇报鉴定会，由国家统计局和国家旅游局有关专家组成的研究小组，经过长期的研究工作，以联合国统计委员会批准的《旅游附属账户：建议的方法框架》为基本原则，利用 2004 年全国第一次经济普查和国民经济核算的相关资料，初步编制完成"中国国家级旅游卫星账户"的部分账户表。

3. 我国旅游卫星账户的创新

为了充分地交流已有成果，将旅游卫星账户的影响扩展至我国整个旅游业，我国旅游卫星账户在与各国交流中应采取新的措施。首先，要求参与开发旅游卫星账户的国家旅游办公室，应使用非技术语言编写一系列有关行业具体事实的表式，从而为各个行业提供汇总的统计数据。其次，每一个事实数据表示的内容和格式可以与相关行业的代表协商确定，通过协会自己的邮件列表分发给相关人员。同时未来版本的卫星账户应当包括更细致的行业分类，尤其是对景点。

我国现有的旅游卫星账户中的基本框架应当与时俱进，把一些新发展的旅游消费信息也加入到旅游卫星账户中。另外，针对旅游卫星账户的信息滞后性缺点，应对旅游卫星账户中的数据及时更新与发布。

章尾案例

上海世博会运营收入达 130.14 亿元①

上海世博会是第 41 届世界博览会，也是首次在发展中国家举办的综合性世界博览会，于 2010 年 5 月 1 日至 10 月 31 日期间，在中国上海市举行。它以"城市，让生活更美好"(Better City，Better Life)为主题，总投资 180 亿元人民币，园区面积为 5.28 平方公里，参展组织和国家达到 246 个，上演各类文化演出活动 22900 余场。

截至 10 月 31 日 21 时的初步统计，上海世博会累计参观者达 7308.4 万人次，创世博会历史新高。抽样调查显示，境外参观者约占入园参观者总人次的 5.8%；境内参观者中，上海本地参观者约占入园参观者总人次的 27.3%，来自江苏省和浙江省的参观者分别占参观者总人次的 13.2%和 12.2%，来自国内其他省区市的参观者约占 41.5%。园区单日最大客流量出现在 10 月 16 日，为 103.28 万人。

《中国 2010 年上海世博会跟踪审计结果公告》显示，世博会运营收入累计为

①许晓青，杨金志. 中国 2010 年上海世博会跟踪审计结果公告[EB/OL]. http://news. xinhuanet. com/politics/2011－09/30/c_122112432. htm.

130.14 亿元，其中，在运营收入中，门票收入占最大份额。具体包括：门票收入 73.55 亿元，赞助收入 39.73 亿元，特许经营收入 6.74 亿元，场馆出租收入 4.79 亿元，商业销售提成收入 2.22 亿元，捐赠收入 0.96 亿元，企业参展费等其他收入 2.15 亿元。世博运营支出累计为 119.64 亿元，其中数额最大的一项是场馆和设施运营维护，共支出 41.24 亿元；其次为信息化及安全保障，为 19.51 亿元。上海世博会运营收支结余为 10.5 亿元，经上海世博会执委会批准，世博会运营资金结余将主要用于中国国家馆续展、世博会博物馆、当代艺术馆等公益性文化展览和设施建设。

案例分析 旅游收入是旅游经济活动的主要成果，是国民收入的重要组成部分，也是判断旅游业对国民经济贡献大小的主要标准。上海世博会运营收入累计为 130.14 亿元，较预算增加了 6.96 亿元，并为上海经济做出了贡献。上海世博会运营收入由门票收入、赞助收入、特许经营收入、场馆出租收入、商业销售提成收入、捐赠收入、企业参展费等组成，其中门票收入占最大份额，约占运营总收入的 56.52%。可见从上海世博会运营收入的构成来看，收入的形成途径多样，但对门票收入的依赖性较高。因此，开展大型展览活动，只有做好相关产业和设施的建设，推出更多具有吸引力的、高质量的旅游产品，增加旅游产品的内涵，才能不断增进旅游收入。

思考题

1. 简述旅游收入的涵义和地位。
2. 什么是旅游收入分配？
3. 什么是旅游收入乘数效应？
4. 什么是旅游外汇收入漏损？其主要形式有哪些？其影响因素又有哪些？怎样控制旅游漏损？
5. 简述旅游卫星账户的内容。

第八章 旅游经济效益

本章提要

追求和提高经济效益是人们从事旅游经济活动的基本准则，也是实现旅游业持续发展的客观要求。本章重点介绍了旅游经济效益的概念和特点，全面介绍了旅游微观经济效益和宏观经济效益，并结合旅游经济发展实际，提出不断改善和提高旅游微观经济效益和旅游宏观经济效益的方法，以促进旅游经济的持续、快速发展。此外，还从旅游客源地和旅游目的地两方面探讨了旅游经济的影响，并对旅游业就业问题进行了全面的阐述。

章首案例

海南旅游迈入效益扩张良性循环轨道①

随着国际旅游岛建设的纵深，海南旅游产业在旅游方式多样、游客花费多元及旅游住宿多选等方面逐渐转型，旅游规模加速扩张，经济效益明显提高。海南省统计局的问卷调查显示，2011 年国内游客在海南人均停留天数，由 2010 年的 3.82 天延长到 3.89 天，旅游花费由 646.45 元/人天增加到 710.62 元/人·天。入境游客由 2010 年 173.31 美元/人·天升至 176.69 美元/人·天。

调查显示，来琼游客人均花费增加，旅游效益提高。游客停留时间和花费的增加，拉动了海南旅游收入大幅增长，旅游收入增长快于人数的增长。海南旅游收入增长不单纯依靠总人数的增加，更依靠游客在琼逗留时间的延长和各种消费的提高，表明海南旅游从规模发展迈入效益扩张的良性循环轨道。

海南省统计局分析，由于免税购物和度假、自驾游、短线游、自行游等逐渐风行，特色游、休闲游的住行费用增大，对其他费用产生了"挤出效应"，使得门票、娱乐及其他等费用的支出比重有所下降，促使消费结构发生调整变化。

海南旅游业已逐渐由单纯的观光型转为观光游、休闲度假、文化健康游等多种方式相结合的旅游模式，各类会议、体育赛事、文化交流等活动接连举办，来琼洽谈生意、参加会议、进行文化体育科技交流、探亲访友的人数越来越多。

---

①省旅委.海南旅游迈入效益扩张良性循环轨道[EB/OL].海南省人民政府网，http://www.hainan.gov.cn/data/news/2012/03/150273/.

问题思考

1. 海南省旅游效益的提高表现在哪些方面？
2. 有哪些因素促进了海南省旅游效益的提高？

第一节　旅游经济效益的概念和特点

提高经济效益是旅游企业追求的经营目标，也是旅游业对国民经济贡献大小的主要标志。旅游经济效益的高低不仅关系到自身的生存和发展，也关系到国民经济其他行业的生存和发展。如何提高经济效益是旅游业的头等大事，下面将探讨旅游经济效益。

一、旅游经济效益的概念

旅游经济效益，是指旅游经济活动的有效成果与生产要素占用和消耗之间的比例，即从事旅游经济活动的投入与产出的比值。有效成果，是指旅游经济活动的最终产出，即实物产品和劳务，体现为营业收入、税金和利润等。所谓生产要素的占用和消耗，是指在旅游经济活动中，所占用和耗费的资本、劳动、技术和管理资源等，即旅游成本和费用。旅游经济效益与旅游经济活动的经营成果成正比，与生产要素的占用、消耗成反比。

二、旅游经济效益的特点

旅游业作为一个综合性很强的产业，具有自己独特的特点和运行规律。因此，旅游经济效益既有和其他经济活动效益相似的特点，又有区别于其他经济活动效益的不同特点。具体表现如下：

1. 宏观与微观的统一性

旅游经济活动通常由旅行、餐饮、住宿、观赏、购物、娱乐等多种活动所组成，因而，旅游经济效益实质上是食、住、行、游、购、娱等要素综合作用的结果。这六大要素作用发挥的程度，最终也必然体现在其相应的旅游企业的经济效益上。旅游经济效益一方面体现为旅游企业作为一个独立的市场主体，在从事旅游经营活动中所获得的经济效益；另一方面旅游经济效益还体现为国家或地区的宏观经济效益，这主要表现为国家或地区通过旅游产业发展所获得的税收和其他收入。

2. 质和量的规定性

旅游经济效益的质的规定性，主要表现为取得旅游经济效益的途径和措施，必须在符合国家有关法律法规和政策的前提下，通过强化管理、技术革新和完善服务质量来实现目标；同时，作为服务业，旅游经济效益的质的规定性还应该包括职业道德标准的内涵。旅游经济效益的量的规定性，是指旅游经济效益不仅要使用量化指标来反映，还要通过对指标体系的比较分析，探求旅游经济活动中存在的问题和不足，从而有针对性地寻求提高旅游经济效益的途径和方法。旅游经济效益质和量的规定性是有机统一的整体。

3. 衡量指标的多样性

在市场经济条件下，旅游经济活动必须以市场为导向，以旅游者为中心，因而旅游经营部门和企业在组织旅游活动的过程中，必须树立为旅游者服务的经营思想和观念，尽可能提供适销对路、物美价廉的旅游产品和服务，这是获取经济效益的前提条件。

第二节 旅游微观经济效益

旅游经济效益包括宏观经济效益和微观经济效益。旅游宏观经济效益是旅游微观经济效益的前提和保证；旅游微观经济效益是旅游宏观经济效益的基础。二者之间存在着紧密的联系，是互为条件、互为依赖的辩证统一体。本节将先对旅游微观经济效益进行探讨。

一、旅游微观经济效益的概念

旅游微观经济效益即旅游企业的经济效益，是指旅游企业在旅游经济活动中，为了向旅游者提供旅游产品而花费的物化劳动和活劳动，同企业所获得的经营成果的比较，也就是旅游企业的经营收益同成本的比较。这些旅游企业主要包括旅行社、饭店、景区、旅游交通和娱乐场所等。旅游企业经济效益的好坏，不仅决定着其自身的生存和发展，而且直接影响整个旅游业的宏观经济效益。

二、旅游企业经济效益指标体系

旅游企业经济效益指标，是反映旅游企业经营活动有效成果和要素占用与消耗的量化标志。一般是通过分析旅游企业的收入、成本、利润的实现，以及通过它们之间的比较来体现的。

1. 旅游企业的营业收入

旅游企业的营业收入，是指旅游企业在出售旅游产品或提供旅游服务中所实现的收入，主要包括基本业务收入和其他业务收入。营业收入的高低，不仅反映了旅游企业经营规模的大小，而且反映了旅游企业经营水平的高低。通常情况下，营业收入都用总量来反映，有时为了比较旅游企业不同时期的经营状况，也可以用平均指标来反映。

2. 旅游企业的经营成本

旅游企业的经营成本，就是旅游企业从事旅游经营活动所耗费的全部成本费用之和，包括营业成本、管理费用和财务费用。从成本性质角度划分，旅游企业的经营成本也可以说是旅游企业的固定成本与变动成本之和。分析旅游企业的经营成本，一方面要分析经营成本的类型及构成情况，以加强对经营成本的控制及管理；另一方面还要把经营成本同企业职工人数进行比较，以反映和比较旅游企业在不同时期的经营成本水平，为控制和降低经营成本提供科学依据。

3. 旅游企业的经营利润

旅游企业的经营利润，是指旅游企业的全部收入减去全部成本，并缴纳税收后的余额，主要包括营业利润、投资净收益和营业外收支净额。经营利润指标，集中反映了旅游企业从事旅游经营活动的全部直接成果，可以有效地衡量旅游企业的经营管理水平和市场竞争力。旅游企业经营利润的计算，通常是先计算其营业利润，后加上营业外收支净额和投资净收益得出经营总利润。

三、旅游企业经济效益评价方法

根据上述旅游企业经济效益指标，运用不同的评价方法就可以对旅游企业的经济效益进行客观有效的评价。具体的评价方法难以尽述，这里主要介绍比较常用的三种方法，分别是利润率分析法、盈亏平衡分析法和边际分析法。

1. 利润率分析法

利润率反映了一定时期内旅游企业的经营利润同经营收入、劳动消耗和劳动占用之间的相互关系，一般包括资金利润率、成本利润率和营业收入利润率三个利润率指标，分别从不同角度反映了旅游企业的经济效益状况。资金利润率，反映了旅游企业的利润与资金占用的关系，说明旅游企业资金占用的经济效益；成本利润率，反映了旅游企业的利润与成本之间的关系，说明旅游企业要素耗费所取得的经济效益；营业收入利润率，反映了旅游企业在一定时期内利润与营业收入之间的关系，说明旅游企业经营规模的效益水平。

2. 盈亏平衡分析法

盈亏平衡分析法，是通过对旅游企业的成本、收入和利润三者之间的关系进行综合分析，从而确定旅游企业的保本点营业收入，并分析和预测在一定的营业收入水平下可能实现的利润水平。一般情况下，影响利润高低的因素主要有两个，即营业收入和经营成本。如前所述，按照成本性质划分，经营成本又可分为固定成本和变动成本。收入、成本和利润之间的关系可用以下公式表示：

$$TP = QW \times (1 - r_s) - QC_v - TF \quad (8-1)$$

其中，TP 为利润；C_v 为单位变动成本；W 为单价；r_s 为营业税率；Q 为业务量；TF 为固定总成本。

3. 边际分析法

边际分析法又称为最大利润分析法，是引进现代西方经济学的边际收入和边际成本概念，通过比较边际收入与边际成本来分析旅游企业实现最大利润的经营规模的方法。边际收入(Marginal Revenue，MR)，是指每增加销售一个单位旅游产品而使总收入相应增加的部分。边际成本(Marginal Cost，MC)，是指每增加销售一个单位旅游产品而引起总成本相应增加的部分，即增加单位旅游产品而必须支出的成本费用。

四、提高旅游微观效益的途径

提高旅游微观经济效益的主要途径：一是提高旅游收入，二是降低旅游销售成本。旅游收入和旅游成本的差距越大，则旅游企业以及旅游经营者的经济效益越好。因此，为了达到提高旅游经营收入和不断降低旅游成本，必须切实抓好以下几个方面工作。

1. 开拓旅游市场，扩大旅游客源

旅游客源是旅游业赖以生存和发展的前提条件，也是增加旅游营业收入的重要途径。因此，必须随时掌握旅游客源市场的变化，对现有客源的流向、潜在客源的状况、主要客源国的政治经济现状及发展趋势进行调查、研究和分析，以便进行有针对性的旅游宣传和促销，不断开拓旅游市场，扩大旅游客源，并提供合适的旅游产品和服务，增加旅游企业的经营收入，提高旅游经济效益。

2. 提高劳动生产率，降低旅游成本

提高旅游企业的劳动生产率，降低旅游产品成本，是提高旅游企业经济效益的重要途径之一。提高劳动生产率，就要提高旅游从业人员的素质，加强劳动的分工与协作，提高劳动组织的科学性，尽可能实现以较少的劳动投入完成同样的接待任务，或者以同样的投入完成更多的接待任务，以节约资金占用，减少人力、财力、物力的消耗；同时，提高劳动生产率还有利于充分利用现有设施，提高旅游设施设备的利用率，不断扩大营业收入，降低旅游产品的成本，达到提高旅游经济效益的目的。

3. 加强经济核算，提高经济效益

经济核算是经济管理不可缺少的重要工作之一。旅游经济核算时旅游企业借助货币形式，通过记账、算账和财务分析等方法，对经济活动过程及劳动占用和消耗进行反映，为旅游企业加强管理、获取良好的经济效益奠定必要的基础。加强旅游经济核算，有利于发现旅游经济活动中的薄弱环节和问题，分析其产生的原因和影响因素，有针对性地采取有效的对策和措施，开源节流，挖掘潜力，减少消耗，提高经济效益。

4. 提高旅游员工素质，改善服务质量

改善和提高旅游服务质量也是增加旅游经济效益的关键。旅游服务质量的好坏主要体现在旅游从业员工身上，即通过旅游员工热情周到、诚挚友好的服务态度、整洁的仪表、娴熟的服务技能、良好的文化素质和修养，使旅游者真正享受到"宾至如归"的感受。因此，提高旅游员工的政治素质、专业知识、业务技能和道德修养，不断改善和提高服务质量，才能很好地满足旅游者的需求，促使他们增加逗留时间、增加旅游消费支出，从而相应提高旅游企业的经济效益。

5. 加强管理基础工作，改善经营管理

良好地管理基础工作不仅是改善旅游企业经营管理的前提，也是创造良好经济效益的重要途径。因此，加强旅游管理基础工作：一是要加强标准化工作，促使各项活动都能纳入标准化、规范化和程序化的轨道，建立良好的工作秩序；二是要加强定额工作，制定先进合理的定额水平和严密的定额管理制度，充分发挥定额管理的积极作用；三是加强信息和计量工作，通过及时、准确、全面的信息交流和反馈，不断改善和提高服务质量；四是加强规章制度的制定和实施，严格各种工作制度、经济责任制度和奖惩制度，规范员工行为，促进经营管理的改善和提高。

第三节　旅游宏观经济效益

旅游宏观经济效益可以反映出一个国家或地区旅游产业的经营业绩。旅游微观经济效益是形成宏观经济效益的基础。在学习微观经济效益之后，本节将探讨旅游宏观经济效益。

一、旅游宏观经济效益的概念

旅游宏观经济效益，是指在旅游经济活动中，以尽可能少的要素占用和耗费，为社会带来尽可能多的经济效益、社会效益和环境效益。在狭义上，旅游宏观经济效益体现为旅游产业自身的直接经济效益；在广义上，旅游宏观经济效益体现为包括旅游产业在内的整个社会的经济效益，即除了旅游产业的直接经济效益，还包括在其带动下而产生的国民经济中相关产业部门的间接效益，以及社会经济发展和生态环境改善的间接效益等。

二、旅游宏观收益与旅游宏观成本

旅游宏观经济效益是通过旅游宏观收益和旅游宏观成本来计算的。因此，考察旅游宏观经济效益，必须关注旅游宏观经济收益和旅游宏观成本。

1. 旅游宏观收益

旅游宏观收益，是指通过发展旅游业而为全社会带来的收益。它包含旅游产业自身所获得的经济收益，还包括对相关产业、部门的带动，对社会文化的促进，以及对整个社会、经济所产生的积极作用等。具体地讲，旅游宏观收益可分为有形收益和无形收益两大部分。有形收益是指因发展旅游业而给社会带来的可以测算的直接经济收益。无形收益是指发展旅游业给社会带来的难以测算和量化的收益，这些收益是客观存在的。

2. 旅游宏观成本

旅游宏观成本，是指为开展旅游活动而形成的整个社会的耗费和支出，即旅游的社会总成本，由私人成本和附加成本组成。私人成本由游客和旅游企业直接承担，如景点的门票费用；附加成本没有得到直接补偿，而被转嫁给政府等公共部门，形成财政成本的一部分，如为游客提供的公路、警察等服务所产生的成本。

三、旅游宏观经济效益指标

旅游宏观经济效益涉及面广，内容丰富，通常要求从多方面、用多种指标进行分析和评价。目前，分析旅游宏观经济效益的指标主要有以下几个。

1. 旅游创汇收入和旅游总收入

旅游创汇收入反映了旅游目的地国家或地区通过发展国际旅游经济，直接对游客提供商品和劳务而得到的外汇收入。其中，商品性收入包括销售各种生活用品、医疗用品、工艺品、旅游纪念品、书报杂志等。劳物商品收入为游客提供膳食、饮料等的收入；劳务性收入包括旅行社的旅游业务费、饭店宾馆的房费、长途及市内交通费、邮政电讯费、文化娱乐费等。外汇收入在一国的国际收支平衡中有着重要的意义，而旅游业又是除了出口产品以外最主要的创汇产业，因此旅游创汇收入指标在旅游宏观经济效益的评价体系中占有十分重要的位置。旅游创汇收入通常是以年度内旅游产业内部各部门（如旅行社、饭店业等）的创汇总数来表示的。旅游总收入，是指旅游目的地国家或地区通过开展旅游经济活动从国内外旅游者的支出中所得到的全部收入，其中包括旅游创汇收入。

2. 旅游就业人数

旅游就业人数反映了旅游产业发展过程中为社会提供的劳动就业机会的总量。旅游业是一个以服务为主的综合性产业，对劳动力的容纳性极强，可以为社会提供大量的不同工种、不同部门的就业机会。

3. 旅游投资效果系数

旅游投资效果系数是指一个旅游投资项目所获得的盈利总额同投资总额的比值，是反映旅游投资效益的重要指标。它可以通过静态指标和动态指标来加以考查，通常，旅游投资效果系数越大，则表明旅游投资效益越好。

4. 旅游投资回收期

旅游投资回收期是指一个旅游投资项目回收的年限，是投资效果系数的倒数，也是反映旅游投资效益的重要指标之一。通常，旅游投资回收期数值小，说明旅游投资的回收时间短，投资效益好；反之，旅游投资回收期数值大，则投资的回收时间长，投资效益就差。

四、提高旅游宏观经济效益的方法

旅游业的宏观经济效益涉及多方面因素，因此提高旅游业宏观经济效益要从大旅游、大产业、大市场、大服务的角度出发，重点搞好以下几个方面的工作。

1. 加强宏观调控，完善旅游产业政策

旅游产品和服务是由多个旅游部门和企业共同完成的，客观上需要这些部门和企业达到最优化的配合。与此同时，旅游业又与国民经济中许多行业和部门都关系密切，旅游经济活动的顺利开展必须得到其他相关部门和行业的支持与配合。因此，要提高旅游宏观经济效益，国家必须不断改善和加强宏观调控，对整个旅游产业的发展作出统一、科学合理的规划，制定和完善旅游产业政策，明确旅游产业的发展重点及优先顺序，科学、合理地布局旅游产业，充分利用和发挥经济、行政、法律等调控的手段，调动社会各方面的积极性，促进整个旅游产业的发展。

2. 改革旅游管理体制，建立现代企业制度

提高旅游宏观经济效益还必须对传统经济管理体制进行改革，按照市场经济的要求，建立适应社会主义市场经济的现代企业制度和旅游经济管理体制。具体从以下几个方面入手：一是要政企分离，明确划分旅游行政管理部门和企业的权利和责任，充分调动旅游企业以及旅游经营者的积极性，提高旅游企业以及旅游经营者的经济效益。二是要改善旅游产业管理，促进行业管理的规范化和科学化，减少行政管理部门对旅游企业经营活动的过多干预，突出旅游企业的市场主体，促进其在国家宏观调控下自主经营、自负盈亏地从事各种旅游经济活动。三是建立能充分调动各方积极性的旅游投资机制，促进国家、集体、个人及外资等多渠道投资的格局，加快旅游产品的开发和旅游基础设施的建设，促进旅游业的发展。四是建立适应社会主义市场经济要求的现代企业制度，明确界定国有旅游企业的产权结构，促进企业行为规范化，建立合理的利益动力机制，以不断提高旅游经济效益。

3. 加快旅游设施建设，提高旅游服务质量

旅游业的发展和旅游宏观经济效益的提高，离不开旅游“硬件”建设和“软件”建设。所谓旅游“硬件”，就是指旅游产业的基础设施和接待设施等方面。一方面，要对构成旅游经济活动的基本条件，如水电、交通、通信等基础设施进行适度超前建设，为旅游者安全、快速地抵达和退出旅游目的地创造良好的条件，满足旅游活

动"安全、舒适、方便"的要求;另一方面,要抓好旅游产品的开发,在搞好生态环境保护的前提下,加快旅游景区(点)的建设,不断完善各种旅游接待配套设施,努力开发对国内外旅游者具有吸引力的旅游产品,增强旅游目的地的市场竞争力。

所谓旅游"软件",就是指旅游服务质量,即旅游产业职工的服务态度、服务技能和服务水平。旅游服务质量是旅游业的生命线,是旅游事业发展过程中永恒的主题。因此,强调质量意识,抓好管理监督,不断提高服务质量,是改善旅游形象,增强竞争能力的关键。此外,还要对旅游目的地的社会治安,环境卫生和市容市貌等进行综合治理和改善,创造一个良好的旅游环境和氛围,促进旅游业长期、持续、稳定的发展,为旅游经济效益的提高奠定基础。

4.抓好旅游市场管理,加强法制建设

针对旅游市场建设和发展中存在的问题,一方面必须加快旅游业的法制化建设,建立健全旅游法规,使旅游业的发展有法可依、违法必究、执法必严,促进旅游业健康、持续的发展;另一方面要依法规范旅游市场主体行为,提高旅游市场管理水平,严厉打击各种违法经营行为,制止各种不正当竞争手段,使旅游产业管理逐步实现法制化、规范化和国际化,加快与国际旅游市场的接轨,促进旅游服务质量和旅游经济效益的不断提高。

第四节 旅游业就业

旅游业就业是旅游宏观经济效益的重要表现之一。旅游业是一个以服务为主的综合性产业,具有对劳动力的高容纳性特点,可以从不同的工种、不同的部门为社会提供大量的就业机会。

一、旅游业发展对就业的影响

旅游业与就业的关系十分密切,这可从世界旅游日的主题口号上看出来。1997年,世界旅游日的主题口号是"旅游业:21世纪创造就业和倡导环境保护的先导产业",2004年,世界旅游日的主题口号是"旅游拉动就业"。早在1993年世界旅游理事会就提出:"全世界范围内,旅游作为一个整体已经成为世界上创造新增就业机会最多的行业。"世界旅游理事会的报告也指出,2009年,全球旅游就业人数达1.92亿人,占全球就业人数的8%。到2010年,全世界旅游就业人数将达到2.54亿人,将有9%的社会就业依赖于旅游业。

旅游业与就业关系紧密的原因在于:

第一,旅游就业容量大,就业门槛相对较低。旅游业作为服务业具有劳动密集型特点，吸纳社会就业的能力比较强，是促进就业的主要途径。不少旅游就业岗位的门槛比较低，对各种层次的劳动力都有很大的需求。如旅游交通、旅游餐饮、旅游商品、旅游景区、旅行社和导游等领域，多数就业岗位对学历和年龄的要求并不高，也适合相当一部分农村富余劳动力就地转移和城镇下岗职工再就业。2010年，我国旅游业增加值已占到GDP的4%以上，与旅游相关的行业超过110个，旅游直接从业人员超过1350万人，与旅游相关的就业人数约8000万人。特别是近年来，由于乡村旅游、红色旅游、生态旅游、文化旅游、工农业旅游的蓬勃发展，有力地促进了广大农村地区、中西部地区和工矿企业富余劳动力转移，成为提供新的就业机会的一个重要途径。

第二，旅游就业关联带动性强，就业成本相对较低。旅游业是以人的流动和消费为基础的综合性产业，关联性强，能够在一定程度上促进相关产业、行业的发展，因此，能够创造更多的就业机会。据世界旅游组织统计，旅游产业每直接收入1元，相关行业的收入就能增加4.3元；旅游产业每增加1个直接就业机会，社会就能增加5～7个就业机会。旅游业的这一关联作用在旅游景区、旅游城市体现得尤为突出。“一个旅游点致富一个村”、“一个旅游区繁荣一个市”的事例，在全国各地普遍存在。同时，旅游就业的成本相对较低。据北京市测算，旅游住宿业每提供一个就业机会，所需固定资产业投资为3300元，仅相当于重工业的33.7%，相当于轻工业的63.9%。

第三，旅游就业方式灵活多样，适合不同人群就业。旅游业综合性的特点决定了旅游就业的多样化特点。比如，旅行社对知识程度的要求相对较高，比较适合具有较高文化程度的人员就业；酒店是技术密集型和劳动密集型行业，就业容量较大，就业层次较多，每个中高档酒店的就业容量相当于一个中等规模以上企业的就业容量，吸纳就业人员可达上千人。乡村旅游景区、乡村旅馆是劳动密集型行业，就业容量大，就业门槛低，有利于吸纳农村富余劳动力。旅游工艺品、纪念品、农副土特产品的生产和销售，多数门类的就业门槛较低，比较适合妇女、中老年人就业。专家研究表明，旅游业提供的就业机会中，男女比例是1∶3，因此，发展旅游有利于促进妇女就业。

二、旅游业就业的影响

在国民经济体系中，旅游业是集聚食、住、行、游、购、娱于一体的劳动密集型服务业，行业关联度大，就业成本低，对不同类型文化素质的劳动力都有需求，就业方式灵活。扩大就业始终是各国旅游业发展的一个主要目标，不少国家都将旅游业作为扩大就业的重要领域加以培育和扶持。例如，意大利、西班牙和希腊这三个旅游业发达国家，旅游从业人员分别占全国总就业人数的9.5%和10%。在法国，新增就业机会的20%来自旅游业。美国迪斯尼乐园、好莱坞影城等著名旅游点，也是解决成千上万人就业的典型范例。

1.旅游业就业对社会就业具有放大作用

旅游业就业对于社会就业的放大作用具体体现为旅游业就业的乘数作用。就业乘数是指增加单位旅游收入所创造的直接与间接就业人数之间的比率关系。世界各地区旅游业就业乘数如表8－1所示。

表8－1 世界各地区旅游业就业乘数

地区	直接就业(人)	(直接＋间接)就业(人)	就业乘数
大洋洲	739990	1750980	2.37
北非	2103800	4300300	2.04
撒哈拉沙漠以南非洲	2834230	7856160	2.77
北美洲	7931400	21801000	2.75
加勒比地区	4032900	10564000	2.62
东亚	567870	1857000	3.27
东南亚	13097200	28969500	2.21
东北亚	6664020	18285300	2.74
欧盟	17571200	63738600	3.63
中东欧	2287200	8941600	3.91
其他西欧国家	985080	2104700	2.14
中东	1238000	3714600	3.00

资料来源:WTTC2003。

目前,我国旅游资源丰富,旅游业前景无限。相对于我国旅游业的快速增势,旅游业就业能力还有很大的伸展余地。资料显示,我国旅游直接就业人数占全部就业人数的比重远远低于旅游收入相当于GDP的比重,而在旅游业发达国家这两个比重基本接近,说明旅游经济发展的整体效益未能得到充分发挥。

2.旅游业就业对于经济增长具有拉动作用

旅游业就业对于经济增长的作用,主要是通过就业拉动的。2000～2002年我国旅游业就业与全国就业、经济增长之间的关系如表8－2所示。

表 8－2　2000～2002 年我国旅游业就业与全国就业、经济增长之间的关系

年份	旅游业就业估计(万人)	旅游新增就业占全部新增就业的比重(%)	旅游经济 GDP 估计(亿元)	带动 1 个旅游就业所需旅游经济 GDP(元)	旅游业就业弹性	全国就业弹性
2000	5144.1	13.48	8904.6	84447	0.19	0.08052
2001	5221.3	8.21	9804.4	116554	0.15	0.11661
2002	5442.0	30.87	10598.2	3597	0.52	0.12239

资料来源：厉新建.中国旅游业就业效应分析与制度创新[J].北京第二外国语学院学报，2004(5).

以广西为例，2011 年广西全年接待中外游客突破 1.76 亿人次，实现旅游总收入 1277 亿元，旅游业有力地推动了全区经济社会发展，旅游业已初步成为广西国民经济的支柱产业。广西已经为该产业在今后更好、更快、更大的发展设计了宏伟的目标：2015 年接待游客总人数超过 2.5 亿人次，年均增长 15%；入境过夜游客人数突破 400 万人次，年均增长 10%；旅游业总收入达到 2500 亿元，年均增长 22%以上，旅游业总收入相当于全区同期 GDP 的比重提高到 13%以上；旅游直接从业人数超过 100 万人，带动社会关联就业超过 500 万人。

3.旅游业具有极大的可持续增长潜力

据世界旅游理事会最新报告，到 2010 年，全球旅游业就业人数将达 2.54 亿，有 9%的就业依赖于旅游业。那么，我国旅游业可创造的就业空间和潜力到底有多大？国家发展和改革委员会(以下简称发改委)和国家旅游局的有关人士算了一笔账：现在旅游是全球消费者选择的仅次于食品和住房的第三大消费项目，旅游业已成世界上最大的产业之一。未来 5～10 年，我国旅游收入有望继续保持 10%以上的年增长速度。如果工作到位，旅游业直接就业人数年均增速保持 8%～10%是完全有可能的。

三、旅游业就业存在的问题

就业问题已经成为新世纪我国面临的最大挑战，成为党和国家的重大任务。而蓬勃发展的旅游业，在解决就业方面的贡献已经受到全社会的关注，受到了党中央、国务院和有关部门的高度重视。国家发改委和国家旅游局十分关注发展旅游促进就业问题。与巨大的产业规模、资源规模相比，旅游业就业明显滞后，存在四个方面的问题：

1.旅游业就业增长滞后于产业增长，潜力未被释放

旅游业就业规模与旅游产业规模不匹配，就业增长滞后于产业增长的主要原因在于：旅游业总体上处在外延扩张式的粗放经营阶段，大量的资源没有得到很好整合，旅游业的关联带动作用没有得到充分发挥，影响了整体效应的发挥；旅游服

务业滞后，服务意识欠缺，服务水平低，服务内容缺乏特色和韵味。

2. 旅游业就业质量较低，保障不足

旅游业就业质量低主要表现在：一是工资收入偏低；二是社会保障不足；三是工作比较辛苦；四是职业声望不高，对优秀人才的吸引力不足；五是就业稳定性较差，职业生涯设计不足；六是观念陈旧，"吃青春饭"、"伺候人"等观念依然存在。

3. 从业人员素质低，影响了产业规模的有效扩大

人员素质低下，影响旅游业发展和就业增长。同时，人力资源的开发又滞后于产业的发展。这主要体现在：教育培训普及程度还远不能适应产业发展需要；教育资源配置结构与旅游产业结构不完全匹配，职业教育不足；学科结构与人才需求结构不匹配；教育方式与就业要求不匹配，实践能力差等。

4. 旅游业结构失衡

基本还停留在以住宿接待和提供餐饮为主的初级阶段，许多环节还很薄弱，造成旅游产业结构不均衡，影响了产业素质的整体提升和综合效益的发挥；省市之间旅游业就业水平差距大，中西部地区旅游业就业规模偏小，就业空间分布与资源分布偏离，造成地区结构不均衡；城市旅游业就业对周边地区的就业带动不足，造成城乡结构不协调；培养的人才不能很好地适应实际需求，而急需的人才又没有及时供给，造成人力资源结构失衡；旅游业就业管理与服务不到位，制约了旅游业就业增长等。

四、促进旅游业就业的因素

随着中国迅速成为世界旅游大国，旅游业已经成为中国吸纳就业量最大的行业之一。如何抓住旅游业的发展机遇，进一步促进旅游就业成为旅游经济中非常重要的命题。

1. 加快产业改造能有效推动旅游业就业拓展

以农村为例，农产品市场的全球化必将推动农村收入来源的替代，农村旅游是有效的替代选择；农业的改造必将推动以当地农业人口为主的旅游业就业扩展。

经济全球化是一把"双刃剑"，它可以加快我国农业计划经济体制向社会主义市场经济体制的转变，促进农业产业结构、产品结构的调整；同时也会对中国农业和农村经济产生强大的冲击：如果进口农业产品继续降税，很有可能导致国际上优质、低价农产品的大量涌入并将压低市场价格，抑制我国农民的生产供给，使农村剩余劳动力进一步增多，恶化中国宏观就业形势。因此，除了要加快我国农业农村经济体制改革、农业产业化进程、农业科技化进程、农村土地经营制度创新等外，从国外经验和我国消费需求发展变动的趋势看，发展农村旅游经济应该是一个合适、可行的选择。

从国际经验看，英国约 90%的农场都提供旅游住宿服务，25%的度假是在乡

村度过的。在意大利，农业旅游被当作乡村农民的生计补充甚至是主要生活来源。在塞浦路斯从1991年开始推行与乡村旅游相关的一项专门发展计划。在法国，1997年乡村度假地接待了约有3.15亿人，拥有76715家饭店、55000张度假村床位、237558个露营地住所、41868家可出租乡民居所、1500个徒步旅行住所、21466家客房；1998年有33%的旅游者选择了乡村度假，该比例仅次于海滨度假(44%)。近年来法国乡村旅游接待的人次数维持在200万左右(其中国际游客约占1/4)，有50%为稳定的中高级雇员或自由职业者。据法国小旅店联合会的统计，近7年来一直采用乡村度假的旅游者占44%，主要采用这种度假方式的旅游者占72%，更有15%的旅游者一直到同一个乡村度假。从我国的现实状况看，乡村旅游的开展主要集中在景区的边缘地带、都市的郊区等区域，还只是停留在简单的观赏、采摘活动等浅层次上，尚有很大的深入挖潜改造的空间。

通过产业改造，发展乡村旅游，可以为当地企业和服务业的发展提供市场机会和支持，创造包括自我就业在内的诸多新的就业机会，提高农村就业率；带动手工艺品的生产和销售、餐饮供应等的发展，创造相应的自我就业、灵活就业等新的就业方式。

2.城市功能转型能有效推动旅游业就业扩展

1933年国际现代建筑学会第四次会议通过的《城市规划大纲》(又称《雅典宪章》)指出，“居住、工作、游憩与交通四大活动是研究及分析现代城市设计时最基本的分类”，还指出了空间的连续性及建筑、城市与园林绿化的再统一。建筑城市园林绿化的再统一是城乡统一的结果。新的城市化概念追求的应是建成环境的连续性，从一维的社会经济繁荣走向财富、健康、文明三维的复合生态繁荣，在发展城市的经济生活之余，将突出人与人在城市之间的关系，重新重视城市的游憩功能。城市游憩功能的突出，将会为这些进城的农民提供相当的就业机会，从而缓解城市化带来的隐性失业问题。

国际中心城市推出的“休闲商务区”(Recreation Business District，RBD)将休闲娱乐、科普博览、主题旅游、精品购物等各类项目加以整合，形成与商务活动相结合的休闲产业。以休闲娱乐功能为主要市场定位的RED吸引的不仅仅是周边社区的居民以及周边的从业人员，而且也将吸引外来的旅游者，带动城市旅游的发展，拓展旅游业就业的空间。

在我国经济发展进程中依托区域资源优势形成的资源型城市，在经济全球化环境和产业结构调整中逐渐出现产品市场需求下降、经济增长乏力、居民收入下降等问题。这些城市的失业率正在升高，特别是那些面临资源枯竭的资源型城市的产业转型问题更加严峻。从国际经验看，相对别的替代产业而言，旅游业就业门槛低，劳动就业的培训成本较低，在这类地区通过发展旅游可以带动这些地区的就业，缓解城市失业问题。此外，举办会展等大型、特大型活动，将对东道主地区或国家的形象塑造产生积极影响，有助于改变资源型城市的形象。通过举办大型活动，吸引人们参与改变旧有形象、树立新形象，从而有助于资源型城市的复兴，创造更多就业机会。

对于“老”旅游地区同样可以通过举办大型活动推动就业。如奥运会这样的巨型活动之所以能够获得承办地政府的大力支持，在一定程度上与增加就业有密切关系。首先，奥运会后北京的基础设施投资规模仍然会很大。其次，新增的就业岗位里有一部分，特别是在现代服务部门，比如说金融、通信、邮政、物流、商务服务、广告这些领域，有一部分奥运新增就业岗位会稳定下来。按国际经验，这个大概占20%。最后，奥运带来就业岗位的劳动者，由于他们是在与国际接轨的环境下从事工作的，所以，他们本身的素质和劳动技能，应该说为他们在劳动力市场竞争中创造了一种特殊的有利条件。据北京统计局分析，2005～2008 年奥运筹办的四年期间北京市新增就业岗位是 150 万个，而汉城奥运会增加的就业岗位是 30 万个，悉尼是 15 万个。

3.加强西部旅游业的发展能有效推动旅游业就业扩展

经济不发达地区的就业问题非常突出。以西部地区为例，由于中国西部大开发过程中，工业化、城市化进程加快，就业压力也进一步加大，目前就业和再就业主要潜力在第三产业，而旅游业是其中最为重要的一条渠道。据统计，最近 15 年，中国第三产业新增就业人口中，旅游直接和间接就业人数占到 38%。目前，中国正从亚洲旅游大国向世界旅游强国跨越。2020 年旅游总收入将相当于中国国内生产总值的 10%左右。中国西部各旅游大省将越来越体会到这一数字的分量。因此，西部地区要充分发挥就业弹性系数高、劳动密集型、具有地区潜在优势的旅游业来缓解就业压力。

从资源禀赋看，西部地区有高山、极高山、冰雪、河流和湖泊、自然生态、沙漠戈壁、历史文化等丰富的旅游资源。共拥有国家重点风景名胜区 40 处、国家级自然保护区 41 个、列入联合国“人与生物圈”自然保护区名录的自然保护区 6 个、国家级森林公园 39 处、国务院批准的历史文化名城 31 座、国务院公布的全国重点文物保护单位 199 处，分别占到全国总数的 33.6%、33.1%、42.9%、17.3%、31.3%、26.5%。国家旅游局于 2000 年就提出了“西部开发，旅游先行”的政策措施意见：优先在西部地区建设国家生态旅游示范区、国家旅游扶贫试验区和国家旅游度假区；在国债、旅游资源开发与生态环境保护专项投资等旅游建设资金投入方面向西部地区倾斜，鼓励、支持社会资金投资开发西部旅游；加强对西部旅游的宣传推介，支持、帮助西部地区开发客源市场；加大对西部地区旅游人力资源开发和旅游教育培训、旅游规划、行业规范的指导、支持力度等。凭借西部丰富的旅游资源，加之政策及正确战略引导，西部旅游将成为我国建设世界旅游强国的重要战略支撑和后备力量，西部旅游经济的强劲发展态势也必将有效推动旅游业就业扩展。

五、中国旅游业就业发展趋势

从增长的集中行业来看，中国旅游就业主要集中在新型住宿接待业、特色餐饮业、旅游景区（点）开发、旅游商品生产与销售、旅游农业、旅游工业、旅游新兴服务业、旅游文化娱乐业、旅游交通运输业、旅游劳务输出，这些领域就业增长快、潜力大、带动性强，而且能充分利用市场机制加快发展，就业成本低，群众受益面广。

从发展情况来看，宾馆业和餐饮业作为旅游业就业主力军的格局不会改变，仍是吸纳劳动力特别是低文化素质劳动力的主要渠道，但内部将因其自身的多样化发展而有变化；旅游景区就业将会有明显增长，就业人员素质将随市场化的进展而有长足提升；旅行代理、旅行社就业容量将取决于其内部产业组织结构调整及对接网络经济的有效性，总量不会有很大增长，但就业形态将有很大变化；旅游交通行业的就业容量将因其在目的地与客源地之间联结体的强化而得到释放；旅游购物是薄弱环节，随着相关条件的逐步完善，有望在就业领域发挥积极作用。

从发展阶段来看，中国旅游业就业是随着旅游业的发展而发展的，在我国，不同地区因旅游业发展水平不同，旅游业就业也处在不同的阶段。其中西藏、重庆、贵州、甘肃、宁夏等地是旅游业就业薄弱地区；内蒙古、安徽、河南、云南、黑龙江、江西、青海、湖南等地处在旅游业就业起步地区；山西、天津、海南、山东、吉林、福建、河北、广西、四川、陕西、新疆等地是旅游业就业成长地区；北京、辽宁、上海、江苏、浙江、湖北、广东等地则是旅游业就业成熟地区。

从地域发展特点来看，中国旅游业就业可以概括为六种不同的地域模式：一是以大型景区为龙头，形成了丰富的就业体系和就业方式，包括住宿接待、餐饮、娱乐、旅游购物、劳务服务等。二是在旅游城市的交通枢纽和集散基地，以住宿接待为中心，形成了综合性的旅游服务体系，形成了酒店集中区等高密度就业区域。三是以满足城市居民休闲度假为主的环城度假带已成为旅游业就业的重要增长点并建立了相应的就业体系，包括旅游度假区、主题公园、农家乐、产业旅游等。四是沿着重要的旅游交通干线及航空港、火车站、汽车站等站口形成的旅游业就业的重要增长轴线。交通沿线带动的就业体系主要有：旅游交通服务，如餐饮、车辆维修、商品销售等；旅游景点资源的开发；城镇的发展和就业体系等。五是旅游小城镇及乡村旅游业就业体系。近年来，我国出现了古镇旅游、乡村旅游，这种旅游模式所产生的就业体系，与一般的旅游景区（点）相比，具有更高的参与性。六是依托产业旅游带动的就业模式。随着旅游业的不断发展，出现了许多新的旅游热点，如工业旅游、农业旅游、体育旅游、节庆旅游、教育旅游等。产业旅游业就业模式的特点是，旅游业依托其他产业，往往不是主业，而从业者也大多是兼职从事旅游业。

章尾案例

广西滨海旅游经济效益分析[①]

广西滨海旅游富集于北海、钦州、防城港三市，目前，已经形成了丰富的旅游产品体系、宽广的旅游市场体系、良好的旅游环境体系，旅游业正在向纵深发展。

旅游经济效益包括宏观经济效益和微观经济效益两大范畴，比较研究法是旅游学研究的常用方法。通过对2003～2009年各指标的纵向比较以及与社会其他行业其他滨海旅游区域的横向比较，反映出广西滨海旅游经济的真实状况及其对经济的实际贡献。

近三年来，如表1所示，北海、钦州、防城港旅游总收入呈增长态势，增幅大，增长速度很快，平均增幅达到18%以上，快于GDP的增长速度。三市中，北海的旅游总收入远高于钦州、防城港，每年的旅游总收入高于钦州和防城港两市旅游总收入的总和。通过对北海钦州防城港市旅游总收入的比较分析说明，广西滨海旅游区旅游业发展速度快，对经济的贡献大，发展前景好，发展潜力大。

表1　北海钦州防城港旅游宏观经济效益的指标统计表

区域范围	年份	旅游总收入(亿元)	增长率(%)	GDP(亿元)	旅游业总收入/GDP(%)	旅游创汇(万美元)	增长率(%)
北海市	2006	26.4	28.40	215.80	12.23	890.56	38.64
	2007	30.5	15.53	244.95	12.45	1272.75	42.92
	2008	37.94	27.93	313.88	12.43	1558.85	11.28
钦州市	2006	8.06	20.48	245.21	3.29	91.92	33.14
	2007	12.00	48.82	303.92	3.95	512.80	457.88
	2008	15.66	30.50	377.42	4.15	645.42	25.86
防城港市	2006	6.64	17.52	119.61	5.55	705.57	29.51
	2007	7.54	12.20	159.07	4.68	915.00	29.68
	2008	9.60	28.86	212.18	4.52	927.67	1.38

注：人民币兑换美元汇率统一为1∶8。

资料来源：《广西统计年鉴》(2006～2008)；《广西旅游年鉴》(2006～2008)；北海、钦州、防城港市国民经济和社会发展统计公报2006～2008；CNKAI中国宏观数据挖掘分析系统.

旅游总收入占GDP的比重指标，直接体现出旅游业对经济发展的贡献。相比之下，北海市旅游业对当地经济发展的贡献最大，2007年高达12.45%，但2008年

①周武生. 广西滨海旅游经济效益分析[J]. 人民论坛，2001(7)：162－163.

略有下降;从目前情况看,钦州市旅游业对当地经济的贡献虽然比率最小,但其增加的速度最快,特别是2008年,其增长幅度超过了北海和防城港;防城港GDP增长速度最快,从而影响了该市旅游业总收入占当地GDP的比重,但一个比较严重的问题是2006~2008年三年间,防城港市旅游业总收入占当地GDP的比重逐步下降,说明旅游业对当地经济贡献率逐步降低。产业经济学上,把对地区经济贡献大、对地区产业发展具有引导作用的产业认为是支柱产业,一般要求产业增加值要比较稳定地占到GDP的5%~8%,根据该理论,北海旅游业已经成为该市的支柱产业。

旅游创汇直接反映出一个国家的国际收支情况,也体现旅游业对当地经济发展的重要推动作用。从旅游创汇的总量上看,北海、钦州、防城港三市中,北海的旅游创汇能力最强,钦州最小,防城港凭借其优越的区域位置,旅游创汇能力逐步增加,从增长率来看,北海、钦州、防城港三市旅游创汇逐年递增,增速快,增幅大,其增长的速度跟幅度均超过了旅游总收入、国内旅游收入的增长速度和幅度。

鉴于资料的可获得性与可比性,广西滨海旅游企业经营效益仅以广西滨海旅游区旅游宾馆、饭店经营状况来说明。衡量旅游宾馆、饭店经营效益的主要指标有宾馆、饭店的档次、接待总人数、营业总收入、营业税利润总额、客房出租率等指标。广西滨海旅游区旅游宾馆、饭店经营情况如表2所示。

表2 北海、钦州、防城港旅游宾馆、饭店经营效益指标统计表

区域范围	年份	招待总人数(万人次)	同比(%)	营业总收入(万人)	同比(%)	营业税(万元)	同比(%)	利润总额(万元)
北海市	2005	116.51	0.41	18889.39	2.96	1360.16	8.87	−9275.31
	2006	129.50	11.15	26382.66	39.67	1448.59	6.50	−3261.58
	2007	145.17	12.10	29732.07	12.70	1688.59	16.57	−336.91
钦州市	2005	52.24	55.62	6988.24	−5.96	339.02	−8.61	−23.75
	2006	47.36	−9.34	9250.34	32.37	629.10	85.56	12.20
	2007	49.52	4.56	11440.95	23.68	665.22	5.74	11.42
防城港市	2005	29.97	−20.48	3457.40	−17.72	206.41	−19.00	−701.05
	2006	35.56	18.65	4380.39	26.70	258.80	25.38	−176.39
	2007	35.97	1.15	5555.32	26.82	293.62	13.45	−223.98

资料来源:根据《广西统计年鉴》、《广西旅游年鉴》(2004~2007)的数据整理。

年接待总人数及同比状况揭示了旅游宾馆饭店的市场发展状况。广西滨海旅游区旅游宾馆、饭店2005~2007年年接待游客的总量呈缓慢上升的趋势,但其中的波动比较大，其中，北海市旅游宾馆、饭店的年接待总人数远高于钦州和防城港市。

营业总收入及同比状况反映了宾馆、饭店自身的财务状况及对经济的影响。广西滨海旅游区宾馆、饭店的营业总收入随着接待总人数的变化而变化，其变化的趋势与旅游接待人数的变化趋势大体一致。北海旅游宾馆、饭店的营业总收入最高，说明北海旅游业相对比较发达，但同比之下，北海营业总收入的增长速度慢于钦州和防城港，增长幅度少于钦州和防城港。

营业税则直接体现了旅游企业对当地经济的贡献，营业税的高低反映了对经济贡献的大小。横向比较，北海、钦州、防城港三市的总税率远不及工业及其他行业，这说明了北海、钦州、防城港三市旅游宾馆、饭店行业实力较弱。三市中，北海由于旅游宾馆、饭店总数较多，经营规模较大，旅游业相对发达，因此营业税高于钦州和防城港。三市中营业税总额并不高，但总体上呈递增的趋势。

利润总额体现了企业的盈利能力和竞争实力。从2005～2007年，北海、钦州、防城港旅游宾馆饭店利润总额呈下滑趋势，其中，北海市旅游宾馆、饭店的下滑速度最快，钦州市在2006年与2007年出现了小幅反弹。这种状况说明，广西滨海旅游区旅游宾馆、饭店的盈利能力较弱，综合竞争实力较弱。

案例分析 广西滨海旅游聚集于北海、钦州、防城港三市，是广西重要的旅游产品之一。案例通过2005～2007年旅游创汇、旅游总收入及其在GDP中的比重等指标，对北海、钦州、防城港三市做了旅游宏观经济分析，发现广西滨海旅游对当地经济的贡献比较大，并发展成为当地的支柱产业。但是三个市的发展并不均衡，通过2005～2007年旅游宾馆、饭店的接待总人数、营业总收入、营业税利润总额等指标，对北海、钦州、防城港三市做了旅游微观经济分析，发现三市的接待游客量和营业收入呈缓慢上升的趋势，但其中的波动比较大，利润呈下滑趋势；三市旅游宾馆、饭店的发展也不均衡，北海市旅游宾馆、饭店的数量多，接待游客量、营业收入和营业税总量最多，但是营业收入增长较慢，利润下滑最快。因此，北海、钦州、防城港三市需要加强旅游合作，找出发展中的不足，及时调整战略，共同提高广西滨海旅游的经济效益。

思考题

1. 旅游经济效益的涵义？有何特点？
2. 旅游微观经济效益的评价指标体系有哪些？如何提高旅游微观经济效益？
3. 旅游宏观经济效益的指标有哪些？如何提高旅游宏观经济效益？
4. 简述旅游对旅游客源地和目的地的经济影响主要表现在哪些方面？
5. 旅游业就业存在的问题有哪些？促进旅游业就业的因素有哪些？

第九章 旅游产业发展

本章提要

世界旅游从形成到快速发展，现在进入了稳定发展时期，21世纪将是旅游业的第二个黄金时代。旅游业作为世界上最大产业的地位将进一步巩固。本章诠释了产业与旅游产业的概念和特点，介绍了旅游产业的经济地位、经济周期以及旅游产业结构，阐述了世界和中国旅游业发展模式，最后重点分析了旅游产业的发展趋势。

章首案例

世界各地区旅游业发展的新趋势①

2007年11月12日在英国首都伦敦开幕的世界旅游交易会发布了《2007年全球旅游趋势报告》（以下简称《报告》），详细预测了未来五年内世界旅游业的发展新趋势。

1. 英国：带着宠物去旅游

报告说，英国约有4900万只宠物，宠物食品和护理用品的消费支出达到27亿英镑（约合人民币54亿美元），宠物已成为英国人生活中不可或缺的组成部分。带着宠物去旅游的呼声因此日渐强烈，成为英国国内旅游业必须面对的新课题，更是旅游业借此创收的大好时机。

2. 亚洲：旅游项目进手机

亚洲目前是世界上手机拥有量最大的地区，几乎达到10亿部。手机的大众化和手机短信的低廉费用使手机成为继电视和电脑之后的"第三屏幕"，旅游服务运营商将利用手机作为联系消费者和推销旅游项目的重要渠道。

3. 北美：偏爱享乐式旅游

北美地区许多居民崇尚"玩命工作、疯狂享乐"的信条，或希望抓住青春的尾巴延长无拘无束的生活；或希望仿效名人休闲方式，在酒店、游泳池边举办派对；或喜欢租一艘豪华游艇，呼朋唤友狂饮至天明。报告认为，加勒比地区的度假胜地对北美这些追求享乐的游客充满吸引力。

4. 南美："世界尽头"的诱惑

世界最南端的城市位于阿根廷，名叫乌斯怀亚，被称为"世界尽头"。由于全球

---

①马桂花. 未来五年世界旅游业发展新趋势[EB/OL]. 新华网，http://news.xinhuanet.com/travel/2007-11/14/content_7066089.htm.

媒体都在关注气候变暖问题，加上《帝企鹅日记》等电影的热映，当地旅游业趋热，特别是来自北美和欧洲喜爱冒险的游客希望从这里出发，进行极地探险。游轮业和酒店连锁业也瞄准了这一新兴旅游目的地。

5. 西欧：慢节奏让心灵放假

对工作压力很大的人来说，慢节奏旅游是帮助他们放松自己的有效方式。他们喜欢走进大自然的怀抱，享受简单生活的乐趣，在快速运转的世界上放慢自己的脚步。《报告》预计，随着人们越来越重视环保，到郊区或农场度假以及火车旅游都将进入西欧旅游业主流，成为海滨度假和文化旅游之外的新选择。在西欧，这种旅游方式不仅独具特色，还将带动地方经济发展。

6. 东欧：流动人口返乡游

欧盟东扩为西欧国家带来大量经济移民，廉价航班又使这些移民和其他国际流动人口经常返乡探亲。返乡旅游项目包括文化遗产游、假日游以及投资居住游，东欧国家将有更多的旅行社提供这些特色旅游，以满足境外同胞的需求。

7. 中东：宗教旅游潜力大

《报告》分析说，中东地区其他重要城市已开始效仿阿联酋商业城市迪拜的成功经验，将旅游作为重要收入来源之一。目前，中东国家尚未针对全球穆斯林开发特色旅游产品，这意味着宗教旅游的潜力巨大。宗教旅游不仅将吸引中东地区居民，还能让世界各地的穆斯林纷至沓来。

8. 非洲：北非游蒸蒸日上

在北非摩洛哥，由于政府鼓励外资，并采取多项措施在海外宣传摩洛哥作为旅游目的地的优势，加上廉价航班的出现，摩洛哥势必将成为北非旅游的后起之秀，吸引众多欧洲国家的游客。《报告》同时预测说，突尼斯和埃及的旅游业目前相当成功，今后还将更上一层楼。

问题思考

1. 世界旅游业有哪些发展趋势？
2. 这些旅游发展趋势给中国旅游业的发展带来哪些启示？

第一节　旅游产业的概念和特点

旅游经济产业的形成，是与社会化大生产的发展相适应的。社会化大生产是现代各类产业部门形成和发展的前提条件，因而要了解旅游产业，必须对产业的概念、旅游产业的概念和特点有清晰的认识。

一、产业与旅游产业的概念

旅游产业是第三产业的重要组成部分，是世界上发展最快的新兴产业之一。要正确认识旅游产业，必须先明确产业和旅游产业的概念。

1. 产业的概念

产业的概念和内涵是随着社会生产力的发展逐步充实而形成的。不同历史时期，产业的内涵也不尽相同。在重农学派时期，产业主要指农业。在资本主义工业产生以后，产业主要指工业。随着社会生产力的迅速发展，社会分工越来越细，出现了许多诸如商业、运输业、邮政、家政、咨询、金融、贸易、新闻出版、法律、信息、旅游等新兴服务部门，于是作为经济研究对象的产业范畴大大扩展，它包括农业、工业、服务业三大产业及其细分产业。如今，凡是从事营利性经营活动并具有某种同类属性的企业集合都可列入产业的范畴，即产业是所有从事营利性经营活动并具有某种同类属性的企业集合。所谓“同类属性”，它的涵义应理解为：从需求方角度来看是指企业的服务对象相同；从供给方角度来看是指企业所提供的产品或服务是同一类型或具有密切替代关系，或具有类似的生产技术、生产过程、生产工艺等。传统的产业范畴一般是从供给方角度出发来定义的。例如，提供电冰箱的企业集合称为电冰箱业，生产汽车的企业群体统称为汽车业等。

2. 旅游产业的概念

旅游学者们在旅游产业这一问题上一直存在不同的认识。美国著名旅游专家托马斯·戴维逊认为，旅游是为了外出经营、娱乐和私事外出，远不是传统意义上的“产业”，作为一种力量，它是游客或旅游者所有支出产生的效应。因此，实际上是“支出推动”经济现象，而非“收入推动”的经济现象。为此，他进一步指出：“将旅游定义为产业是不正确的，而且这一定义有损旅游的真实状况。旅游是一种社会经济现象，它既是推动经济进步的发动机，同时又是一种社会力量，旅游更像一个影响许多产业的‘部门’。”

在国内，对旅游是不是产业也有不同的看法，但是，随着旅游业在国民经济中的地位和作用日益突出，作为一个为旅游者服务的经济系统，旅游业是一个客观存在的产业已日益成为一个不争的事实。1991 年，在《关于国民经济和社会发展十年规划和第八个五年计划纲要》中，旅游产业被列为加快发展的第三产业的重点；1998 年，在中央经济工作会议上旅游产业被确认为应积极培育的国民经济新的增长点；2009 年国务院发布的《关于加快发展旅游业的意见》，明确提出要把旅游业培育成国民经济的战略性支柱产业和人民群众更加满意的现代服务业。旅游产业已成为国民经济中举足轻重的力量。

但是旅游产业与其他传统产业有诸多不同的地方，它不是严格意义上从供给方角度来定义的产业，即所提供的产品或服务是同一类型或具有密切替代关系的企业集合。因此，对于旅游产业，应从需求方角度来加以界定。所谓旅游产业，是指提供满足旅游者需求的旅游产品的企业集合。

3. 旅游产业的狭义理解和广义理解

旅游产业是一个从需求方来定义的产业，其产业边界没有明确的规定，因此，在对旅游产业的认识上，人们一直存在分歧。以下为一些影响较广的关于旅游产业的看法和观点。

第一，在《中国旅游统计年鉴》中，列入统计范围的旅游业主要包括旅行社、星级酒店、旅游景区、旅游院校等。

第二，世界旅游理事会（WTTC）在其由运输业、住宿接待业、娱乐业及相关服务行业等构成的核心旅游产业之外，进一步提出了范围更广的“旅游经济”（广义的旅游业）的概念，一系列间接受到旅游业影响的产业都被列入“旅游经济”的统计范围中。例如，在世界旅游理事会为南非做出的旅游卫星账户统计中，其“旅游经济”包括的范围广泛涉及批发零售业、农林渔业、纺织业、供水供电等行业。

第三，新加坡旅游统计部门认为，旅游产业包括批发零售业、餐饮业、饭店业、地面交通客运业、水上交通客运业、航空客运业、其他交通客运业、金融服务业、商务/技术服务业、政府服务、媒体/娱乐服务业、其他消遣性服务业、个人/家政服务业 13 个子行业。

第四，兰德伯格在其“Tourism Economics”中认为，旅游业是由交通运输、旅游点开发、旅游研究、政府办事机构、旅游吸引物、娱乐设施、餐馆、住宿设施、促进旅游者（包括旅行社、旅游批发商、旅游零售商、奖励旅游公司、咨询服务公司等）、杂类（包括服务站、日用品商店、度假服装、摄影、运动器械设备等）10 大行业组成。

从以上看法和观点可以看出，基于统计工作的可操作性和研究目的的不同，不同机构和学者们对旅游产业包括的内容有不同的理解。从本质上来说主要是对旅游产业狭义的理解和广义的理解。第一种观点是对旅游产业狭义的理解，而第二种、第三种、第四种观点是关于旅游产业广义的理解。考虑到研究目的的需要和统计数据的可取得性，对狭义旅游产业和广义旅游产业的概念可以界定如下：狭义旅游产业是指与旅游者直接发生联系并提供满足旅游者需求的旅游产品的企业群体，主要包括旅行社业、旅游饭店业、旅游交通运输业、旅游景区业、旅游商品零售业等；而广义旅游产业则从满足旅游者需求出发，包括所有为旅游者提供旅游产品的住宿业、餐饮业、旅行社业、游览业、交通运输业、零售业、通信业、公共设施服务业、娱乐服务业、信息咨询服务业等。

二、旅游产业的经济特征

与其他产业相比较，旅游产业具有自己的特征，具体表现如下：

1. 旅游产业是一种无形出口产业

旅游产业的产品主要是为旅游者提供满足其需要的旅游服务。虽然旅游产品中包含某些有形物质因素，如旅游目的地的旅游资源、专门设施和商品服务是有形的，但与其他产业不同，它们只是作为提供服务的条件存在的，没有被旅游者带走。旅游产业所出售的是一种无形的“经历”、“体验”以及有形的旅游纪念品，旅游者通过所见所闻，得到身心的满足。因此旅游产业有“无形出口”和“无形贸易”之称。

2. 旅游产业是一项综合性产业

旅游者在旅游活动过程中，有吃、住、行、游、购、娱等多方面的需要。为了满足旅游者的多种需要，就要由多种不同类型的企业为旅游者提供商品和服务。这些不同类型的企业按照传统的产业划分标准虽然分别属于若干相互独立的行业，但是满足旅游者的需要这一功能把它们联系到了一起，形成一个集合体。因此，旅游产业是一个综合性极强的产业（图 9—1）。据澳大利亚工业经济局 1973～1974 年对国内、国际旅游产业进行的投入产出分析表明，澳大利亚旅游商品的提供涉及国民经济中 29 个经济部门中的 109 个行业，其中还不包括文教、卫生、公安等非经济部门。

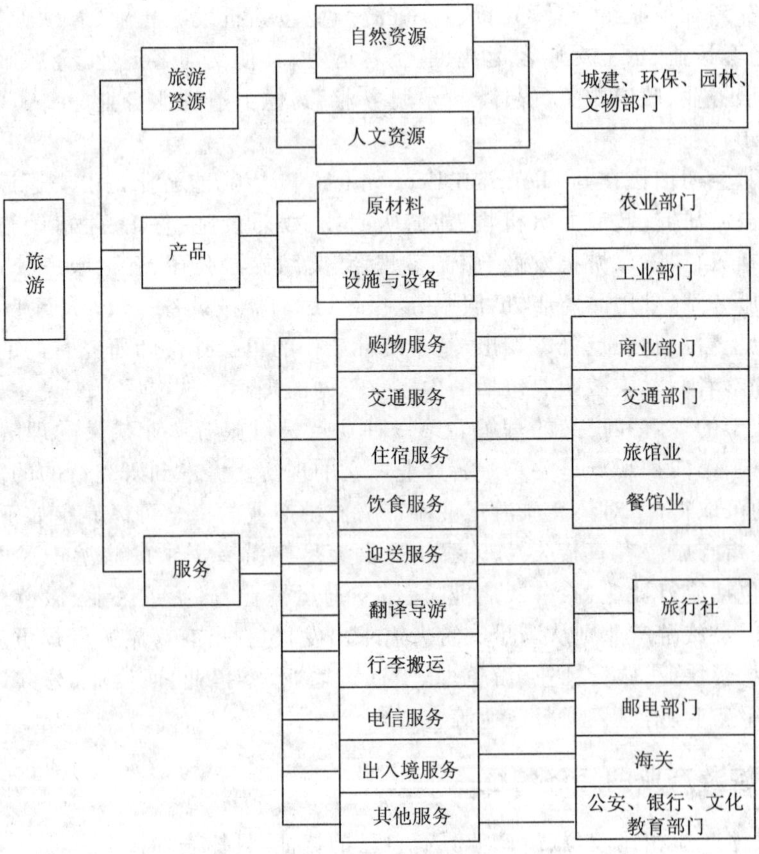

图 9—1　旅游产业的综合性

资料来源：保继刚，楚义芳，彭华. 旅游地理学[M]. 高等教育出版社，1993.

3.旅游产业是一项极不稳定的产业

旅游产业的不稳定体现在以下方面：

(1)旅游产品是一种无法保存的产品。旅游产品与其他物质产品不同，不能被有效地储存，一旦未能出售，旅游产品在这一时段的使用价值就再也无法实现，所投入的人力、物力、财力就永远丧失，并无法补偿。例如，一间饭店客房没有在某晚出租出去，那么这间客房这一晚的使用价值就无法实现了。

(2)旅游需求具有季节性波动。受旅游吸引物和客源地节假日时间的制约，旅游产业表现出明显的淡旺季。旺季时，旅游企业疲于应付；淡季时，设施和劳动力大量闲置。所以如何采取有效措施解决淡旺季出现的问题，是旅游产业发展中永恒的课题。

(3)旅游需求易受无法预知的外部因素的影响。自然因素中的地震、海啸、水灾、异常恶劣气候；健康因素中的流行性疾病；经济因素中的世界性经济危机、主要客源国经济危机、外汇汇率变化、能源危机；政治因素中的国家关系的恶化、国内政治动乱、政府的政策变化与战争等，都会导致旅游需求下降或旅游者改变目的地。如“9·11”事件后，全世界民航机票预订率平均下跌了12％～15％，美国多家航空公司大幅度裁员。北美洲、加勒比、南美洲、中东和北非等地区的航空业、旅馆业和旅游产业受到沉重打击。受此影响，游客流向也发生了很大变化，美国来我国大陆旅游人数大幅度下降；而日本等客源市场原本打算赴美国的旅游客流由于受阻而转向中国。

(4)旅游者的旅游动机复杂多变。人们已经形成的旅游动机，决定着他们的行动以及对旅游内容的选择。由于旅游者在国籍、民族、职业、文化水平、性格、年龄、兴趣爱好、生活习惯和收入水平等方面存在差异，他们对旅游活动内容的选择呈现出多样性特征。有的旅游者喜欢山水风光，会选择桂林山水游等；有的旅游者喜欢文物古迹，会选择北京寻古游等；有的旅游者喜欢购物，会选择香港购物游等。旅游者旅游动机也会多变，主要是由旅游者的生理和心理需要引起，并受到旅游环境的发展进程和社会时尚的变化节奏的影响。

第二节　旅游产业的经济地位和周期

旅游产业不仅对一个国家或地区在社会、文化与环境方面的影响是重要的，而且对促进一个国家或地区的经济发展和人民生活水平的提高的作用也是十分明显的。本节将介绍旅游产业的经济地位和周期。

一、旅游产业的经济地位

第二次世界大战后，随着旅游业的迅速发展，旅游产业在世界经济中的作用逐步增强，在世界经济中的地位日益提高。

1. 旅游产业是当今世界上最大的产业

人类旅游活动可以追溯到遥远的古代，但在19世纪中叶才开始作为一项产业出现的。20世纪50年代后，旅游产业得到了迅速发展。据世界旅游组织统计，1950年全世界出国旅游的人数总共只有2528.2万人次，旅游总收入也只有21亿美元；2000年全世界国际旅游人数上升到69830万人次，国际旅游收入达4760亿美元。1950～2000年的50年中，国际旅游人数增长26.59倍，国际旅游收入增长225.67倍，这个发展速度是世界上任何产业的发展都望尘莫及的，充分说明了旅游产业在当代世界经济中的旺盛活力。

1992年，经过国际众多专家的研究和评估，旅游产业对国民经济的贡献已超过了钢铁、石油、汽车等传统大产业，成为世界第一大产业。根据世界旅游理事会与亚太经社理事会旅游工作组的统计资料，1993年以来，无论从旅游产业产值占全球GDP的比重、旅游消费额占个人消费总额的比重、对旅游产业的投资额占全球投资总额的比重、旅游就业人数（直接和间接）占全球各行业就业人数的比重，还是旅游上缴税收占世界各国政府税收总额的比重都在10%左右或以上，这充分表明旅游产业已成为推动世界经济发展的主要动力之一（见表9—1）。

表9—1 旅游产业对全球经济的贡献 单位：亿美元

项目＼年份	1993	1994	1995	1996	1997	1998	2010
全球旅游产业对全球GDP贡献值	29080.0	30800.0	33910.0	34740.0	35640.0	38670.0	80086.0
贡献率(%)	11.5	11.5	11.6	11.6	11.6	11.6	12.5
世界个人旅游消费额	16940.0	17810.0	19410.0	19770.0	19710.0	20260.0	44770.0
占个人消费总额比重(%)	10.7	10.6	10.6	10.6	10.6	10.5	11.2
世界旅游就业人数(万人)	21800.0	22500.0	23200.0	23600.0	23700.0	23100.0	32800.0
占全部就业人员比重(%)	9.4	9.6	9.7	9.8	9.7	9.4	10.9
世界旅游产业中投资额	640.0	6730.0	7510.0	7650.0	7610.0	7790.0	17690.0
占总投资额比重(%)	11.4	11.7	11.8	11.8	11.8	11.9	12.0
世界各国政府旅游支出	2280.0	2340.0	2600.0	2640.0	2500.0	2530.0	5420.0

续表

项目＼年份	1993	1994	1995	1996	1997	1998	2010
占各国政府总支出比重(%)	7.1	7.1	7.3	7.2	6.9	6.8	7.4
世界旅游上缴政府税收				6500.0		8020.0	
占全球政府税收总额比重(%)				10.4		10.6	

资料来源:《世界旅游理事会与亚太经社理事会旅游工作组1998年度报告》。

2.旅游产业是中国国民经济的战略性支柱产业

当代旅游产业的快速发展对世界产业结构的变化发挥着越来越大的影响,并在优化产业结构中具有重要的地位。产业结构是指不同产业及产业内不同企业之间的关系结构。现行的国际通用的宏观产业结构划分中的三次产业划分,一方面反映了经济发展不同阶段的主要特点及主导产业的变更,另一方面也反映了经济增长中产业结构变动的历史顺序。从经济发展的历史次序看,第一产业部门所属各产业(农林牧渔业)的活动为经济增长提供基础原料,是整个经济活动的基础,同时也是经济发展的起点;第二产业即加工制造业所属各产业的活动是第一产业活动的继续,构成经济深层次活动的主要内容,在一定条件下,它的发展成为整个经济发展水平的主要标志;第三产业是第一产业、第二产业以外的,以服务业为主的其他产业。第三产业的发展是经济活动深化的结果和标志,在国民经济中占主导地位。旅游业是第三产业中最具发展活力的行业之一。现在世界上有一百二十多个国家和地区把旅游产业列为21世纪的支柱产业。

改革开放中发展起来的中国旅游产业,经过三十多年的发展,已经形成了相当大的产业规模和比较健全的产业体系。2009年国务院发布了《关于加快发展旅游产业的意见》(国发[2009]41号),对旅游产业提出了全新的定位,提出了把旅游产业培育成国民经济的战略性支柱产业和人民群众更加满意的现代服务业的宏伟目标,并就新时期旅游产业发展进行了全面部署,明确了具体的发展目标。到2015年,旅游市场规模进一步扩大,国内旅游人数达33亿人次,年均增长10%;入境过夜游客人数达9000万人次,年均增长8%;出境旅游人数达8300万人次,年均增长9%。旅游消费稳步增长,城乡居民年均出游超过2次,旅游消费相当于居民消费总量的10%。经济社会效益更加明显,旅游产业总收入年均增长12%以上,旅游产业增加值占全国GDP的比重提高到4.5%,占服务业增加值的比重达到12%。每年新增旅游就业50万人。旅游服务质量明显提高,市场秩序明显好转,可持续发展能力明显增强,力争到2020年我国旅游产业规模、质量、效益基本达到世界旅游强国水平。

二、旅游产业的经济周期

旅游产业的发展具有明显的经济周期。从总体上看，主要表现为三种经济周期。

1. 短期经济周期

短期经济周期指的是主要描述了旅游需求急剧变化的时期。短期经济周期往往是容易预见到的。最典型的短期经济周期就是季节性周期，如夏季高峰期、冬季萧条期以及平季之间的时期。短期周期存在的季节性等问题对资源造成一定的压力(堵塞、拥挤、员工紧缺)，也影响到旅游企业的经济效率(旺季交易频繁，而淡季交易不足)。对于某些旅游服务部门而言，它们必须在旺季充分赚钱，以弥补淡季的损失。

2. 中期经济周期

中期经济周期指的是长达数年的旅游需求变化周期。这些变化往往反映出消费者对特定旅游产品的态度和需求。地震、海啸、洪水、龙卷风等自然灾害及政治事件、动乱和战争也会产生类似的影响。例如，在1996～1997年间，新西兰北岛中部的鲁萨佩胡火山爆发就使得当地滑雪季节的旅游产业遭受了严重的损失。由于鲁萨佩胡火山恶劣的气候条件以及火山的多次喷发，使得北岛的两个主要滑雪场图罗瓦和瓦卡巴巴在1994～1997期间经营业绩都不理想。经营瓦卡巴巴滑雪场的鲁萨佩胡阿尔卑斯运输公司在1997年亏损248万新元，而在接下来的1998年，公司平均获利27.12万新元。相反，图罗瓦滑雪场在1997年赢利39.5万新元，而在1998年则亏损90.2万新元。此外，货币的贬值或升值等其他经济因素也会极大地影响旅游者数量。在20世纪70年代末到80年代初，美元市场疲软导致大量外国游客涌入美国，而美国国内的出境旅游人数却很少。90年代末，东南亚爆发金融危机之后，因为该目的地度假产品更加廉价，并且在货币兑换中能够受益更多，所以游客大量涌入。

3. 长期经济周期

长期经济周期指的是长达数十年或更久的旅游需求变化周期。它是因为旅游需求的纵深变化，推进旅游产品发展以及升级换代，致使旅游目的地也存在一个较长的经济周期。加拿大学者Bulter(1980)提出的旅游地生命周期概括了旅游目的地的发展直至最终衰落或复苏的过程(见图9—2)。

(1)探索期。这一时期，旅游地只有零散的游客，旅游地没有特别的设施，旅游地的自然和社会环境没有因旅游而有所改变，游客与当地居民的接触密切。部分拉美地区和加拿大北极地区就是这样的例子。

(2)导入期。随着游客人数增多，旅游活动逐渐变得有规律，本地居民开始为游客提供一些简便的设施。随着这个阶段的到来，广告开始出现，旅游市场范围已

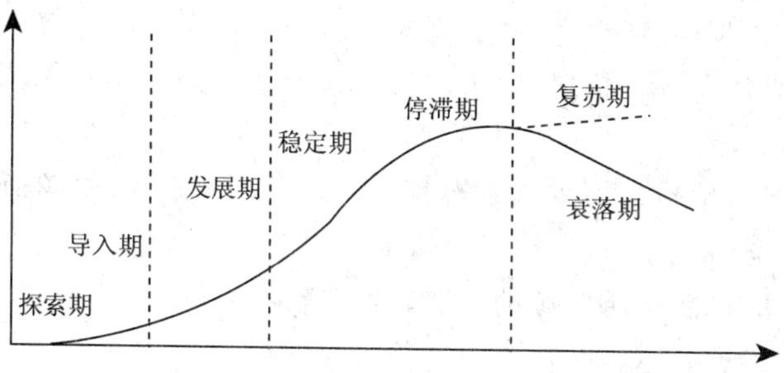

图 9—2　旅游地生命周期

基本可以被界定出来，旅游季节也逐渐形成，一些本地居民为适应旅游季节调整生活方式，一部分有组织的旅游开始出现，迫使地方政府和旅行机构增加，改善旅游设施和交通状况。太平洋和加勒比海地区一些不发达的较小的国家就是这一阶段的例子。

(3)发展期。在大量广告和游客的宣传下，一个成熟的旅游市场已经形成，外来投资骤增，本地居民提供的简陋膳宿设施逐渐被规模大而现代化的设施取代，旅游地自然面貌的改变已比较显著。部分墨西哥和北美的海滨地区就是这种情况。

(4)稳定期。游客增长率将下降，但总游客量将继续增加并超过常住居民数量。旅游地大部分经济活动与旅游产业紧密联系在一起，为了扩大市场范围和延长旅游季节，广告无所不在。常住居民，特别是那些没有参与旅游产业的常住居民对大量游客的到来和为游客服务而修建的设施会产生反感和不满意，因为这一切会限制他们的正常活动。旅游地这一阶段有了界限分明的娱乐商业区，以前的设施有可能成为二级设施而满足不了需要。许多加勒比海地区和地中海地区的旅游目的地就是这一阶段的例子。

(5)停滞期。在这个阶段，游客量达到最大，旅游环境容量已趋饱和或被超过，环境、社会和经济问题随之而来。旅游地在游客中建立起了良好的形象但已不再对新的游客具有吸引力，旅游市场很大程度上依赖于重游游客、会议游客等；接待设施过剩，保持游客规模需要付出大量的努力；自然和文化的吸引物或许被"人造"设施所取代。许多西班牙的海滨胜地，如布拉巴海岸就是这一阶段的例子。

(6)衰落期或复苏期。在衰落期，旅游地无论是吸引范围还是游客量，都已不能和新的旅游地相竞争，面对的是一个衰落的市场，随着旅游产业的衰落，房地产转卖率程度很高，旅游设施逐渐被其他设施取代，更多的旅游设施因旅游地对游客的吸引力下降而消失，剩下的其生存能力也成问题。这个阶段本地雇员和居民能以相当低的价格购买旅游设施，因此本地居民介入旅游产业的程度大大增加。宾馆可能变为公寓、疗养院或退休住宅，因为旅游地的良好设施无疑对常住居民有着吸引力，特别是对年老者。最终，原来的旅游地可能变为名副其实的“旅游贫民窟”或完全失去旅游功能。

这一阶段，旅游地也可能进入复苏期，而要进入复苏期，旅游地吸引力必须发生根本的变化。通常有两种途径可以达到这个目标：一是增加人造景观吸引力。二是发挥未开发的自然旅游资源的优势，重新启动市场。

第三节　旅游产业结构

一般来讲，旅游产业主要包括旅游交通、旅游饭店和旅行社，它们被誉为旅游产业的三大支柱。但是，从旅游产业的六大要素看，旅游产业还应包括旅游娱乐业、旅游购物品的生产与经营部门以及旅游资源开发与经营管理部门等。从更广泛的角度看，旅游产业还应包括旅游教育培训部门、旅游研究和设计规划部门等。从大旅游观的角度来认识旅游产业结构，可以提高对旅游经济重要性的认识，从而确立旅游产业在国民经济中应有的地位。旅游产业结构包括旅游产业的行业结构、地区结构、所有制结构和组织结构。

一、旅游产业的行业结构

旅游产业通常由涉及吃、住、行、游、娱、购等方面的行业组成。这些行业之间的经济技术联系与比例关系构成了旅游产业的行业结构，它对旅游经济运行产生重要影响。

1.旅游产业的行业结构的概念

旅游产业的行业结构是指旅游产业内部不同经济职能的行业，在旅游产业运行过程中所形成的内在联系和数量比例关系。首先，旅游产业行业结构是旅游生产力在宏观上的社会分工的组织形式。通常来说，社会分工越发展，旅游产业的行业结构就越复杂。从这个意义上讲，旅游产业的行业结构在一定程度上反映着旅游经济的发展水平和社会分工的形式与程度。其次，旅游产业行业结构反映着社会总资源在旅游产业各个行业之间分配的比例，它不仅是社会总劳动在旅游各行业间分配的表现形式，也是旅游生产内在比例关系在旅游各行业间的具体反映。只有社会总劳动在旅游产业各行业间合理分配，旅游产业内部各个不同行业按一定数量比例关系组织起来，整个旅游再生产过程才能顺利进行。因此，行业间的数量比例关系对旅游经济活动的稳定运行和发展具有重大影响。旅游产业的行业结构是旅游产业宏观控制与管理的对象，也是宏观旅游经济运行的结果。

2.旅游产业的组成行业

学习旅游产业的行业结构，必须了解构成旅游产业的行业。构成旅游产业的主要行业如下：

(1)旅行社。旅行社作为旅游产业的“龙头”，不仅是旅游产品的设计、组合者，同时也是旅游产品的营销者，在旅游经济活动中发挥着极为重要的作用。因此，旅行社发展的规模、经营水平及其在旅游产业结构中的比重，直接对旅游经济发展产生重要影响。

(2)旅游饭店。旅游饭店是为旅游者提供食宿的基础，是一个国家或地区发展旅游产业必不可少的物质基础。旅游饭店数量、床位的多少，标志着旅游接待能力的大小；旅游饭店管理水平的高低、服务质量的好坏、卫生状况及环境的优劣，则反映了旅游产业的服务质量。因此，旅游饭店业在旅游产业结构中具有十分重要的地位，没有发达的、高水平的旅游饭店业，就不可能有发达的旅游产业。

(3)旅游交通。旅游产业离不开交通运输业，没有发达的交通运输业就进入不了旅游目的地。旅游交通作为社会客运体系的重要组成部分，不仅满足旅游产业发展的要求，同时又促进社会交通运输的发展。特别是旅游交通运输要满足旅游者安全、方便、快捷、舒适、价廉等方面的需求，就要求旅游交通不仅具有一般交通运输的功能，还要具有满足旅游需求的功能。从而要求在交通工具、运输方式、服务特点等方面都形成旅游交通运输业的特色。

(4)旅游资源开发。旅游资源开发，包括对各种自然旅游资源、人文旅游资源及文化娱乐资源的开发及利用，并形成一定的旅游景观、旅游景区及各种旅游产品和组合。目前，虽然全国各地已形成了一批在国际上有一定知名度和吸引力的旅游景点、旅游景区(包括风景名胜区、度假区等)和旅游线路，但从整体上还未把旅游资源开发作为旅游产业结构的一个重要的组成部分来看待。不仅在旅游资源的开发建设上没有专门、统一的规划和建设，而且在行业管理上也政出多头，缺乏统一的宏观协调和管理，从而使旅游景区(点)的建设滞后。因此，必须把旅游资源开发纳入旅游产业结构中，加快开发和建设。

(5)旅游娱乐。旅游是一种以休闲为主的观光、度假及娱乐活动，因而丰富的旅游娱乐是旅游活动中的重要组成部分。随着现代科技的发展，旅游娱乐业在旅游产业结构中的地位正日益上升，旅游娱乐业在增强旅游产品的吸引力、促进旅游经济发展等方面的作用也不断提高。

(6)旅游购物。旅游购物是旅游活动的重要内容之一。随着现代旅游经济的发展，各种旅游工艺品、纪念品、日用消费品的生产和销售正不断发展，形成了商业、轻工业、旅游业相结合的产销系统和大量的网点，不仅促进了旅游经济的发展，也带动了民族手工业、地方土特产品等的发展，促进了地方社会经济的繁荣。

3. 旅游产业行业结构的影响因素

旅游产业的行业结构，是社会经济发展和旅游经济运行的必然结果。其影响因素主要表现在以下三个方面：

(1)社会生产力水平。社会生产力水平是影响旅游产业行业结构的主要因素。一方面，在社会生产力的作用下，旅游产业中的不同行业会形成不同的增长规模和发展速度，引起旅游产业内部组合，产生行业结构的变化；另一方面，在社会生产力的作用下，会引起社会需求的变化，从而影响着旅游产业行业结构的变动。

(2)旅游消费形式与规模。旅游消费形式与规模也是影响旅游产业行业结构发生变化的重要因素。不同的旅游消费形式与规模决定着旅游产业行业之间的相互地位和数量，从而影响着旅游产业的行业结构。如休闲旅游者多的旅游目的地，娱乐设施所占的比重较大。

(3)国家的产业政策。国家的产业政策也是影响旅游产业行业结构变化的一个因素。例如，国家对交通业的扶持，促使近年来新的旅游出行方式出现，如高铁旅游，旅游交通在旅游产业中所占的比重也有所改变。

4. 中国旅游产业的行业结构

经过改革开放三十多年的发展，我国旅游产业实现了由旅游资源大国向世界旅游大国的转变。截至 2011 年末，全国共有星级饭店 11676 家，全国纳入统计范围的旅行社共有 24207 家；旅游交通状况大大改善，民航、铁路、高速公路、江河游船及城市出租车业全面发展；旅游餐饮、旅游娱乐、旅游购物也在旅游需求的刺激下，数量上不断增加、质量上不断提高，已经初步形成产业体系。

但是，我国旅游产业的行业结构还存在缺陷。主要表现为：①旅游交通能力严重不足。交通运输业是旅游产业的先行行业。改革开放以来，我国交通运输业发展速度很快，运载能力已大大提高。但是，同国际、国内旅游需求相比，供需矛盾仍未缓解。②旅游商品适应需求的弹性低。旅游商品的生产和经营是旅游产业结构的重要组成部分，是旅游收入的重要渠道。但是，我国旅游商品在开发中存在市场观念淡薄、花色单一、品种单调、雷同等问题，许多旅游商品制作粗糙、质量低下，难以引起游客购物兴趣和购买欲望。其收入在旅游总收入中所占的比重较低。③旅行社对外促销能力减弱。旅行社在旅游产业结构中居于主导地位，其经营的好坏直接关系到一系列其他相关行业的发展。然而，近年来，旅行社内部出现了互不协作、互挖客源、变相卖招牌的趋势，导致企业短期行为的增加，对外促销乏力，外汇流失严重。

旅游产业结构的上述缺陷表明我国旅游产业需要进行结构调整，需要从以下几个方面努力。

(1)进一步增加交通运输投入，改革运输体制，拓宽运输渠道。交通运输目前已成为制约我国旅游产业进一步发展的“瓶颈”。它表现为两个方面：一是航空运输，二是旅游客车运输。在航空运输上，应进一步打破行业壁垒，对内开放，采取发行债券或股票等方式增加投入，发展航空运力。与此同时，进一步解放思想，扩大对外开放，如引进外资建设机场设施、引进国外包机等，从而拓宽运输渠道。在旅游客车运输上，应进一步加大投入，改善路况，提高客车档次，增加旅行的舒适度，以满足人们日益增长的旅游服务质量的需求。

(2)加强旅行社的行业管理，治理市场秩序，加大海外促销力度。在政策上确立旅行社在旅游产业结构中的主导地位，是理顺旅游产业内部比例关系的前提。因此，要加强对旅行社的行业管理、治理旅行社之间的混乱局面、提高旅行社开办注册条件、促进旅行社向集团化的综合经营和高度专业化经营方向发展。与此同时，旅行社应把客源结构由自然流量转为以竞争流量为主，积极参与国际旅游市场竞争，大力加强海外促销，把我国旅游资源的优势转变为现实的经济优势。

(3)加强旅游产品的生产和经营，根据市场需求，促进旅游产品的生产向多样化、系列化方向发展。旅游产品的生产涉及众多部门和行业，它们隶属于不同的管理部门，在历史上和现实中形成复杂的内外部关系。因此，促进旅游产品生产的基点应放在加强这些部门之间的协调关系上，逐步建立一种与其利益关系相一致的经营管理分工体制。与此同时，为了扩大旅游产品的生产和销售，必须根据市场需求的变化，创造、组合新产品，不断地更新、改造老产品。国家有关部门和地方政府继续对旅游产业给予大力扶持，对旅游产品的生产和销售实行一些优惠政策，以提高旅游外汇收入的数量。

二、旅游产业的地区结构

研究旅游产业的地区结构，合理布局旅游生产力，不仅对各地旅游经济的协调发展具有重要意义，而且对制定合理的区域旅游经济发展政策也具有非常重要的意义。下面将对旅游产业的地区结构进行探讨。

1. 旅游产业的地区结构的概念

旅游产业的地区结构是指在一定范围内旅游产业各要素的空间组合关系，即从地域角度所反映的旅游市场、旅游区的形成、数量、规模及相互联系和比例关系，或简称旅游产业的生产力布局。一个国家的经济发展及产业布局总是离不开一定的地域空间。只有对各个产业和企业在地域空间上进行合理的配置和布局，才能实现生产力的合理组织，最终实现经济的效率目标与空间平等目标的和谐统一。

2. 旅游产业的地区结构的内容

旅游产业的地区结构一般包括各旅游产业的地区结构和旅游区域结构。

(1)旅游各产业的地区结构。旅游产业的地区结构包括旅行社地区结构、旅游饭店地区结构、旅游交通地区结构、旅游商品地区结构等。它反映的是旅游各行业的空间分布与布局以及各行业与地区间的空间联系状态等。

旅行社地区结构是指旅行社在不同地区的配置情况，包括不同数量、规模、性质的旅行社在不同地区的布局特点以及区域内各旅行社的协作发展关系。

旅游饭店地区结构是指根据旅游资源的分布及旅游市场需求特点而形成的地区分布格局。其中，旅游资源集聚地的分布特点对旅游饭店区域结构具有决定性的影响作用，因为大多数旅游者总是投宿到距旅游景区（点）较近的旅游饭店。

旅游交通地区结构是指旅游交通在不同地区的配置情况。旅游交通地区结构受旅游资源与旅游客源分布的影响，一般在旅游景区（点）附近的分布密度较大，从而决定了旅游交通的运力、规模及水平。

旅游商品地区结构是指旅行商品在不同地区的生产和配置情况。旅游商品的分布不仅和旅游资源的分布相关联，而且同各地区产品生产，特别是名特土产品相关，从而形成不同地区旅游商品的分布特色。

(2)旅游区域结构。旅游产业的发展总是在一定地域空间上实现的，从旅游产业来看，地区之间的结构实际就是研究旅游区域的结构。旅游区域结构的状况及变化，是进一步分析和认识旅游经济发展的重要依据。

从旅游经济角度来看，旅游地区结构应着重研究以下几个方面内容：一是研究旅游地区的市场结构，即对国际和国内不同地区的旅游市场需求和供给进行研究。研究不同地区市场的需求特点、需求规模及水平，以便有针对性地开发合适的旅游产品。二是研究旅游区特点与构成。通过运用区域区划理论分析旅游区的特色与发展方向，明确各旅游区的开发重点与旅游形象塑造，探讨旅游区的总体构成及相互之间的联系和互补关系，形成既有层次又浑然一体的旅游总体形象。三是要研究旅游产业布局。通过对旅游区的研究，掌握旅游产业布局的原则，分析旅游区域布局的影响因素，探寻旅游产业合理布局的内容和方法，促使旅游产业布局的合理化。

3.旅游产业地区结构的影响因素

旅游产业地区结构受多种因素的影响，这些因素既有来自旅游产业内部的，也有来自外部的，主要因素有如下几个方面：

(1)旅游资源的空间分布。旅游资源的地区分布是形成旅游产业地区结构的主要因素。地区间所拥有的旅游资源条件不仅决定旅游区的形成和旅游区的类型，而且也会对旅游生产力的空间配置和旅游地区规模产生重要影响。

(2)旅游需求的空间分布。区域作为旅游产业运行的空间依托，它的形成与成长在很大程度上是与旅游需求的空间分布相联系的。由于旅游需求受多种因素的影响，其需求数量和规模在空间上的分布是不均等的，这必然对旅游产业地区结构的形成产生影响。

(3)旅游设施的空间分布。旅游地区作为旅游产业运行的基地，其旅游产业的运行能力是与一定空间内的旅游设施数量与质量相联系的。旅游产业地区结构主要是依据不同空间范围现存的旅游设施状况而形成的。目前我国旅游产业形成的以中心城市为主体的地区结构，正是这种影响因素作用的结果。

(4)经济发展水平的空间差异。一定时期的旅游产业发展水平，是一定空间内社会、经济和文化发展共同影响的结果，地区间的经济发展水平不同，会直接影响旅游产业地区结构的基本形态。旅游产业地区结构受多种客观因素的影响，形成了一定的旅游生产力空间地域分布的运动规律。这种运动规律主要表现在以下几个偏移趋向：

第一，趋向于沿海地区。综观我国旅游生产力在空间上的分布与组织，一个明显的特征是，旅游经济总是首先在沿海地区发展起来。这是因为：①沿海地区具有良好的经济发展实力，在短期内能形成较大的旅游服务和接待能力。②沿海地区原有基础较好，尤其交通运输条件较好，能形成雄厚的旅游生产力基础。③沿海地区与国外旅游客源国及旅游中转国的经济距离较近，旅游需求强度较高。④沿海地区经济发展水平较高，国内旅游相对发达。⑤沿海地区随着对外开放政策的执行，与国外的经济文化联系日趋紧密，促使旅游发展的速度与规模进一步扩大。

第二，趋向于旅游资源丰富地区。历史、自然和社会因素的影响，使地区间的旅游资源丰富程度有很大的差异。旅游资源丰富程度决定着地区吸引力大小和旅游需求强度，也决定着旅游生产力的分布与组织，使旅游吸引力与旅游生产能力紧密地结合起来，形成较高的经济效益，充分反映了旅游经济与旅游生产力布局的内在要求。

第三，趋向于出入境口岸。在我国的国际旅游中，口岸地区不仅是主要的旅游目的地，也是全国其他旅游地区客源的输出地。相对于全国其他地区，口岸地区具有很大的客流量，交通发达，对外经济关系紧密。

第四，趋向于中心城市。国内外旅游发展的经验表明，旅游生产力在空间上的分布与组织具有趋向于旅游中心城市的基本特征。这是因为：①中心旅游城市受社会历史发展的影响，大都具有丰富的人文旅游资源，对旅游者具有较强的吸引力，客观上会形成一定规模的旅游需求；②中心旅游城市原有基础特别是交通条件较好，并且具有良好的旅游综合服务能力；③中心旅游城市一般是各地区政治、经济和文化的中心，不仅与国外的政治、经济和文化联系紧密，而且经济实力较强，也是国内旅游的主要流向地区。

4. 中国旅游产业的地区结构①

我国旅游产业从20世纪70年代末期开始起步，经过三十多年的发展，已经实现了从“事业型”到“产业型”的转变，成为具有相当规模的经济产业。与此同时，我国各地区旅游经济都有了较大发展，但在发展规模和发展速度上差异较大，中国旅

①栗惠英，许聪聪. 中国九大旅游区旅游产业区域发展差异[J]. 山西师范大学学报(自然科学版)，2009(23)：59-60.

游产业区域发展不平衡，体现在多个方面。根据我国旅游区旅游产业结构状况，常以旅游产业的三大支柱产业（即旅行社业、旅游饭店业和旅游交通）的发展情况来衡量，包括三大支柱产业的规模、比例和规范化程度等。旅行社和旅游饭店的数量、质量与规模直接反映区域旅游产业结构的合理化程度，经济发达地区的整体水平优于经济落后地区。旅游交通的发展取决于该旅游区的地理环境和经济发展水平，因为旅游交通依附于整个国家的交通系统，交通发达的东部和中部地区旅游客源广泛。

在此，根据国内普遍采用的九大旅游区的旅游区划方案，对中国旅游产业地区结构进行分析。九大旅游区有：京华古今风貌旅游区（包括北京、天津、河北）；白山黑水北国风光旅游区（包括吉林、辽宁、黑龙江）；丝路寻踪民族风情旅游区（包括新疆、内蒙古、甘肃、宁夏）；华夏文明访古旅游区（包括陕西、山西、河南、山东）；西南奇山秀水民族风情旅游区（包括四川、重庆、云南、贵州、广西）；荆楚文化湖山景观旅游区（包括湖北、湖南、江西）；吴越文化江南故乡风光旅游区（包括江苏、安徽、上海、浙江）；岭南文化热带—亚热带旅游区（包括广东、福建、海南）；世界屋脊猎奇探险旅游区（包括青海和西藏）。

根据旅游产业的区域产业，可以将九大旅游区划分为以下三类：

(1)三大支柱产业结构均衡、协调发展的旅游区。包括华夏文明访古旅游区、吴越文化江南故乡风光旅游区、岭南文化热带—亚热带旅游区。这类旅游区内旅行社业的发展规模较大，在旅游饭店的数量、营业收入、上缴的利税各项指标的排名上居于前列，交通类型齐全。三大支柱产业均能适应旅游产业发展的要求，比例协调，对该旅游区旅游产业发展的速度和水平有促进作用。

(2)三大支柱产业结构不均衡、比例轻度失调的旅游区。包括京华古今风貌旅游区、白山黑水北国风光旅游区、西南奇山秀水民族风情旅游区、荆楚文化湖山景观旅游区。旅游饭店与旅行社在经营管理和承载能力上的不均衡表现可分为两种情况：①旅游饭店业发展迅速，旅行社业明显滞后。如西南奇山秀水民族风情旅游区、荆楚文化湖山景观旅游区。这些旅游区旅游饭店各项指标均已具备了一定的能力，但旅行社的发展制约了这些旅游区旅游产业的整体水平以及旅游接待质量。②旅游饭店业发展相对滞后，旅行社业规模较大。如京华古今风貌旅游区、白山黑水北国风光旅游区。与旅行社相比，旅游饭店的各项指标排名落后，旅游区游客的容纳能力有限。

(3)三大支柱产业发展落后、旅游产业结构优势不明显的旅游区。以丝路寻踪民族风情旅游区、世界屋脊猎奇探险旅游区最为典型。这两个旅游区处于不发达的内陆以及高原地带，交通落后、人烟稀少、经济落后。其所拥有的星级饭店数目和通过年审的旅行社的数目较少。三大支柱产业起步晚、水平低、结构不合理。再加上教育水平和旅游从业人员的素质相对落后，使得这些旅游区的旅游接待能力和水平较低。

三、旅游产业的所有制结构

旅游产业所有制结构是指不同所有制的企业在旅游产业中所处的地位、作用和它们之间的相互关系。不同的旅游企业由于对资产的所有、占有和使用关系不同而形成了不同的所有制,它们在旅游产业中所处的地位、作用也不尽相同,从而形成了旅游产业的所有制结构。

在不同的国家,由于社会经济制度不同,旅游产业所有制结构也不同,即使在同一国的不同时期,旅游产业所有制结构也不完全相同。旅游产业所有制结构必须同国民经济所有制结构相适应,同各时期国家经济政策相适应,同旅游产业发展要求相适应。

我国旅游产业的所有制结构是由我国的生产力水平和旅游产业的客观状况决定的。众所周知,我国旅游产业发展之初的障碍主要是资金问题,要在短时间内形成较大的旅游产业规模,单纯依靠国家的投资是不行的,只有实行投资主体多元化的政策,即实行国家、地方、部门、集体和个人一起上的方针,才能加快旅游产业的发展,产生较大的社会经济效益。

目前,我国旅游产业的所有制形式有全民所有制企业、集体所有制企业、外商投资企业(包括中外合资经营企业、中外合作经营企业和外商独资企业)及私营企业等(见表 9—2)。我国现阶段的旅游产业所有制结构是以全民所有制的国有经济和集体所有制的合作经济为基础、多元化所有制形式并存与相互渗透的结构。这种所有制结构主要包括以下三个方面:

第一,多种所有制形式共同发展。我国旅游产业所有制形式包括国有经济、集体经济、私营经济、个体经济和外商投资经济等多种形式。从 1978 年开始,在我国国有旅游产业迅速发展的同时,集体旅游产业和个体旅游产业也得到明显的发展,并出现了一定数量的中外合资企业,形成了多种所有制形式的共同发展新阶段。

第二,国有旅游产业属于主体地位。现阶段我国旅游产业的发展,需要多种经济所有制形式并存的格局,这是旅游产业发展的内在要求。同时,在这种格局中,国有旅游产业应居于主体地位。因为我国现有的旅游产业体系的建立是以国际旅游产业为主体的,是一种涉外经济。保持国有旅游产业的主体地位,为保证国家旅游外汇收入的持续增长,促进对外经济关系的发展提供了必要的经济基础。同时,保持国有旅游产业主体地位,对于控制全国旅游产业活动正常发展,也具有重要意义。

第三,各种旅游产业所有制形式相互交融。我国旅游产业所有制结构应逐步向各种所有制形式相互交融的方向发展,这是旅游产业发展的战略方向。旅游产业经营者之间存在着内在的经济联系,根据这种经济联系,必须在打破地区和部门分割的同时，跨越不同的所有制界限，形成各种所有制形式的相互交融。通过企业联合、地区联合形成混合所有制的新型旅游产业形式，为实现企业间的横向经济联系，为确保经营要素的自由流动和优化组合创造条件。

表 9—2　2011 年度全国星级饭店所有制基本情况表

单位：家

<table>
<tr><th colspan="2">所有制类型</th><th>数量</th><th colspan="2">所有制类型</th><th>数量</th></tr>
<tr><td rowspan="12">内资</td><td>国有</td><td>3647</td><td rowspan="5">港、澳、台商投资</td><td>与港、澳、台商合资经营</td><td>133</td></tr>
<tr><td>集体</td><td>475</td><td>与港、澳、台商合作经营</td><td>32</td></tr>
<tr><td>股份合作</td><td>250</td><td>港、澳、台商独资</td><td>78</td></tr>
<tr><td>国有联营</td><td>10</td><td rowspan="2">港、澳、台商投资股份有限公司</td><td rowspan="2">23</td></tr>
<tr><td>集体联营</td><td>20</td></tr>
<tr><td>国有与集体联营</td><td>10</td><td rowspan="4">外商投资</td><td>中外合资经营</td><td>108</td></tr>
<tr><td>其他联营</td><td>6</td><td>中外合作经营</td><td>29</td></tr>
<tr><td>国有独资公司</td><td>373</td><td>外资企业</td><td>71</td></tr>
<tr><td>其他有限责任公司</td><td>289</td><td>外商投资股份有限公司</td><td>18</td></tr>
<tr><td>股份有限公司</td><td>602</td><td rowspan="3">内资</td><td>私营有限责任公司</td><td>1637</td></tr>
<tr><td>私营独资</td><td>1622</td><td>私营股份有限公司</td><td>203</td></tr>
<tr><td>私营合伙</td><td>349</td><td>其他</td><td>279</td></tr>
</table>

资料来源：2011 年度全国星级饭店统计公报.

四、旅游产业的组织结构

旅游产业的组织结构是旅游生产经营规模和经营组织的构造，它包括旅游企业规模结构和旅游企业组织结构两个方面。旅游企业规模指的是旅游企业生产或经营的规模，是旅游企业劳动力、固定资本集中程度的综合反映。旅游企业规模结构是指同类旅游企业的大、中、小型企业构成的数量比例以及它们之间的联系。旅游企业组织不是指旅游企业内部的组织形态，而是指以旅游企业为单位的旅游产业组织的网络化形态。旅游企业组织结构是指不同的旅游企业之间的结合方式和组织状况。

旅游产业组织结构的形成，一方面取决于旅游需求的基本特性的要求，另一方面取决于一个国家的社会经济特点以及经济体制的要求。它表现出与物质部门不同的特点。

1.旅游企业布局的分散化

旅游企业主要为旅游者的旅游活动提供各种劳务。旅游需求的地域指向性特征决定着旅游活动基本上是围绕着旅游资源分布状况进行的。旅游资源地域分布的分散性,必然决定着旅游企业布局的分散化趋势,这种现象与工业企业布局形成强烈的反差:因为工业生产受规模经济和集中经济的影响,工厂区位是相对集中的,形成工业企业布局中的集聚现象。旅游企业布局的分散化是旅游需求特点的必然反映,旅游需求是以移动为形式而形成的,随着旅游者的移动,旅游需求的实现要求移动过程中各个点、各个地区都应设立各种旅游企业,提供能充分满足旅游者旅游需求的各种服务。旅游企业也只有通过旅游需要,才能获得较多的经济效益。

2.旅游企业规模的小型化

促使旅游企业规模小型化的主要因素在于旅游需求的基本特征。旅游需求有两个重要特征:一是旅游需求的波动性。旅游需求既受自然条件影响形成需求的季节性,又受社会条件影响形成需求的周期性。需求的季节性会使旅游需求在全年各个季节,甚至在各个月份,具有需求规模和需求数量的较大波动。在这种波动中,大型旅游企业很难适应旅游经营的经济要求。二是旅游需求的多样性。旅游需求的多样性既表现为需求类型的多样性,也表现为需求结构和需求等级的多样性,与旅游需求的多样性相适应,小型旅游企业以合理选择总体需求中的某一个等级、类型的需求进行有针对性的服务。

3.旅游企业组织的集团化

旅游企业布局趋向分散化和旅游企业规模趋向小型化,在一定程度上是难以形成一定的规模经济的,并且对于旅游企业的进一步发展、竞争能力的提高、对外促销能力的加强都具有一定的经济阻碍。为此,旅游经济的客观发展,既要求旅游企业分散化和小型化,又要求有一定的规模经济,形成了旅游企业组织的集团化趋向。旅游企业组织的集团化既有同行业旅游企业组织的集团化,也有跨行业旅游企业组织的集团化,既有同地区的旅游企业组织的集团化,也有跨地区,甚至跨国界的旅游企业组织的集团化。旅游企业组织的集团化趋向客观上反映了旅游规模经济的内在要求。

4.旅游企业配套有序化

旅游企业要有效地发挥旅游经济总体功能,必然要求旅游企业之间配套的有序化。在旅游一体化和旅游生产社会化条件下,承担旅游劳务生产的各个经济单位之间,必然存在相互依存关系,存在程度不同的经济联系。这种经济联系既有内部之间的,也有外部之间的。不管其联系形式如何,社会上各个旅游企业都应在充分满足旅游者旅游需要的条件下,相互地按照有序原则进行排列和配置,如果各个旅游企业不能按照有序原则进行排列和配置,就不能全部实现旅游者的旅游需求,也不能充分地满足旅游者的旅游需要,最终导致旅游经济整体效益的下降。

第四节 旅游产业发展模式

在旅游产业的发展进程中，由于政治、经济、文化等方面的不同，每一个地区的旅游产业都有着不同的发展途径，从而形成了不同的发展模式。这些发展模式不论是成熟的还是不成熟的，不论是成功的还是不成功的，都对其他地区的旅游产业发展具有重要的参考价值和理论意义。

一、旅游产业发展模式的概念

旅游产业发展模式是指一个国家或地区在某一特定时期其旅游产业发展的总体方式，它是对某一类型的旅游经济系统所作的理论概括和理论抽象。

不同的国家和地区，由于国情或地区情况不同，其经济发展模式可能完全不同，决定和影响旅游产业发展模式的主要因素是：

1.社会经济发展水平

社会经济发展水平高，科技发达，一方面使得社会基础设施和公共设施比较完善，另一方面又促成了居民收入水平的提高，两者为旅游产业的发展奠定了坚实的基础，从而使旅游产业的发展成为社会经济发展的必然结果。反之，在经济不够发达的国家或地区，由于上述两方面的条件都不具备，其旅游产业的发展方式也必然与前者有所不同。

2.社会经济制度和经济发展模式

从社会经济制度来看，目前世界上主要有两大类型：一是社会主义经济制度，二是资本主义经济制度。不同的经济制度，其经济发展的根本目的不同，它对旅游产业发展模式会产生重大影响。从经济发展模式来说，目前世界上大多数国家实行的是市场经济模式。在市场经济模式中，有资本主义市场经济模式和社会主义市场经济模式两大类。当它们分别与资本主义制度和社会主义制度结合时，构成社会经济主体的所有制形式也不同，前者以私有制为基础，后者则以公有制为主体，它们对旅游产业的发展模式也会产生重要影响。

3.旅游产业形成时期和发展阶段

如果旅游产业形成时期早，其发展就具有较好的基础，它同旅游产业形成时期晚、基础薄弱的情况截然不同。这种情况的不同也会对其产业发展模式产生影响。例如，欧美一些国家的旅游产业早在19世纪后半叶便已形成，它们的发展模式同旅游产业始于20世纪下半叶的大多数发展中国家肯定是不同的。

二、旅游产业发展模式的类型

旅游产业的发展模式从不同角度可以划分为不同类型。综观世界各国旅游产业发展的历史和现实,旅游产业的发展模式主要分为以下几种类型。

1. 根据旅游产业与国民经济的总体关系划分

从旅游产业的发展同国民经济发展的总体关系来看,旅游产业有超前型和滞后型两种发展模式。

(1)超前型旅游产业发展模式。超前型旅游产业发展模式是指旅游产业的发展超越了国民经济总体发展的一定阶段,而通过发展旅游产业来带动和促进经济中与其相关的产业或地区发展的一种发展模式。

超前型旅游产业发展模式多发生在经济不够发达的发展中国家,它们依靠所拥有的旅游资源优势,在政府的支持下发展入境旅游,以获取国家经济建设所需要的外汇。采取这种模式必须具备以下几个条件:一是拥有足以吸引旅游者的旅游资源,是采用这种方式的内部条件。二是在境外存在对其旅游资源的相应需求,是采取这种模式的外部条件。三是政府在包括吸引境外资金投入在内的各项政策上的支持和必要的启动资金投入,是采取这种模式的必要保障。

(2)滞后型旅游产业发展模式。滞后型旅游产业发展模式又称为自然型发展模式,它是在国民经济发展到一定阶段后,旅游产业便顺其自然地形成和发展起来的一种发展模式。这种发展模式多发生在经济发达的国家,如西欧、北美的一些国家在 19 世纪后半叶,它们的旅游产业便已形成和发展起来。因为在这些国家,在产业革命之后,其经济得到了迅速的发展,随着经济的发展,人们的收入水平和闲暇时间不断改善,一方面是居民中产生了对旅游的需求,另一方面社会也具备了适应这种需要的条件,所以,这些国家旅游产业的形成和发展是其经济发展的必然结果。

2. 依据旅游产业的演进进程划分

从旅游产业发展的演进进程来看,旅游产业可以分为延伸型和推进型两种发展模式。

(1)延伸型旅游产业发展模式。延伸型旅游产业发展模式是指旅游产业的发展首先以国内旅游的发展为基础,在国内旅游发展所形成的基础上再发展入境旅游,并随着国民出游能力的发展而发展本国国民出境旅游,最终形成国内旅游、入境旅游和出境旅游全方位发展的模式。

这种发展模式的特点有:一是入境旅游和出境旅游是国内旅游发展的延伸,即旅游产业的发展由境内延伸到境外。二是三种旅游类型的发展都是在国家经济发展的基础上自然形成的。

延伸型发展模式可以充分利用成熟的基础设施，专门为发展旅游经济而进行的投资少，旅游产业投入产出率较好。延伸型旅游产业发展模式使得本国企业在国际化经营中更具有产业扩张的比较优势，能够在国际竞争中获得较好的竞争优势，获得更多的市场份额，并且能够通过对外投资的方式实施“黑字回流”，减少国内财富的纯外流。

(2)推进型旅游产业发展模式。推进型旅游产业发展模式是指先以发展入境旅游为主，在入境旅游发展形成产业基础的条件下，伴随着国民经济的发展逐步发展国内旅游，最终实现入境旅游、国内旅游和出境旅游的全面发展模式。

这种模式的特点有：一是国内旅游和出境旅游的发展是在入境旅游发展的基础上逐步推进的。二是整个旅游产业的发展虽然主要以社会经济的发展为基础，但政府在其中也起着不可替代的作用。

推进型旅游产业发展模式可以为国家的经济建设获取外汇，使它成为经济腾飞的突破口，但由于发展旅游的基础条件较差，因此需要为此进行专门投资，而且由于本国经济发展程度较低，往往需要从外国进口相应的设施和人力资源，从而降低了旅游产业的投入产出率。

3.依据旅游产业成长的协调机制划分

从旅游产业发展的协调机制来看，旅游产业发展有政府主导型和市场主导型两种模式。

(1)政府主导型旅游产业发展模式。政府主导型旅游产业发展模式是以政府规划或者通过制定产业政策来干预旅游产业的成长与演进的一种模式。这种模式虽然也有市场调节，但是往往侧重于通过规划或制定旅游产业政策来规定各个时期的发展战略、目标以及实现这些战略和目标的途径、政策，从而达到整体推进旅游经济发展的目的。

这种模式的主要特点有：一是旅游产业的发展主要由政府来有计划地推动。二是同政府的宏观调控相比，市场对旅游产业发展的调节作用处于辅助地位。三是国家产业政策对旅游产业发展的影响主要侧重于旅游供给。

(2)市场主导型旅游产业发展模式。市场主导型旅游产业发展模式是指主要依靠市场机制即以竞争为主要动力来推动旅游产业成长与演变的一种模式。在这种发展模式中，政府一般不对旅游产业的成长施加直接的影响，而主要由市场这只“看不见的手”自动调节旅游产业资源配置，调节旅游产业的成长过程和变动趋势。

这种发展模式的特点有：一是旅游产业的发展主要依靠市场来推动，由市场自发地调节。二是政府的作用是间接的，主要是通过一定的市场参数来实现调节。三是国家产业政策对旅游产业发展的影响主要侧重于市场需求。

三、旅游产业发展模式的个案分析

在世界各国的旅游产业发展中，由于社会制度、政治体制、经济发达程度、地理位置、文化背景及旅游资源条件等方面的差异，形成了多样化的发展模式。分析旅游产业发展的个案可以为我国旅游产业发展提供借鉴。

1. 美国模式

美国模式是以美国为代表的经济发达、旅游产业也发达的旅游发展模式。属于美国模式的国家包括美国、英国、加拿大、法国、德国、比利时、荷兰、挪威、日本等国。这些国家一般人均国民生产总值在5000美元以上，服务业在国民经济中的比重一般占50%以上，旅游收入相当于商品出口总收入的比重在10%左右。

美国模式的主要特点是：

(1)旅游产业发达程度与国民经济发达程度基本同步。大多数发达国家的旅游产业都经历了由国内旅游到近程邻国旅游，再到远程国际旅游的常规发展过程。它们的国内旅游与国际旅游都发展到了成熟阶段，国内旅游是整个旅游产业的基础，这些国家既是主要的客源国，又是主要的接待国。

(2)旅游管理体制以半官方旅游机构为主，而管理职责主要是从事海外促销、国际交往和政策协调，旅游行政管理比较松散，不直接从事或干预旅游企业的经营。

(3)发展旅游产业是以稳定经济、提高国家声誉为主要目标，这些国家更重视旅游产业在政治文化方面的意义，更注重国家旅游产业发展的总体规划，提倡消除旅行障碍等措施。

(4)旅游产业经营以大企业为主导，小企业为基础，行业组织发挥着重要作用。旅游企业几乎全部是私营的。在发展旅游产业过程中，完全依据市场需求的变化，通过市场机制发展或调节旅游企业的规模与结构。

2. 西班牙模式

西班牙模式是以西班牙为代表的经济中等发达而旅游产业特别发达的国家的旅游发展模式。属于这一模式的国家有葡萄牙、希腊、意大利、埃及、墨西哥、新加坡等国家。这些国家的地理位置较优越，与主要旅游客源国相毗邻，旅游资源丰富而独特。人均国民生产总值一般在1000美元以上，服务业在国民经济中的比重在50%以上。

西班牙模式的主要特点是：

(1)把旅游产业作为国民经济的支柱产业。这些国家的政府非常重视旅游产业，国内和国际旅游总收入一般相当于国民生产总值的5%～10%。

(2)旅游产业发展速度快。在这些国家中，大多数国家的旅游产业都是20世纪60年代起步，70年代以来持续高速发展，无论在国际旅游者接待人次上还是国际旅游收入上，其发展速度都高于世界旅游平均增长速度。

(3)以邻国大众市场为目标。由于这些国家旅游资源丰富独特，而且又多靠近主要客源国，交通条件便利，因此，这些国家的旅游业务多以邻国的大众旅游市场为主要目标，并在出入境、外汇管理与税收方面限制较少；且旅游管理机制逐步完善，在产业政策中发展旅游产业成为国家的主导政策之一。另外，旅游经营意识已成为普遍的国民意识。

3. 印度模式

印度模式是以印度为代表的发展中国家(包括一些经济欠发达国家)的旅游发展模式。这些发展中国家的经济相对落后，人均国民生产总值在500美元以下，有些经济欠发达国家则不足350美元，农业仍是国民经济的主体，工业与服务业均处于较低水平。这些国家包括巴基斯坦、斯里兰卡、尼泊尔、孟加拉、肯尼亚、不丹等。

印度模式的主要特点是：

(1)有独特的旅游资源，但由于国家经济落后、资金短缺、设施设备不足和人才缺乏等因素制约，旅游资源的潜力难以充分发挥出来。这些国家一般均采取国际旅游超前发展的政策。即经历了先国际旅游，后国内旅游、出境旅游的非常规发展过程。它们开始只是致力于接待外国游客，而对国内旅游和本国居民出境旅游不予重视和鼓励。发展旅游产业的主要目的是：利用本国旅游资源吸引外国游客，赚取外汇，弥补贸易逆差，带动本国经济的发展。

(2)旅游管理体制不完善。这些国家虽设立了不同的旅游管理机构，但由于对旅游产业的认识不一致，旅游产业的发展往往得不到各有关部门的重视与支持。

(3)随着本国经济的发展，在大力吸引入境游客的同时，已注意到发展和促进国内旅游及本国公民的出境旅游，而国内旅游的发展又进一步促进了国际旅游，使整个旅游产业获得协调发展。即在现代旅游需求不断变化的情况下，一旦入境游客来源受到影响，为了不使旅游经济效益受到严重损失，同时积极发展国内旅游对旅游产业的持续、正常发展是必要的。

(4)国家基本采用的是国有企业与私营企业并举的发展机制。这些国家为了发展旅游产业，由国家成立了专门的旅游开发公司，从事旅游资源开发和旅游设施投资、建设与运营，由于其旅游产业规模小、范围窄，这些国有公司在一定程度上具有垄断地位。但随着旅游产业的逐步发展，这些国家政府开始相应放宽限制，取消了垄断，使国营和私营旅游企业处于平等的地位。

4. 巴哈马模式

采用巴哈马模式的这类国家一般面积小、人口少、经济资源有限，而旅游资源得天独厚，如具有独特的岛国风情、海洋风光、野生动植物和宗教活动等优势。有些国家在历史上曾是西方某个国家的殖民地，或处于国际交通的要道，或靠近主要客源国。属于这一模式的国家有加勒比海诸国、南太平洋若干岛国、塞舌尔、马耳他、巴哈马、马尔代夫、塞浦路斯、贝宁、利比亚等。

巴哈马模式的主要特点是：

(1)国际旅游产业是国民经济的支柱产业，是外汇收入的主要来源和最主要的就业部门，通过发展旅游产业带动了各个相关行业的发展。在这些国家，旅游收入一般占国家外汇收入的20%以上，塞舌尔的旅游外汇收入占国家外汇收入的比例高达70%。

(2)旅游行政管理机构地位高，权限较大。由于旅游产业在国民经济中的重要地位，这些国家的旅游行政管理机构在政府中的地位一般较高，多由政府首脑或要员直接管辖。旅游管理机构的重点工作是颁布旅游法令、制定发展规划和对外促销等。虽有一些旅游组织经营主要旅游设施，但外国公司在旅游经营中发挥着重要的作用。

(3)漏损严重。由于这些国家地域小，人才缺乏，其旅游设施建设以利用大批外资、引进外国管理为主，旅游产业主要靠外国企业来经营。不但在政治上受到控制，而且在经济上外汇收入严重漏损，使外国投资者获益巨大。

四、中国旅游产业发展模式

通过分析旅游产业发展模式以及个案，结合我国旅游业的发展现状和基本国情，我国旅游产业发展模式应选择在政府主导下的适度超前的、推进型发展模式。其原因在于：

第一，我国旅游产业发展模式应实施政府主导型发展模式。由于我国属于发展中国家，虽然建立了社会主义市场经济体制，但市场机制还不健全。因此，政府宏观调控的程度比较高，以此来弥补市场缺陷，从而加速市场的发育和成熟。由此我国要实施政府主导型旅游产业发展模式。

第二，我国旅游产业发展模式应采取适度超前型发展模式。适度超前型旅游产业发展模式的基本含义包括两个方面：首先是发展速度、发展水平和人才培养超前。其次是适度，在发展速度上要略快于国民经济及工农业的发展，但必须与旅游业密切相关的产业，如要与民航、铁路等产业的发展相协调，不能盲目超前。我国采取适度超前型旅游产业发展模式的主要原因：一是国家建设和经济发展的需要，二是我国旅游业发展的需要。

第三，我国旅游产业发展模式应采用推进型发展模式。中国社会经济情况和人们消费水平决定了我国旅游业发展只能采取推进型旅游产业发展模式，即由国际旅游向国内旅游推进的发展模式。由于我国经济发展水平同发达国家比较相对滞后，居民生活水平相对较低，国内旅游还未形成大量的需求。为了获取经济建设所需要的外汇和促进与旅游相关产业的发展，我国在改革开放初期，政府主要发展入境旅游，不提倡、不鼓励发展国内旅游。在国际入境旅游的影响和带动下，一部分收入水平较高的居民率先产生了国内旅游的需求，随着经济发展水平的提高，国内旅游的进一步发展，20 世纪 90 年代以来，我国人民生活水平不断提高，出境旅游逐步产生，现已形成入境旅游、国内旅游和出境旅游三大市场，并且获得了显著发展。

第四，我国旅游业发展的实践也证明了选择在政府主导下的适度超前的、推进型发展模式的正确性。改革开放以前我国国内旅游需求很弱，而境外旅游需求却十分旺盛，这就促成我国旅游经济的发展自然以国际旅游业的发展为基础。随着改革开放的深入，国民经济的快速发展，人民生活水平的不断提高，国内旅游需求也开始兴旺起来。到目前，国内旅游的经济贡献率已达我国旅游经济产值的 70%，成为我国旅游经济发展的主要推动力。所以，我国旅游经济的发展便在政府的主导下走上了超前的、推进型发展道路。

总之，我国旅游产业发展模式属于在政府主导下的超前的、推进型发展模式，这是由我国的社会经济制度、国内外环境等因素共同决定的，具有客观的必然性。

第五节　旅游产业发展趋势

尽管各个国家由于其政治、经济、文化、生活方式等不同，但随着世界旅游业的快速发展，呈现一些新的、共同的发展趋势。本节将讨论旅游产业的发展趋势。

一、世界旅游产业发展趋势

旅游业是世界上最大的产业。近年来，随着世界经济的迅速发展和一体化发展，世界旅游产业出现许多新的变化、新格局。

1. 世界旅游产业持续快速发展

第二次世界大战以后，旅游产业迅速发展成为一个新兴的产业；进入 20 世纪 60 年代后，世界旅游产业平均以年 10% 的速度增长。据世界旅游组织统计，1950 年全世界国际旅游人数约 2528 万人，国际旅游收入约 21 亿美元；1979 年，世界旅游人数已达 2.7 亿人，旅游收入约 790 亿美元；2007 年，全球旅游收入已达 8000 亿美元，国际跨境旅游人数达到了 9 亿人次。五十多年来，国际旅游人数增长超过三十倍，国际旅游收入增长超过三百倍。经过五十几年的发展，旅游产业的产业规模和经济地位已十分显赫，正在成为世界经济特别是发展中国家和地区经济最富活力的增长点。据世界旅游组织预测，到 2020 年，国际旅游人数预计将达到 16 亿人次，国际旅游收入预讨将达到 20000 亿美元，国际旅游人数和消费年均增长率分别为 4.35% 和 6.7%。到 2020 年，国内旅游和国际旅游人数比例将保持在 10∶1，消费比例将保持 3∶1 或 4∶1 的水平。而且据世界旅游组织预测，到 2020 年，中国将成为世界第一大旅游目的地国家和第四大客源输出国。2003～2007 年近五年世界国际旅游收入和国际旅游收入人数变化如表 9－3 和表 9－4 所示。

表 9－3 2003～2007 年世界国际旅游收入变化情况

年份	国际旅游收入(亿美元)	增长率(%)
2003	5140	
2004	6220	21.0
2005	6977	12.2
2006	7350	5.3
2007	8000	8.8

表 9－4 2003～2007 年世界国际旅游人数变化情况

年份	国际旅游收入(亿美元)	增长率(%)
2003	694	
2004	766	10.4
2005	808	5.5
2006	842	4.2
2007	898	6.7

资料来源：中国经济网. 2003～2007 中国旅游发展：分析与预测.

2. 国际旅游地区的重心将向东转移

在世界旅游组织全球六个旅游区划分的基础上，进一步把全球划分为五个旅游区，即欧洲地区、美洲地区、非洲地区、亚太地区、中东地区。由于现代旅游产业是在欧美发源的，北美及西欧国家发达的经济、便捷的交通、不断简化的入境手续，使欧美地区无论在入境旅游还是出境旅游方面，长期以来都高居世界榜首。近年来，在地区发展情况比较上，欧美的份额在下降，亚太地区的份额在增长，全球旅游经济重心正从大西洋地区向太平洋地区转移，东亚太地区在世界旅游产业中地位的大幅度提升，得益于本地区各国都普遍重视旅游产业的发展，其中尤以中国旅游产业的崛起贡献最大。正因为如此，在 1997 年 10 月于土耳其伊斯坦布尔举行的世界旅游组织第 12 次全体会议上，世界旅游组织预测：到 2020 年，中国将成为世界上第一大旅游接待国和第四大旅游客源国。五大旅游区近些年所占市场份额变化情况见表 9－5。

表 9－5　国际五大旅游区 2004～2007 年占世界旅游市场份额情况

旅游区	旅游人数（百万次）	比率（%）	旅游人数（百万次）	比率（%）	旅游人数（百万次）	比率（%）	旅游人数（百万次）	比率（%）
	2004 年		2005 年		2006 年		2007 年	
全世界	766	100	808	100	842	100	898	100
欧洲地区	426	55.6	444	55.0	456	54.2	475	52.9
美洲地区	126	16.4	133	16.5	136	16.2	142	15.8
非洲地区	33.3	4.3	36.7	4.5	41	4.9	44	4.9
中东地区	35.9	4.7	38.4	4.8	41	4.9	46	5.1
亚太地区	145	18.9	156	19.3	167	19.8	184	20.5

资料来源：光明日报，2008－02－01.

3. 国际旅游客源市场趋向分散化

长期以来，国际旅游的主要客源市场在地区结构上一直以西欧、北欧和北美为主。这三个地区作为现代国际旅游的发源地，其出国旅游人数几乎占国际旅游总人数的四分之三左右。目前世界上最重要的旅游客源国中，除亚洲的日本、大洋洲的澳大利亚外，其余大都集中在上述三个地区，其中仅德国和美国两个国家，就占国际旅游消费总支出的三分之一以上。国际旅游客源市场在地区分布上畸形集中的局面，同样也面临着严重的挑战，特别是当代世界经济正在迅速分化和重新改组，初步形成了北美、西欧、日本、独立国家联合体、东欧和第三世界六大经济力量相抗衡的态势，直接影响各地区国际旅游客源的发生、发展、消长和转移，从而导致客源市场分布格局由目前的集中逐渐走向分散。到 21 世纪初，亚洲、非洲和拉丁美洲的一些脱颖而出的新兴工业国，随着人均国民收入的增加，可能逐渐取代传统的旅游客源国，而成为国际旅游的主体市场。中国目前私人出境旅游人数较少，但增长速度较快。2011 年中国出境旅游人数达 7025 万人次。出境旅游正在逐渐形成规模。

4. 国际旅游方式趋向多元化发展

从近年来国际旅游产业发展的特点看，随着世界各国经济的发展与生活水平的提高，众多旅游者越来越不满足多年一贯制的观光旅游，而希望能够在旅游中结合自己的兴趣爱好，进行积极的探索、参与和休息，人们将更加重视精神疲劳的消除，这样就要求旅游企业推出丰富多彩的旅游产品。那些单纯游山玩水的消遣观光，将逐渐为多样化的旅游方式和项目所取代。国际上传统的旅游方式分为四种，即娱乐型、观光型、疗养型和商务型，大多数旅游活动更多的是各种方式特征兼而有之。一个国家或地区的旅游方式是由其资源条件、地理位置、市场条件等多方面因素决定的。不同的旅游方式也有不同的产品、价格、市场对策等。同时旅游者也有不同的消费要求和消费特点。当今国际旅游消费动向的重大变化是消费由“目的”变为“手段”，人们消费是为了实现自我爱好，为了自由娱乐，表现丰富的感情等。传统的观光、娱乐等旅游方式已不能满足旅游者的需求。旅游方式向着个性化、多样化、文明化的方向发展，各种内容丰富、新颖独特的旅游方式和旅游项目将应运而生。

5. 中远程旅游市场渐趋兴旺

旅游距离的远近受限于时间和经济等因素的影响，在 20 世纪上半叶，人们大都只能借助于火车和汽车进行旅游活动。当时飞机速度既慢且票价昂贵，还很不安全。因此，那个时代的人一般只作短程旅游。中、远程旅游，特别是横渡大洋的国际旅游的兴起，是第二次世界大战后航空运输大发展的直接结果。目前，飞机的飞行速度越来越快，航空技术日新月异，世界正变得越来越小，距离在旅游限制因素中的作用日趋减弱，人们外出旅游将乘坐更快捷的飞机和高速火车。据专家预测，据国际航空协会估计，世界航空运输中，长途航运将成为主要手段，距离在 240 千米以上的长途客运量可能从目前占航空客运量 6%剧增至 40%。因此，随着更加快捷、安全、舒适、经济的新型航空客机投入运营，全球性大规模的中、远程旅游将成为可能。表 9－6 欧洲远程旅游客源市场来华旅游者人数变化情况，说明了远程旅游客源市场的变化情况。

表 9－6 2004～2007 年欧洲旅游者入境旅游人数变化情况表

年份	来华旅游人数（人）	增长率（%）
2004	3775707	
2005	4784936	26.7
2006	5271842	10.3
2007	6207287	17.7

资料来源：中国旅游网. 旅游统计.

6. 国际旅游对旅游安全更为重视

世界局势的缓和，使避免爆发全球性毁灭战争成为可能，但世界上局部战争和冲突时有发生。民族冲突、宗教冲突、国际恐怖主义将随时对国际旅游产业的发展形成局部威胁。在具备闲暇时间和支付能力的条件下，唯一能使旅游者放弃旅游计划的因素就是对安全的顾虑。旅游者考虑的安全因素主要有:局部战争和冲突,恐怖主义活动,旅游目的地政局不稳定,传染性疾病流行,恶性交通事故的发生,社会治安状况恶化等。旅游者只有对各方面的安全因素确定无疑后才会启程。因此,各旅游接待国或地区都越来越重视安全因素对市场营销的影响,力求从每一个环节把好安全关。针对一些不可预测的不安全因素为游客预先代办保险,这样做一方面可以减轻游客的后顾之忧,另一方面一旦事故发生,可以将其对市场的冲击力减少到最低程度。

二、中国旅游产业发展趋势

近年来,中国旅游产业的发展受到社会各界的高度重视,旅游产业作为国民经济战略性的支柱产业得到中央和地方政府的大力支持,成为"十二五"期间重点发展的产业之一。人们预期,未来5～10年将是中国旅游产业发展的黄金时期,并出现新的发展趋势。

1. 旅游产业转型

20世纪90年代以来,中国旅游发展的外部经济环境发生巨变,同时,经过三十多年的发展,旅游产业规模逐渐扩大,产业内部机能也开始发生变化。在这种条件下,中国旅游产业进入了一个转型期。主要表现在以下方面:

(1)从比较单一的观光型旅游产业转向复合型旅游产业。旅游是包含四类产品内容的复合型产业,第一观光,第二商务旅游,第三度假旅游,第四特种旅游。这四类产品聚在一起构成一个完整的旅游产业体系,一个重要的发展战略转向,即如何从单一转向复合,尤其是在一些观光旅游资源并不具有非常强的竞争力的地区。如果不能完成这个转型,实际上就意味着竞争力在下降,即使是观光资源非常好的地区也涉及转型问题。北京市的"旅游发展战略研究"明确提出,北京的观光景区不能再继续以以前的方式开发,尤其是远郊区县。从中国旅游产业现在取得的成就来看,旅游成在观光;从未来发展来看,旅游很可能败也在观光。所以如果不完成转型,就意味着中国这个旅游目的地的竞争力势必会下降。因此,第一个转型即在于从比较单一的观光型旅游产业转向复合型旅游产业。

(2)从传统服务业转向现代服务业。在世界贸易组织的分类中,旅游产业划分在传统服务业,中国多年以来将旅游产业定义为新兴服务业。但是新兴未必是新型,新兴代表原先没有现在兴起,而新型则表明发展的形态是符合现代需求的。新型服务业应该是现代服务业,下一步旅游从传统服务业转向现代服务业的任务更加艰巨。例如,旅游是为生活服务的,但是如果从商务旅游的角度来认识,旅游也是为生产服务的,这是一个根本性认识的变化,意味着旅游要转向现代服务业,意味着整个产业需要升级换代。改革开放三十多年来,多数产业都完成了升级换代的过程,有些已经实现了几次升级换代。但是旅游产业基本上没有完成,甚至全行业都没有升级换代的意向，仍停留在对现状的满足状态。因此这将成为我们面对的一个最大的危机。如果一个行业没有危机意识，就说明这个行业不思进取。由于有不断增长的市场需求支撑着这个行业的发展，在传统的模式下可以维持生存的状态，所以旅游产业没有危机意识。但是现在市场情况在变化，旅游产业已经从高速增长期转向平稳发展期，仅想依靠持续增长的市场需求来支撑整个产业发展的前景已经改变，这就迫使旅游产业整个行业转型。

(3)从经济产业转向社会产业。在未来的发展中，旅游的社会功能越来越强，经济功能持续发挥。但是面对三个相对下降的局面，即使想达到原来的比重也是有难度的。旅游创汇占中国出口创汇比较高的年份达到了8%，如果按现在来说，中国一年出口5000亿元，5000亿元的8%是400亿元，比现在的340亿元已经下降了，只占到6%。再进一步的发展会如何都很难预测，前提是中国外贸爆炸性增长的局面不会长期持续，因为它违背规律，是一个阶段性发展的过程，在这个过程里需要研究的是这个产业总体转型的问题。产业的总体转型具体来说涉及旅游每个行业的转型，涉及每个企业的转型。很明确的是，由于市场的转型使旅游产业全面转型已经开始，在转型的过程中一方面大批的企业会被淘汰，一方面大批的企业会成长，无限的商机就是在转型过程中创造的。

2.旅游产业的融合化发展

产业融合是21世纪经济发展的显著特征，也是产业发展的重要趋势之一。旅游产业天生的开放性和强关联性，致使旅游产业与其他产业的融合已经成为旅游经济发展的重要趋势之一。《中国旅游集团发展报告(2010～2011)——产业融合与新业态发展》(以下简称《报告》)认为，在产业融合的大环境下，旅游产业融合化的趋势表现在三个方面：一是旅游产业内各要素不断衍生分化的新业态，如分时度假、换房度假、购物旅游等；二是与现代服务业等第三产业交叉融合形成的新业态，如商务旅游、会展旅游、医疗旅游等；三是与其他第一产业、第二产业进行融合渗透产生的新业态，如乡村旅游、森林旅游、工业旅游等。特别是“十一五”以来，在传统旅游产业态的基础上经过产业的发展、演变、融合和创新，新业态逐渐成为构建整个“大旅游产业”的新生力量和主力军。

近年来，国家旅游局明确提出促进产业融合、发展旅游产业，并在政策和资金上给予了非常大力度的支持。

自2005年起国家旅游局评选并公布了多批“全国农业旅游示范点”和“全国工业旅游示范点”。2010年，农业部和国家旅游局开展了全国休闲农业与乡村旅游示范县和全国休闲农业示范点创建活动，决定认定北京市怀柔区等32家单位为全国休闲农业与乡村旅游示范县，认定北京御林汤泉农庄等100家单位为全国休闲农业示范点。

2009年8月，文化部和国家旅游局联合发布《关于促进文化与旅游结合发展的指导意见》,鼓励文化和旅游结合发展。2010 年 7 月,国务院办公厅下发《贯彻落实国务院关于加快发展旅游产业的意见重点工作分工方案》的通知,明确指出要加大旅游企业的金融支持力度,积极鼓励符合条件的旅游企业在中小企业板和创业板上市融资。文化部和国家旅游局还组织专家评选出 35 台旅游演出项目进入《国家文化旅游重点项目名录——旅游演出类》第一批名录。

邮轮旅游也是我国政府十分重视的旅游产品新业态之一。继国家发改委《关于促进我国邮轮业发展的指导意见》出台以来,2009 年 3 月国务院常务会议审议通过《关于推进上海加快发展现代服务业和先进制造业、建设国际金融中心和国际航运中心的意见》时首次提出"促进和规范邮轮产业发展",各部委、地方政府一系列相关促进政策和发展措施也相继出台,为邮轮旅游发展创造了宽松的政策环境。

3.旅游产业的集群化发展

"集群"概念是由美国战略管理学家迈克尔·波特引入,用于对围绕某个(些)产业的企业在一定地理空间上集聚这种经济现象的描述,已经成为产业发展的趋势之一。旅游产业集群是指由旅游要素企业、关联企业以及辅助企业和相关机构,围绕优势旅游资源或区位条件优越的旅游目的地而形成的空间地域集聚体,它是旅游产业适应经济全球化和集群化发展的必然趋势。主要分为两种类型:一是资源型旅游产业集群,二是专业市场型旅游产业集群。

资源型旅游产业集群是以经营特定地域空间的旅游核心吸引物的企业为中心,以地接社、酒店、餐饮、交通运输公司为主体,以保险、银行等配套服务企业为辅的面向游客需求价值链的产业集群。在我国经济不发达地区的大型旅游景区往往形成这类旅游产业集群,如大九寨沟国际旅游区、张家界大旅游区等。

专业市场型旅游产业集群是以具有销售中介职能的大型旅行社企业集团为龙头,以众多中小旅行社企业(或特许经营加盟社)为主体,以相关旅游要素企业为依托而形成的旅游产业集群。以专业化市场为基础的旅游产业集群主要发生在我国经济发达的特大城市和东部地区。

除此之外,中国还出现了类似旅游产业集群的现象,如 2011 年中国首个旅游产业园——中国旅游产业园在天津滨海新区建立。2012 年中国首个国家旅游产业集聚区在南海西部成立。

4.旅游产业的生态化发展

生态化是旅游产业发展的重要趋势。旅游产业属于资源消耗相对较低、环境破坏相对较小的产业,是较为典型的环境友好型产业。旅游产业是资源—环境依托型产业,旅游产业的快速发展一方面对资源环境的可持续发展带来了潜在的威胁,另一方面对环境也提出了更高的要求,要求采取更切实际的措施保护自身赖以存在的旅游资源与环境,但仍存在不少的"非生态化"现象及一定的能源消耗和污染排放,对生态环境有一定的影响,为此,在 2009 年 12 月《国务院关于加快发展旅游产业的意见》中提出实施旅游节能节水减排工程。

1987 年，挪威首相布伦特兰夫人在世界环发委员会（WCED）上作了题为《我们共同的未来》的报告，明确指出了可持续发展的定义。进入 20 世纪 90 年代，随着人类社会对"可持续发展"这一主题的日益关注，各界开始重新审视旅游产业的发展历程及其产生的环境影响，1995 年的《可持续旅游发展宪章》和《可持续旅游发展行动计划》、1996 年的《关于旅游产业的 21 世纪议程》、1998 年的《桂林宣言》、1999 年的《关于旅游政策主张的声明》、2002 年的《魁北克声明》等，使旅游产业可持续发展更加为旅游产业界和业界外的有识人士所重视，提出了可持续旅游思想和旅游可持续发展战略。

目前，国内业界已在积极开展旅游循环经济、旅游产业生态化和低碳旅游的实践。例如，携程旅行网以"低碳出游，减排二氧化碳"为主题，推出了低碳旅游线路标准，并设计了首批 13 条低碳游线路。这也是中国旅游企业首次大规模推出低碳旅游线路。在四川九寨沟等旅游景区就禁止机动车进入而用统一的环保大巴和电瓶车作代步工具，以减少二氧化碳排放量。

5. 旅游产业集约化发展

在国家加快转变经济发展方式的大背景下，中国旅游产业放弃粗放式发展模式转向集约化发展模式，已经成为不可逆转的大趋势。旅游产业集约化是指为实现旅游产业的可持续发展，在旅游产业发展过程中各部门对所涉及的诸要素进行有效利用和合理配置，从而提高各要素的使用效率，获得最大综合效益的发展方式。综合效益是经济效益、社会效益以及生态效益相统一。也就是说，旅游产业集约化是旅游经济发展的运行方式，其目标是实现旅游产业的可持续发展，其手段是对旅游产业发展诸要素进行重组，在追求最小成本获得最大的投资回报中，强调经济效益、社会效益以及生态效益相统一，强调旅游产业发展的量与质的统一。

要实现旅游产业的集约化发展，旅游资源必须合理配置和有效利用；通过政府或社会对旅游产业经济主体及其行为进行规制；各旅游企业要进行技术创新，把新管理要素或要素组合引入企业管理系统以更有效地实现组织目标；还要保证通过制度创新提高对经济活动的激励水平及降低交易成本。

章尾案例

中国旅游产业园①

2011 年 4 月 29 日，中国旅游产业园揭牌暨旅游项目签约仪式在天津市滨海旅游区举行。中国旅游产业园是在中国旅游产业发展的黄金时期设立的首个国家级

①根据人民网，中国旅游产业园发展定位立足"四个面向"整理。

旅游产业园。它由国家旅游局与天津市人民政府共建，园区范围涵盖天津市滨海旅游区整个行政辖区。园区位于滨海新区北部生活片区，总规划面积99平方公里，未来将形成总长度81公里长的外海、内海与滨河旅游休闲岸线。

1.独特优势

中国旅游产业园的发展除拥有滨海旅游区自身的规划、定位、区位、产业优势外，还具有三个较大的独特优势：①紧邻京津两个国际大都市，既可以释放两者的旅游休闲需求，又可以对接两个大都市的时尚生活需求。②属于中国经济第三增长极天津滨海新区的重要组成部分，既可以挖掘滨海新区的政策、影响力等各方面优势，又可以通过探索有别于传统产业园的发展道路，对接滨海新区其他功能区因经济快速增长所释放出来的新兴服务需求。③目前发展虽处于起步阶段，但拥有临海、临港、临市等诸多优势，有利于形成强大的后发优势。

2.发展定位

中国旅游产业园发展定位立足“四个面向”：①面向消费需求，集聚旅游休闲度假新产品、新业态，建成新型国际旅游目的地。②面向旅游产业发展各类中间需求，建成旅游科技研发、旅游装备制造业研发展示交易、旅游要素交易等现代服务业基地。③面向各类企业需求，建成周边地区(重点是京津、环渤海和东北亚地区)的企业第二总部基地和旅游企业总部基地。④面向服务滨海新区及周边区域发展和创业就业人才的需求，提供生活居住服务，营造新办公新生活，建成新型城区和社区。其中，以面向消费定位为基础、面向旅游产业定位为方向、面向企业需求定位为保障、面向服务滨海新区及周边地区发展定位为延伸，形成综合性旅游产业园和新城区。

3.发展模式

中国旅游产业园将开创后工业化的新型园区模式，这种模式特点可以概括为“1、2、3、4、5”。“1”是创新后工业化园区建设模式，突出以消费为基础，以旅游业为品牌，以服务业为主体，以产业融合、要素集聚为特征。“2”是做两高产业，发展旅游高端产业和旅游产业高端。大力发展旅游新产品新业态、旅游科技、装备等高端产业，做旅游产业研发、孵化、设计、旅游产品及要素交易等产业高端。“3”是宜旅、宜业、宜居。建成新产品、新业态集聚的高端新型旅游目的地，建成国际时尚生活社区和新型旅游人才创业福地。“4”是生态、生活、生产、生意。以生态为环境，以生活消费为主体，以生产经营为支撑，以生意发展为方向。“5”是产业融合、空间耦合、资源整合、要素聚合、功能复合，形成复合型新园区。

4.产业选择

重点培育“生活性服务产业链和生产性旅游产业链”两大产业链，大力引进高端、高质、高新、高辐射力的项目。重点发展产业有：①旅游休闲度假业。主要包括主题公园、游艇、高尔夫、度假村、康体养生、海洋旅游、自驾旅游、体育健身、旅游地产等。②商业服务业。主要包括大型购物、主题酒店、温泉会所、特色餐饮、文化娱乐、金融保险、商业地产等。③旅游装备制造业。主要包括旅游产业前端的研发、孵化、设计及生产加工、展示交易等。④总部经济。主要包括企业第二总部和旅游企业总部。

案例分析　中国旅游产业园是我国首个旅游产业园区，建成后将成为中国旅游装备制造业的聚集地、滨海旅游度假的新高地、中国旅游产业融合发展的示范地。

中国旅游产业园选址天津市滨海旅游区，主要基于以下三个因素：

第一，国务院出台《关于加快发展旅游业的意见》，将旅游业定位为国民经济的战略性支柱产业和人民群众更加满意的现代服务业。旅游业被纳入国家战略体系，进入了一个全新的发展时期。

第二，滨海旅游区作为天津滨海新区九大功能区与十大战役重要组成部分和唯一以旅游产业为主导的功能区，可以借助滨海新区综合改革试验先行先试的政策优势，发挥先导产业的引领作用实现大发展。

第三，2009 年国家旅游局和天津市政府建立战略合作，提出在打造国家旅游目的地和集散地、推进滨海新区旅游综合改革试验、建设中国旅游产业园、加强旅游基础设施建设、拓展海外旅游宣传促销、加强旅游人才队伍建设、推动旅游体制机制创新等领域开展全面合作。中国旅游产业园建设是双方战略合作深化的具体体现、重点和载体。

预计到 2015 年，中国旅游产业园将实现总投资额 1000 亿元，年产值达 100 亿元，实现旅游总收入 50 亿元；到 2020 年可基本建成，总投资额达 3000 亿元，园区年产值 500 亿元，实现旅游总收入 200 亿元。

思考题

1. 什么是旅游产业？简述旅游产业的经济特征。
2. 简述旅游产业的经济地位。
3. 什么是旅游产业结构？简述我国旅游产业所有制结构。
4. 简述各国旅游产业发展模式。
5. 简述世界旅游产业发展趋势。

参考文献

[1]曹国新.解析中国旅游商品的市场失灵[J].经济经纬,2005(2).

[2]楚义芳.旅游的空间经济分析[M].西安:陕西人民出版社,1992.

[3]段玉.由需求价格弹性确定的旅游景点门票定价研究[J].消费导刊,2009(3).

[4]冯霞敏.旅游学概论[M].北京:科学出版社,2007.

[5]高鸿业.西方经济学[M].北京:中国人民大学出版社,2008.

[6]郭鲁芳.旅游经济学[M].杭州:浙江大学出版社,2005.

[7]韩云.旅游经济学导论[M].天津:南开大学出版社,2010.

[8]何伟俊.产品五层次结构理论新解——双向动态的产品概念[J].暨南学报(哲学社会科学版),2001(3).

[9]河金.公共资源和私有权利在旅游产业中的规范利用(上)[N].中国旅游报,2011(11).

[10]洪帅.旅游学概论[M].上海:上海交通大学出版社,2010.

[11]李君轶,马耀峰,杨敏.我国旅游市场需求预测研究综述[J].商业研究,2009(3).

[12]李伟.旅游学通论[M].北京:科学出版社,2006.

[13]廖进球,陈富良.政府规制俘虏理论与对规制者的规制[J].江西财经大学学报,2001(5).

[14]栗惠英,许聪聪.中国九大旅游区旅游产业区域发展差异[J].山西师范大学学报(自然科学版),2009(23).

[15]刘思敏,刘民英.杭州西湖景区免费模式的实质及可复制性分析[J].旅游学刊,2011(10).

[16]刘元,潘冬南.基于公共选择理论的旅游资源开发与保护研究[J].当代经济,2010(9).

[17]鲁峰.旅游市场营销[M].北京:中国科学出版社,2008.

[18]吕宛青.旅游经济学[M].北京:科学出版社,2009.

[19]马云泽.规制经济学[M].北京:经济管理出版社,2008.

[20]曼昆著,梁小民译.经济学原理——微观经济学分册[M].北京:北京大学出版社,2006.

[21]孙元欣.上海旅游消费结构与贡献度的宏观分析[J].华东经济与管理,2009(12).

[22]孙靳.旅游经济学[M].西安:西北工业大学出版社,2010.

[23]陶汉军.新编旅游学概论[M].北京:旅游教育出版社,2001.

[24]田里.旅游经济学[M].北京:高等教育出版社,2002.

[25]田孝蓉.旅游经济学[M].郑州:郑州大学出版社,2006.

[26]田孝蓉,李峰.旅游经济学[M].郑州:郑州大学出版社,2002.

[27]王艳平.对"旅游需求"概念及其影响因子分析的深度认识[J].桂林旅游高等专科学校学报,2005,6(16).

[28]熊杰.旅游产品的层次结构再思考[J].理论月刊,2011(2).

[29]杨宏浩.建立旅游价格指数体系十分必要[N].中国旅游报,2011.

[30]于素梅.中国体育旅游研究[M].北京:中国水利水电出版社,2006.

[31]张辉,厉新建.旅游经济学原理[M].北京:旅游教育出版社,2004.

[32]张静.论市场失灵与政府干预的逻辑联系[J].重庆广播电视大学学报,2001(2).

[33]张娟,林刚,吴郭泉.经济学视角下的旅游市场分析[J].成都大学学报(社会科学版),2005(3).

[34]张玲,陈军才.干预模型在旅游需求预测中的运用[J].江苏商论,2007(5).

[35]朱乾涵.浅析我国旅游卫星账户的建立及创新[J].当代经济,2009(9).

[36]郑亚章.旅游市场失灵的原因分析[J].企业经济,2009(6).

[37]郑亚章.我国旅游规制存在的主要问题及改进对策[J].企业经济,2010(6).

[38]植草益.微观规制经济学[M].北京:中国发展出版社,1992.

[39]邹统钎.旅游度假区发展规划[M].北京:旅游教育出版社,1996.

[40]George J. Stigler. The Theory of Economic Regulation[J]. Journal of Economics and Management Science, 1971,2(1).

后 记

我从2005年开始从事旅游经济学的教学工作。在旅游经济学教学过程中，深刻感受到原有的旅游经济学教材内容难以适应我校旅游经济学教学的需要。一是原有旅游经济学教材内容与其他旅游学科的内容重复，部分章节条理不清，导致老师的教学内容难以安排。二是旅游经济学理论体系深度不够，资料和数据过于陈旧，致使老师所讲的教学内容太浅，且滞后于旅游产业的发展。在这种困境下，我萌生了编写一本旅游经济学教材的想法。2010年我获得了一个与旅游经济学相关的省级教改课题，编写旅游经济学教材的需要迫在眉睫。

教材编写过程中，发现旅游经济学的理论体系存在的问题比预想的还要严重。我们尽可能在保留原有理论体系的基础上，对旅游经济学的理论体系进行了重新梳理，更新了有关数据，并增加了许多新资料，还关注了旅游产业的新动态，力图使本书更具有较强的理论性、科学性、系统性和实用性。尽管如此，由于个人能力和时间的局限性，我对于旅游经济学教材国际化的愿望尚未很好地实现，有待于进一步努力；本书也难免存在一些问题，留待进一步改进。

此外，本书编写过程中，得到了经济管理出版社编辑的热心支持和帮助；诸多学者和专家的论述和阐释，给予了我们重要的启示和帮助；大量资料和教据的整理也得益于许多著作、教材和论文的成果。这些在参考文献中已一一列出，对此，我们表示深深的敬意和由衷的感谢。

郭 峦